基于任务的汉语作为第二语言语法教学研究

章欣 著

北京语言大学出版社
BEIJING LANGUAGE AND CULTURE UNIVERSITY PRESS

图书在版编目（CIP）数据

基于任务的汉语作为第二语言语法教学研究 / 章欣著. -- 北京 ：北京语言大学出版社，2017.4
ISBN 978-7-5619-4893-4

Ⅰ. ①基… Ⅱ. ①章… Ⅲ. ①汉语－语法－对外汉语教学－教学研究 Ⅳ. ① H195.3

中国版本图书馆 CIP 数据核字（2017）第 084464 号

基于任务的汉语作为第二语言语法教学研究
JIYU RENWU DE HANYU ZUOWEI DI-ER YUYAN YUFA JIAOXUE YANJIU

排版制作：北京创艺涵文化发展有限公司
责任印制：包 朔

出版发行：北京语言大学出版社
社 址：北京市海淀区学院路 15 号，100083
网 址：www.blcup.com
电子信箱：service@blcup.com
电 话：编辑部 8610-82300207
国内发行 8610-82303650/3591/3648
海外发行 8610-82303365/3080/3668
北语书店 8610-82303653
网购咨询 8610-82303908
印 刷：北京京华虎彩印刷有限公司

版 次：2017 年 4 月第 1 版 印 次：2017 年 4 月第 1 次印刷
开 本：787 毫米 × 1092 毫米 1/16 印 张：16
字 数：256 千字
定 价：51.00 元

PRINTED IN CHINA

本成果受到中国人民大学“统筹支持一流大学和一流学科建设”经费的支持。

序

语法教学在第二语言教学中占有极其重要的地位，这一观点早已成为学界的共识。这是因为语法教学在培养学习者扎实的语言知识、提高其对语言的理性认识、发展学习者语言能力等方面都具有举足轻重的作用。如何有效地进行语法教学是第二语言教学不可忽视和必须面对的重要课题。经过半个多世纪的探索和积淀，汉语语法教学研究取得了卓越、丰硕的成果，这是汉语教学的宝贵财富。然而，随着二十世纪七八十年代交际教学法、任务型教学法的逐渐兴起，传统的语法教学受到了前所未有的挑战。在新的教学理念的影响下，在培养语言交际能力的教学目标下，语法知识还要不要教给学习者？如果需要，应该怎样开展教学？如何才能有效地提高语法教学效率，使其真正成为提高学习者语言交际能力的鲜活工具？这是摆在汉语教师与研究者面前的难题，值得深入思考并开展有效的研究。特别是其中的任务型教学法，已经在外语教学界，特别是英语教学界蓬勃发展，并取得了可喜的成绩。那么在汉语作为第二语言教学界，我们将如何面对这一形势呢？《基于任务的汉语作为第二语言语法教学研究》进行了很好的尝试，我由衷地感到高兴，并欣然为序。

本书立足于汉语语法教学，借鉴任务型教学理念，重点探讨了初级阶段语法项目与任务之间的关联等问题，主要进行了以下几个方面的工作：

（1）通过概览语法教学的发展历程、梳理国内外任务型教学的研究热点，在明确语法教学重要地位的基础上，分析了新的教学理念对语法教学的启示，阐释了二者融合的理论和实践依据。

（2）从《汉语水平等级标准与语法等级大纲》中筛选出适合初级汉语学习者的甲级语法项目 79 个，同时通过归纳若干任务型第二语言教材的任务共核以及开展一定范围的样本调查，确立了初级汉语教学中常见的交际任务 24 项。

（3）运用直观法、定性法和定量法相结合的研究方法，对初级汉语语法项目与常见任务的关系进行实证研究，搭建"初级语法项目的任务选择"列表，并讨论其在教学实践中的应用。

通读全书，我感到本书有几个特点。

第一，较为全面、系统地展示了任务型教学法的发展概貌。作者通过整理大量的文献材料，勾勒出了学界对"任务"的认识从静态走向动态、从现实生活逐步聚焦到语言教学的过程。指出以任务为中心的语言教学思路是近二十年来交际思想的一种新的发展形态，它把语言应用的基本理念转化为具有实践意义的课堂教学方式，通过选择、编排教学任务，创造有交际意义、有真实性的语言环境，使学习者在循环式地完成第二语言使用任务的过程中，完成心理认知过程、思维过程和社会活动过程；强调了任务型教学法"用中学、做中学、体验中学"的鲜明特点。同时以国际会议、学术论文为切入点，分析了该领域的研究热点与发展趋势。这些对任务型教学法研究成果的述评，是目前为止我看到的较为全面、独特的概括与总结，既回顾、梳理了任务型教学领域的研究核心和研究架构，同时也为汉语语法教学研究提供了一个全新的视野，为本书的研究奠定了坚实的文献基础。

第二，从不同角度论证任务型教学法与语法教学融合的理据，为语法教学在新形势下的发展进行了积极的理论探索。在任务型教学的过程中聚焦形式（focus on form）、开展语法教学，已在国外的一些研究中取得了若干成果（参见本书第三章第二节 2.3），但是从语法教学、特别是汉语作为第二语言语法教学的角度，讨论语法项目与任务融合的研究还不多见。本书作者在这方面进行了有益的尝试，不仅从实践的角度，列举、展示了若干任务型教学法与语法教学融合的实例，更从理论层面论证了开展基于任务的语法教学的可行性，包括：

(1) 就任务构成而言，交际情景、话题、功能与包括语法在内的语言要素是任务重要的组成要素。将任务引入语法教学，可以确保任务各构成要素之间的有机联系。

(2) 语言学理论认为，语言形式与意义、使用环境密不可分。传统语法教学重视语言形式的训练，任务型教学法强调真实语境与意义协商，二者结合，有助于实现形式与意义、语境的统一，映射出语言学对语言本质的认识。

(3) 在认知心理学看来，重视程序性知识转化的内隐学习与培养陈述性知识的外显学习同样重要。语法教学强调陈述性知识的讲授，任务型教学法倡导语言应用，即程序性知识的形成，二者融合，将更为有效地提高教学的效率。

简言之，作者论证条理清楚，阐述说服力强，夯实、强化了研究的理论支撑。

第三，创新性地使用实证研究方法为语法项目选择合适的任务。近年来，在语法项目的任务选择方面，任务型汉语教材编写实践已取得了一些相关成果，但由于受到教材编写者、教学对象、教学目的等因素的影响，研究结果往往见仁见智。为了尽可能客观、真实地反映语法项目与任务之间的对应关系，本书综合运用了直观法、定性法与定量法相结合的实证方法，在作者语感、教学经验的基础上，综合考量若干被调查者的意见和实际语料数据，归纳出特定语法项目与具体任务之间的两种关系：“必用语法—典型任务”和“常用语法—常见任务”。其中“必用语法”是完成特定任务必不可少的语言要素，对应的“典型任务”为语法项目提供最为典型的语言环境；“常用语法”有助于自然、有效地完成任务，与之对应的“常见任务”为语法项目的使用提供常见、真实的语境。综合运用各种实证方法进行研究，不仅从汉语的角度验证了国外学界对任务与语法关系的理论概括，同时还为确定任务与其他语言要素的关系提供了可以参考、借鉴的研究思路与范式，对于在汉语教学新形势下推广任务型教学理念是有积极作用的。

第四，语法项目的任务选择列表（举例见下页表1），对教学有参考价值，很实用。研究显示，有的语法项目是完成特定任务的“必用语法”，只对应典型任务（如动态助词“着”、双宾语）；有的则是某特定任务的“常用语法”，对应常见任务（如假设复句）；还有的既可对应典型任务，也可对应常见任务（如选择复句）。

表 1　语法项目的任务选择举例

语法项目	典型任务	常见任务
动态助词“着”	描述衣着	
双宾语	结账、请客 / 做客	
假设复句		谈论旅行计划、请客 / 做客
选择复句	介绍个人信息、点菜	结账

该列表对教学的参考价值表现在：

(1) 在汉语作为第二语言教材编写过程中，参考语法项目的任务选择结果，有助于编写者将该语法置于典型任务或常见任务中，实现语法教学与真实情景紧密结合，如将选择复句设计在“介绍个人信息”或“点菜”的场景中，将假设复句置于“谈论旅行计划”或“请客 / 做客”的语境下。同时，也兼顾语法教学的循序渐进，如在规划“结账”任务时，考虑双宾语和选择复句的教学顺序。

(2) 在课堂教学过程中，一线教师可借鉴语法项目的任务选择列表，为某个语法项目设计恰当的任务活动，如为上表中的动态助词“着”设计“描述同伴衣着”的活动，以激发学习者的参与热情，活跃课堂气氛，提升课堂教学效率。

(3) 在任务型汉语翻转课堂上，依据表格内容制作微视频，有助于实现语法教学的翻转。如将双宾语、选择复句的教学内容安排在“饭店点菜并结账”的微视频中，让学习者在课前观看视频的过程中学习这两个语法项目的典型例句和使用场景，可以为课堂学习预留充分的时间，以形成师生协作探究和互动交流的教学模式。

可以说，本书的研究结论不仅为探索语法教学的任务化提供了理论依据，也为教学实践提供了有参考价值的范例，很好地推进了任务型教学法在汉语语法教学中的应用。

综上，本书围绕任务型教学法与语法教学的融合开展了一系列卓有成效的研究工作，但也正如作者在书中所提到的，研究还有进一步深入与提升的空间。本书只针对初级语法项目的任务选择进行了讨论，若要实现任务与语法项目的全面融合，还需进一步拓宽研究范围。此外，书中对“初级语法项目的任务选择”在教学实践中的应用，仅仅是一个开始，还需要在具体的教学活动中加以检验，并不断地完善，以实现任务型教学理念与语法教学更好地结合，切实有效地提高教学效率。

本书选题新颖，结构合理，文献全面，评价恰当，所用资料和数据真实可靠，论证逻辑性强且充分，写作严谨规范，从一个新的视角推进了汉语语法教学研究。

“几分耕耘，几分收获”，希望作者在今后的研究工作中，锲而不舍，继续努力钻研，在这一领域不断进步，取得更大成果。

李晓琪

2017 年 1 月 12 日于蓝旗营

内容摘要

任务型语言教学于二十世纪八十年代后期至九十年代中期兴起并迅速发展，其倡导的“用中学、做中学、体验中学”教学理念在外语教学界开始产生越来越大的影响。本书在立足汉语教学不可或缺的语法教学基础上，借鉴任务型语言教学理念，以初级语法项目的任务选择为切入点，开展基于任务的语法教学研究。全文分为八个章节。

第一章介绍了本研究的缘起、研究问题及意义，勾勒了研究结构。

第二章回顾了半个多世纪以来对外汉语语法教学研究的概貌。相关成果显示，语法教学为奠定学习者坚实的语法基础、促进学习者语言能力的发展做出了积极的贡献。但是，为满足学习者学以致用的需求，真正提高学习者的语言交际能力，语法教学不仅应在内容的安排上做到语法与意义、真实语境紧密结合，还应在教学环节的设计上注重以学习者为中心，激发学习者的课堂参与热情。

第三章简述了任务型语言教学的基本概念、理论来源与主要特点。作为一个新兴的语言教学流派，它吸引了国内外语言教学研究者的关注，在理论探讨、教学实践、教师发展等方面取得了较为丰硕的成果。但是发展中的任务型语言教学还存在着若干局限。因此借鉴该教学理念开展语法教学，并不意味着抛弃积淀已久的教学经验，而是在原有教法的基础上，重视语法教学与任务设计、真实情景、学习者参与紧密结合。

第四章从任务构成、语言本质、学习特点、教学实践四个方面，论证了任务型语言教学与语法教学融合的理论与实践基础。分析显示，不同领域的研究成果都为开展基于任务的语法教学提供了一定的理据。

第五章、第六章、第七章，从初级语法项目的任务选择角度，探讨了基于任务的语法教学实践问题。

第五章明确了初级语法项目与任务的范围。本书首先对《汉语水平等级标准与语法等级大纲》中的甲级语法项目进行筛选：在归并相同或相近的内容、略去不是教学重点的语法项目之后，确定了79个初级语法项目。确定初级阶段常见的任务时，笔者梳理了10部任务型第二语言教材的任务共核，并在此基础上，参考实证研究的相关成果，开展包含30位被试的样本调查，最终确立了24项初级汉语教学的常见任务。

第六章，为了尽可能客观地反映语法项目与任务之间的对应关系，规避研究者的主观因素，为语法项目选择合适的任务，本书采用了直观法、定性法和定量法相结合的研究方法。首先，在分析已有研究成果的基础上，笔者直观地将语法项目与任务进行对应；其次，请30位汉语教师或在读研究生对直观法研究结果进行评估、取舍，归纳他们的意见形成定性法研究结果；再次，利用10部汉语教材中的语料，对定性研究的若干结果进行验证。经过三种实证主义研究方法的层层深入，本书得到了“初级阶段任务与甲级语法项目的对应关系”列表。

第七章主要探讨了语法项目的任务选择结果在汉语作为第二语言教学实践中的应用。在教材编写方面，该研究结果不仅可以为编排语法教学项目提供任务选择的参考，也可以为设计任务内容提供语法项目的参考；在课堂教学实践过程中，该成果还可以为一线教师在教授某个具体语法项目时，设计或选择恰当的任务活动提供借鉴；而在多媒体网络教学实践中，于课前设计模块与课堂活动设计模块引入该成果，将有助于实现语法教学的翻转，在课堂上形成一种师生协作探究和互动交流的教学模式，激发学习者的学习兴趣，提升学习效果。

第八章梳理、总结了本书提出的主要观点，并指出了有待进一步研究的相关问题。

总而言之，本书在秉承语法教学成就的基础上，从理论与实践的角度探讨了任务型语言教学与语法教学融合的相关问题，不仅为开展基于任务的语法教学尝试搭建了理论支撑，而且运用实证主义的研究方法剖析了初级阶段语法项目与任务的对应关系，具有一定的研究价值与创新意义。希望本书能够为有效地开展基于任务的语法教学实践、为有效地推动汉语作为第二语言语法教学的深入研究做出一点努力。

目录

第一章 绪 论

第一节 研究缘起

自2005年首届世界汉语大会在北京召开以来，汉语国际教育事业已经与世界多元文化交融，汉语走向世界的步伐不断加快。截至2016年12月，全球已有512所孔子学院和1073个孔子课堂，遍布140个国家（地区）①。汉语正在世界范围内不断升温，“汉语热”已经成为全球语言交际系统中的一种普遍现象。汉语国际推广的新形势对汉语作为第二语言教学提出了新的要求。如何科学地开展教学、有效地提高教学质量直接影响着汉语走向世界的步伐，影响着国际汉语教育事业的成败。注重语言教学的质量，首先必须解决好“教什么”的问题。作为一门语言的教学，汉语教学②的内容势必围绕语言要素（语音、词汇、语法和汉字）展开。语法作为语言要素的重要组成部分，其教学过程、教学方法对语言教学发展有很大的影响。深入研究语法教学，是新形势下完善汉语作为第二语言教学的基本保证。

回顾汉语教学六十多年的发展历程，梳理语言类型、语言习得等领域的相关研究，可以看出，语法教学在培养学习者扎实的语言知识、提高学习者对语言的理性认识、发展学习者的语言能力等方面有不可忽视的作用，在汉语教学中占据极其重要的地位。随着功能教学法、交际教学法的不断发展，汉语教师越来越清醒地认识到，尽管系统、全面的语言知识对于促进学习者的言语生成机制有很大的作用，但学习者更希望学习到鲜活、生动、有用的语言，更希望能够将课堂所学直接应用到

① 数据来源 http://www.hanban.edu.cn/confuciousinstitutes/node_10961.htm。

② 本书所说的“汉语教学”指的都是“汉语作为第二语言的教学”。

真实的交际中。受此影响，语法教学的目的由传授语法知识、训练语言能力逐步明确为培养学习者的语言交际能力。

二十世纪八十年代后期到九十年代中期，任务型语言教学（Task-based Language Teaching）[①]产生并逐渐兴起。它倡导“用中学、做中学、体验中学”的教学理念（赵金铭，2008），主张通过选择、编排教学任务，创造真实的、有交际意义的语言环境，使学习者在循环式地完成第二语言任务的过程中，完成心理认知过程、思维过程、社会活动过程。该教学法的特点是可以较大限度地激发学习者内在的学习动机，使学习者在处理各种各样任务的同时，有机会综合运用所学的语言，在交际互动中把注意力集中在语言所表达的意义上，以运用语言和完成任务为最终目标。这样的思路，从教学方法的角度为有效提高学习者的语言交际能力进行了积极的探索，是近年来广为应用语言学家和外语教学实践者认可和接受的一种外语教学方法（贾志高，2005）。

由于学习者学习汉语的动机愈加实用[②]，有效提高学习者的语言交际能力成为新形势下语法教学亟待解决的课题。任务型语言教学的出现，为语法教学的发展提供了新的视野。能不能将该教学理念融入语法教学的过程中？能不能将语法项目与任务有机结合，让学习者在进行真实的语言交际活动中学习语法、使用语法，从而进一步提高语法教学的质量？这需要广大汉语教师与研究者进行深入的思考与探索。

本书以“基于任务的汉语作为第二语言语法教学研究”为题，在充分继承语法教学研究成果的基础上，借鉴任务型语言教学的理念，明晰基于任务的语法教学理据，通过分析、讨论初级阶段常见任务与语法项目之间的对应关系，探索如何实现任务型语言教学与汉语作为第二语言语法教学的融合。这不仅有助于为语法项目匹配真实、自然的使用情景，促进语法结构与意义、语境的融合，而且有助于在语法

---

① Task-based Language Teaching 可译为“基于任务的语言教学”“任务型教学法”或“任务型语言教学”。本书除特别注明出处外，统一使用“任务型语言教学”这种译法。

② 详见 2007 年 3 月 28 日《人民日报》(海外版)《汉学专家回“娘家”——世界汉学大会 2007 综述》。

的课堂教学中引入鲜活生动的任务活动，引导学习者积极、主动地参与学习语法、使用语法的过程。因此，本书是国际汉语教学蓬勃发展新形势下提高语法教学效率、开拓语法教学新局面的一次有益尝试。

第二节 研究内容和结构

任务型语言教学方兴未艾，将该教学理念融入语法教学的过程中，开展基于任务的语法教学，既要有理论的支撑，也要有实践的探索；既要为二者的融合提供坚实的理据，也要从教学的角度探讨二者如何结合。从理论与实践的角度展开研究，有助于我们更有针对性地满足学习者实际运用的学习需求，有助于使语法教学更有效地为提高学习者的语言交际能力服务。

本书以初级阶段语法教学的任务选择为切入点，重点探讨了如何将语法项目与任务进行有机、有效的融合。主要内容包括：(1) 回顾半个多世纪汉语语法教学的研究成果，分析新形势对语法教学提出的新要求。(2) 概览任务型语言教学的基本主张与发展现状，剖析任务型语言教学对语法教学的启示。(3) 从任务构成、语言本质、学习特点、教学实践四个角度阐释任务型语言教学与语法教学融合的理据。(4) 在确定初级阶段语法项目与任务范围的基础上，运用直观法、定性法与定量法相结合的实证研究方法，探讨任务与语法项目的对应关系，为实现任务型语言教学与语法教学的融合开展基础性研究。(5) 分析任务与语法项目对应关系在教材编写、课堂教学以及多媒体网络教学等实践中的应用，着眼基于任务的语法教学实践研究。

本书最后对全书主要观点进行梳理，并指出基于任务的语法教学研究中尚待解决的一些问题。

第二章　汉语作为第二语言语法教学研究述要

任何一门学科的发展，都不能割断历史，立足于已有的研究基础做更深入的探讨，在继承和创造中前进，是科学研究的一般规律[①]。回顾汉语作为第二语言语法教学的相关研究，探讨语法教学[②]的地位、明确语法教学的内容、剖析语法教学的原则与方法、梳理语法教学的环节，将有助于我们反思新形势下语法教学面临的挑战，不断探索如何在新的环境下开展语法教学、提高教学效率，从而推动汉语作为第二语言教学事业的发展。

第一节　语法教学的地位

语法教学在第二语言教学中的地位，一直是西方外语教学界热烈讨论的一个议题。不同教学流派的拥趸，对语法教学的认识不尽相同。十八世纪末盛行的语法翻译法认为，语法是外语教学的基础；此后的直接法虽然作为语法翻译法的对立面，强调直接用外语教外语，但还是主张教学以句子为单位，既学单词又学语法；听说法以句型为中心，偏重语言的结构形式。当然，也有完全排斥语法教学的流派，比如自然法借用克拉申（Krashen）的第二语言习得理论，倡导学习者无意识地自然而然地习得语言，课堂内的各项活动的组织以话题为基础，而不是以语法结构为基础（蒋显菊，1995）。

二十世纪七八十年代开始流行的交际法，将语言习得看作语言交际能力的获得

---

① 参见赵金铭在“第三届中青年学者汉语教学国际学术研讨会”（北京大学，2010年12月）的开幕致辞。

② 除特别说明，下文中的“语法教学”均指第二语言语法教学。

过程，分强式和弱式两类（Howatt，1984）。强式交际法指“通过使用来学习”(using to learn it)，主张课堂只进行交际活动，不进行语法教学，如普拉布（Prabhu）1979—1984 年在班加罗尔（Bangalore）进行的语言教学实验（Bangalore Project）就完全规避了直接的语法教学[①]。弱式交际法强调“学会使用”(learning to use)，认为语法能力是交际能力的一部分，交际活动只是语言教学的一个手段，其倡导者 Wilkins（1976）指出，对一种语言语法体系的习得，依然是语言学习的重要环节。语法是创造性运用语言的手段，缺乏语法知识会严重影响交际能力。

Thornbury（2003）在剖析若干影响较大的教学流派的基础上，利用图 2-1 清楚地说明了语法教学在不同教学流派中的地位。

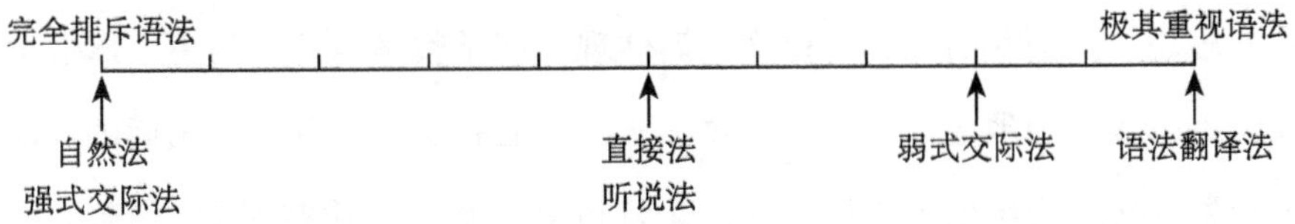

图 2–1　语法教学在不同教学流派中的地位

语法教学在西方外语教学史的地位有起有伏，不过它在汉语教学半个多世纪的发展中却一直居于主导地位。

1.1　汉语语法教学发展历程

无论受到哪种教学流派（如语法翻译法、听说法、交际法等）的影响，汉语语法教学始终坚持“以结构为纲”，只是不同时期的教学侧重点有所不同。

1.1.1　五十年代：语法知识的培养

二十世纪五十年代是新中国汉语教学的草创时期，当时的教学主要由语言学的发展状况所决定。受美国结构主义语言学的影响，汉语学界对描写语言学产生了浓厚的兴趣。反映到汉语教学中，就表现为重视语言知识的系统、全面讲解，教学内容以语法知识为中心。向外国学习者讲授语法知识，最好的工具就是翻译。因此，语法翻译法成为当时语法教学的重要方法。

① 普拉布的班加罗尔实验，也有学者将其视为任务型语言教学的最早实践。

周祖谟（1953）指出，“语法教学的目的在于使学生掌握基本的语法知识，以便发展说话和听话的能力，并且为培养阅读能力打下基础”。这一观念体现了当时学界对语法教学的普遍认识：无论采用什么样的讲解或练习方式，教学的目的都主要是向学习者讲授语法知识，从而帮助他们掌握运用汉语的一般能力。

1.1.2 六七十年代：语法能力的训练

二十世纪六七十年代的语法教学仍然坚持以语法结构为纲，但是学界越来越受到听说法的影响，对依靠翻译学习语法，再依靠语法学习语言的路子进行了反思。

1971 年出版的《基础汉语》是实践性原则和相对直接法的产物。每课的编排体例是“范句—课文—生词—语法—练习—汉字”，范句部分体现了通过句子而非翻译学语法的思想，生词和语法放在课文之后体现了课堂教学以课文为主、降低词汇和语法知识讲解地位的理念，这反映了教学法认识上的变化。1977 年出版的《汉语课本》把句型及句型操练引入汉语教材，又将句型、课文及语法注释结合起来，这种通过句型练习和语法注释来代替语法知识讲解的做法，说明教师从强调语法知识的学习逐渐转向关注语法知识的运用，在汉语语法教学中具有开创意义。

总之，六七十年代的汉语语法教学，虽然仍沿袭以结构为纲的教学思路，但是由于受到听说法的影响，语法教学的目的由传授语法知识，开始向操练句型、训练语法能力转变。

1.1.3 八九十年代：结构与功能的结合

二十世纪八十年代，交际法的引入动摇了语法是学习主线的认识。一个典型的例子是邱质朴的《说什么和怎么说？》，这是国内第一本严格意义的纯功能教材。它以意向为单元，每单元分若干个小节，每小节分为交际意向语群表（表达方式）、例句和情景对话三部分。这本教材是自觉采用交际法编写的一部汉语教材，体现了当时学界对语言交际能力训练的重视。但强式交际法的纯功能教材，一般只适用于高级水平的学习者，还需要学习者的积极配合（如课前充分预习），很难适用于不同形式的汉语教学。

与强式交际法不同，吕必松（1990）等提出了把结构和功能结合起来的思想。八十年代编写的供国外使用的《实用汉语课本》是结构和功能相结合教学思想的典型体现。该书从汉语特点出发，把句型、功能、结构结合在一起，通过句型训练、功能项目操练、语法分析等综合训练来进行教学。

总的来看，这一时期的汉语语法教学，受到了交际法的重要影响，跳出了以结构为纲的藩篱，首次提出了“结构－功能”结合的教学思路，同时把语法教学的目的进一步明确为培养学习者的汉语交际能力。这些理念至今仍是汉语作为第二语言教学理论及实践的基本认识。

回顾汉语语法教学半个多世纪的发展历程，可以看出，语法教学的地位从来没有被汉语教师怀疑过、忽视过。语法教学在汉语作为第二语言教学中始终占据着重要的位置。这与语法教学的作用密不可分。

1.2 语法教学的作用

无论是语言类型研究还是语言习得研究，无论是国外学者还是国内专家，对语法教学的作用都有一定的共识，即在第二语言教学中，只有进行有效的语法教学，才能卓有成效地提高学习者的语言能力和语言交际能力。

1.2.1 从语言类型角度看

据统计，世界上的语言有五千多种。从语法结构类型的角度看，这些语言一般可分为孤立语、黏着语、屈折语和复综语四类。作为孤立语的代表，汉语既不像印欧语系语言（如英语）那样有丰富的形态标志或者屈折（inflectional）变化，如例（1）所示。

例（1）：	a. 我去。	I ***go***.
	b. 他去。	He ***goes***.
	c. 去很好。	***Going*** is good.
	d. 我打算去。	I plan ***to go***.

e. 我昨天去了。	Yesterday, I ***went***.
f. 我今天去。	Today, I ***go***.
g. 我明天去。	Tomorrow, I ***will go***.

也不像日语、韩国语有黏着（agglutinative）形式，由黏附在词根上的变词语素表达不同的语法意义，以日语为例，如例（2）所示。

例（2）：	a. 我明天去。	私 / は / 明日 / 行き / ます .（ます，事实） Wa ta shi /ha /a shi ta/ i ki /ma su.
	b. 我昨天去了。	私/ は /昨日/行き / ました .(ました，过去) Wa ta shi /ha /ki no/ i ki / ma shi ta.
	c. 我想去。	私 / は / 行き / たいです .（たいです，想） Wa ta shi /ha /i ki /ta i de su.
	d. 我能去。	私 / は / 行け / ます .（け / ます，能力） Wa ta shi /ha /i ke /ma su.

汉语最大的特点在于缺乏严格意义的形态（morpheme）变化，主要通过虚词和固定的词序来表达语法意义。这种语法上的独特性，是孤立语与其他语言类型①的根本区别。外国学习者在学习汉语时需要进行语言类型上的转换，而语法教学对帮助学习者尽快完成这种转换，具有十分重要的意义。

1.2.2 从语言习得角度看

人类学习任何知识，都试图从所接触的事物中寻找规律、发现规律，对规律的掌握有助于知识的学习。学习语言与学习其他知识一样，是一个寻找规律、发现规律的过程。语法规则就是一种语言的规律，学习者对语法规则的学习与掌握，将有助于其整个语言知识系统的发展和完善。如果忽视语法教学，将会影响语言准确地输出，影响中介语系统的发展。若干实证研究证明了上述观点。Higgs & Clifford

① 复综语是一种特殊类型的黏着语（叶蜚声，徐通锵，1997），因此本书不再举例赘述。

(1982) 凭借多年的外语教学经验认为，忽视语法教学，让学习者无监控地使用不准确的语言形式，会导致其语言发展僵化，中介语中某些不合乎语法的形式往往很难根除。Harley & Swain (1984) 认为，可理解输入并不足以确保学习者正确使用语言形式，他们建议教师应将大部分注意力放在目的语的形式特征上，开展聚焦于语言形式的教学。Ellis，N. (1994) 指出，运用外语本身并不能保证学习者外语能力的提高，而是需要将学习者的注意力吸引到对语言形式的注意上来，即关注语言形式与强调语言使用同样重要。回顾第二语言习得领域对语法教学问题的研究可以发现，专门的语法教学在第二语言习得过程中是十分必要的，其效果远远好于学习者的自然习得 (Ellis，R.，2006)。

叶盼云、吴中伟 (1999) 收集了留学生学习汉语时常遇到的 228 个难点，其中语法难点 181 个，占所有难点的 79.39%。这一数据说明，在汉语教学实践中，语法是学习者遇到的最大困难。如果忽视语法教学的重要地位，"只能导致蹩脚的、不合语法的洋泾浜式的外语"(Celce-Murcia，1991)，而"就长远效果来看，势必对中介语的变化和发展产生负面影响"(Skehan，1999)。

综上所述，语言类型、语言习得等相关领域的研究成果，为我们明确新形势下语法教学的作用提供了客观依据。研究表明，语法教学在促进学习者的语言类型转换、促进学习者中介语的发展等方面发挥着重要的作用，不可忽视。因此，无论是目的语环境下，还是在非目的语环境下，汉语作为第二语言的语法教学都应该占有举足轻重的地位：语法教学是帮助学习者达到较高外语水平的重要途径和手段，是为培养语言能力和语言交际能力服务的。

第二节 语法体系的创立与发展

探讨语法教学的重要地位，是为了更好、更合理地开展语法教学实践。实施具体的教学活动，首先需要明确"教什么"的问题，也就是对语法体系概貌有一个比较清楚的认识。

2.1 语法体系的创立

对外汉语教学语法体系的形成始于1958年出版的《汉语教科书》。这部教材是新中国第一部汉语教材，它吸收了当时结构主义语言学的最新研究成果，以结构为纲，按照难易程度，系统、全面地将170个语法点编排在上、下两册教材中。它的语法体系由七个部分组成，包括：词的分类、句子的分类、句子的成分、时间和情貌、动词谓语句的几种句型、复合句、表达。具体内容如表2-1所示。

表2-1 《汉语教科书》语法体系

组成部分	具体内容
词的分类	名词、代词、动词、形容词、数词、量词、介词、副词、连词、助词、叹词
句子的分类	（1）按结构分（单句、复句） （2）按用途分（陈述句、疑问句、命令句、祈使句）
句子的成分	主语、谓语、宾语、定语、状语、补语、同位语、外位语
时间和情貌	时间（时间状语、时间补语）、情貌（动作的完成、动作的进行、动作的持续、动作的就要发生、过去的经验）
动词谓语句的几种句型	兼语句，连动式，处置式，被动式，表示存在、出现或消失的，强调动作的时间、地点、方式等的
复合句	因为……所以、虽然……但是、要是……就、不但……而且、只要……就、又……又、一……就、越……越、疑问代词的活用（表示特指）
表达	否定（“不”和“没”）、强调（宾语提前、反诘、二次否定、“连……也”“一”“是”“就”、疑问代词活用、词的重叠）

《汉语教科书》的语法体系从教学实际出发，在语法项目的选择、切分、解释、编排等方面都注意到了外国人学习语言的特点和学习汉语的难点，具有综合性、独创性、实用性、针对性等鲜明的特色[①]，是汉语教学语法体系的奠基之作。吕文华（2008）指出，尽管后来的教材发生了一代又一代的变迁，但其中所涉及的语法教学内容与《汉语教科书》创建的语法体系相比没有根本的变化。可以说，该教材创立的语法体系，深刻地影响了半个多世纪的汉语教学，其成就、影响与权威在汉语教

① 详见吕文华（2008：11~16）。

学史上不可磨灭。不仅如此，《汉语教科书》在语法教学环节的设置与安排上也开了先河，相关内容将在本章第四节中具体讨论。

2.2　语法体系的发展

随着新的语言理论和教学理念不断提出，特别是汉语本体研究和汉语教学研究的逐步深入，《汉语教科书》所创立的语法体系的局限性开始显现。二十世纪九十年代以后，学者们纷纷提出了改革这一语法体系的主张。概括起来主要有以下两个方面。

2.2.1　提出具体的修改意见

崔永华（1990）指出，《汉语教科书》中的语法体系理论基础太陈旧，描写缺乏针对性，没有突出外国人学习汉语的特点和难点，他提出了应当改进的实例，如对构词法和词组的描写、给动词和形容词重新分类、将助词改称标记词、将主语改称话题、增加“表达”部分、加强对汉语基本句型和段落篇章结构的描写。

柯彼德（1991）认为，该体系是从汉语的角度拟定的，没有采用汉外对比的方法来分析和描写汉语语法。他结合德语与汉语的差异，在句子成分、复句和词法三个方面提出了修改建议。

吕文华（1991）讨论了修改现行语法体系时应该考虑的几个问题：适应语言交际的需要、寻求结构功能相结合的更好途径、探索口语语法问题、体现汉语特点、吸收新的研究成果。

赵金铭（1996b）认为，语法体系应该根据不同阶段语法教学的侧重点进行分类：初级阶段只需教最基本的语法形式，使学习者具备区分正误的能力；中级阶段侧重语义语法的教学，使学习者具备区分语言形式异同的能力；高级阶段侧重语用功能语法的教学，使学习者具备区分语言形式高下的能力。

2.2.2　提出新的语法体系构想

李珠（1997）提出建立三维教学语法体系的构想，包括：(1) 语音、语法、词汇语言三要素；(2) 语义、结构、语用三结合；(3) 听说读写技能综合训练。

张旺熹、崔永华（1999）认为，一个科学的汉语语法教学体系，应当建立在三个方面的基础之上，一是学习者学习汉语语法的规律；二是汉外语法的异同点；三是汉语语法本身的客观规律和特点。

李泉（2003）提出了基于语体的对外汉语教学语法体系框架，将教学语法体系拟定为共核语法、口语语法和书面语语法三个子系统。他认为建立这样一个系统：可以增强语法教学的语体观念，提高学习者汉语语体的运用能力；促进基于对外汉语教学的汉语语体及其语法的研究，拓宽学科理论研究的范围，开辟提高教学质量和效益的新渠道；增强教材语法注释的针对性，丰富课程设置和教材编写。

李晓琪（2004）针对对外汉语语法教学存在的问题，结合教学语法的特点，认为可以尝试打破传统的语法教学体系，建立以虚词为核心的“词汇－句法教学模式”，筛选、突出实词难点，加强搭配词语的学习；着眼于语篇，在语法与语篇之间建立起有机的联系。

学者们从不同角度提出的意见和建议都很有价值，促进着对外汉语教学语法体系的完善。随着语言学、第二语言习得、心理学等相关领域的深入发展，汉语语法体系将不断汲取新的研究成果，突破已有研究对语法知识的重视，更多地关注语法结构与意义、语用的结合。

第三节　语法教学的原则与方法

在明确对外汉语教学语法体系的基础上，学者们围绕“怎么教”这个问题展开了讨论，总结出若干语法教学的原则与方法。

3.1　语法教学的原则

有关语法教学原则的讨论有很多。有些学者从某个微观角度，提出的原则具有很强的针对性，如程棠（1996）的“结构－功能－文化”相结合原则，陈璐（2006）的理论性和实用性原则，季静、韩国秀（2010）的语言经济原则以及刘海燕（2010）

的通俗性原则；也有些学者从宏观角度总结了语法教学的原则，如赵金铭（1994）、吴中伟（2007）以及卢福波（2008）。

赵金铭（1994）提出了对外国人语法教学中应该解决的六个原则问题，包括：

（1）是教学语法，而不是理论语法；

（2）是教外国人的语法，而不是教本族人的语法；

（3）是从意义到形式，而不是从形式到意义；

（4）不仅是分析的语法，更是组装的语法；

（5）不仅是描写的语法，更是讲条件的语法；

（6）不是孤立地讲汉语语法，而是在语际对比中讲汉语语法。

其中，前五点主要针对语法教学的特点展开，强调了汉语语法教学与理论语法、与教本族人的语法之间的差别；第六个问题与语法教学相关，这项原则主张语法教学应该与学习者的母语相联系、相对比，突出了语法教学内容的针对性。这项研究在认识语法教学本质、进行语法讲解等方面具有非常重要的指导意义，但如果能够针对教学的其他环节提出一些建议，该研究对语法教学实践的指导作用将更为全面。

卢福波（2008）根据汉语独特的区分世界的范畴和语言特点，结合第二语言习得特有的规律，提出汉语作为第二语言语法教学至少应遵循“实用、针对、复式递升、细化、简化、类比、解释、操练”八项基本原则。这些原则比较详细地介绍了语法教学过程中应注意的问题，但彼此之间的层次性还需要进一步探讨。有些原则指明了某个教学步骤的具体做法，如在确定语言点时应注重“实用、针对”的原则，在编排语言点的顺序时应做到“复式递升”；而有些原则直接以语法教学的步骤冠名，如“解释、操练”，并未明确指出进行语言点的解释或操练时，应该具体遵循怎样的原则。

吴中伟（2007）从语法点的确定、编排、解说、练习四个层面共列举了 12 项原则（见表 2-2），较为全面地综合了目前学界关于语法教学原则的讨论。

表 2-2 吴中伟（2007）列举的语法教学原则

语法教学各层面	教学原则
语法点的确定	针对性原则、典型性原则
语法点的编排	渐进性原则、层级性原则、组合性原则
语法点的解说	准确性原则、简明性原则、通俗性原则、实用性原则
语法点的练习	多样性原则、有效性原则、可操作性原则

学者们总结、凝练出的语法教学原则体现了六十多年来语法教学实践的概貌。这些原则是否能够适应新形势的需要、满足学习者的需求，是摆在我们面前的一项课题。

例如在“语法点的确定”方面，针对性原则、典型性原则主要是指针对不同国别学习者母语的特点，通过语言对比确定典型的语法点。虽然这比《汉语教科书》从汉语的角度确定语法点（柯彼德，1991）更适于对留学生的教学，更具有科学性，但是还没有从语言点的使用角度提出一些具体原则。语法规则是从语言现象中归纳总结出来的，特定的语法点往往出现在某些特定的话题或情景中。这种情况下，将语法点置于最合适、最常见的情景，让学习者了解语法点的应用范围或使用环境，可以收到很好的教学效果。因此笔者认为，语法点的确定，不仅需要通过语际对比寻找典型范例，还应该综合考虑语法点出现的典型、真实情景或常用范围。

再如“语法点的解说”方面，准确性、简明性、通俗性和实用性这些原则对于确定语法教学的解说内容，具有不可或缺的作用。但要有效地提高语法教学的效率，语法点的解释就不应仅仅关注解说的内容，还要关注如何解说：内容上，不应仅追求简单、通俗地讲解语法知识，更要注重语法形式与意义、功能的结合，要从解释层面强调语法点的应用；在方法上，如果运用启发性原则，以学习者为中心，将教师对“语法点的解说”转化为学习者对“语法点的理解”，可以引导学习者主动参与到课堂活动中，提升他们的学习热情。

在“语法点的练习”方面，机械性练习常常是语法结构的主要操练形式，如跟读、替换练习、造句等。这些练习设计相对简单，便于教师操作，同时也可以有效地帮助学习者熟练掌握句型，因此被很多教材或教师所采用。但是，由于机械性练习常常忽视语境对语法的影响，导致学者不知道怎样使用、在什么样的场合使用，因此所学内容在实际生活中的复现率较低，大大降低了语法教学的效率。笔者认为，语法点的练习应在强调多样性、可操作性的基础上，重视交际性与真实性，让学习者在真实的语言环境中运用所学进行交际，才能切实、有效地提高他们的语言交际能力。

总之，上述原则追求确定的语法系统全面、编排的顺序循序渐进、语法的解释准确简明、练习的效果扎实有效。这些原则为推进语法教学的不断深入、巩固学习者的语言基础做出了重要的贡献。在秉持语法教学原则、继承语法教学优势的基础上，强调语法点的实际运用，将有助于进一步提高语法教学的效率，开拓语法教学的新局面。

3.2 语法教学的方法

在实际的课堂教学中，不同教师往往具有个人的风格，选取的教学方法或技巧也各具特色，但个性中一定存在着共性，即所谓的“教学有法、教无定法”。学界从宏观、微观两个角度对语法教学的共性方法与个性技巧也展开了探索与实践。

程棠（2000）、吴中伟（2007）、周健（2009）介绍了语法教学的基本方法，包括直观法、演绎法、归纳法和类比法。上述方法常常是相互结合、相互补充的。教师根据学习者的特点，根据教学内容以及教学目标的要求，可以恰当选择某一方法（吴中伟，2007）。比如有的教师可能倾向于采用演绎的方法，先讲解语法规则，再展示具体实例；有的教师可能常常运用归纳法，先引入例句，再解释规则。

具体到语法的导入、讲解、操练环节，技巧还有很多。如在语法导入环节，可以使用：（1）情境导入法，教师通过一个具体情境的设置，例如问答、展示图画、讲故事等方式，引出要讲的语法点；（2）加强式输入，在一篇短文中集中出现要学的语法点，让学习者获得比较充分的输入和强化提示，从而对所学知识产生敏感和认知（周健，2009）。语法讲解的具体方法有：（1）感性化，让学习者先具体、形象地感觉，然后再把这种感觉到的东西升华、概括出来；（2）条理化、公式化、图示化，一条一条、简明扼要地进行语法点解释，在可能的情况下，要用高度概括的公式或图示（卢福波，2002）。语法操练的形式有：机械性练习（如替换、变换、选择、填空、补足、改错、扩展、完句、排序、听写、翻译），有意义的练习（如真实回答、续说、看图说话、连句成篇、复述），交际性练习（如角色扮演、模仿表达）等（吴中伟，2007）。

此外，吕必松（1995）、崔永华和杨寄洲（1997）、彭增安和陈光磊（2006）、张宝林（2006）等都结合实例介绍了语法教学的具体方法。

总而言之，在语法教学实践中，广大汉语教师不断摸索，探究出了很多具体的教学方法，这些成果促进了汉语作为第二语言语法教学的不断发展。在汉语国际推广的新形势下，语法教学更应该具备国际视野，放眼全球，借鉴外语教学的新理念、新方法，从而达到更有效地提高学习者语言交际能力的目的。

第四节　语法教学的环节

在教学实践方面，汉语语法教学不仅明确了教学原则与方法，还形成了较为稳定的教学环节。分析《汉语教科书》与《新实用汉语课本》两部教材中有关语法教学的内容，可以帮助我们梳理语法教学环节的基本情况。

4.1 《汉语教科书》的语法教学环节

作为新中国第一部汉语教材，《汉语教科书》不仅创立了语法体系（详见本章第二节），同时，它对语法项目的编排与处理，也构建了汉语语法教学的基本环节，被后来的教材所借鉴。《汉语教科书》语法部分有60课，每课内容都按照“生词—语法—课文—课外练习—汉字表”的顺序编排。课文和练习围绕语法项目设置，体现了以语法为纲的编写原则。语法教学的具体内容，分散在两个部分：一是“语法”部分讲解、说明所学的语法项目；二是要求学习者完成“课外练习”中的相应练习。例（3）列举了教材对“名词的量词”的处理。

例（3）：名词的量词[①]

A. 讲解

人、物和动作都可以有数量。表示人、物数量单位的词是名词的量词；表示动作数量的词是动词的量词。现在先介绍名词的量词。[②]

在现代汉语里，数词（例如“一”）和指示代词（例如“这”“那”）一般不能跟名词直接联系，而要在它们之间用上一个量词。例如：

a. 这是一本书。　　b. 那个学生是中国人。

我们不能说“一书”或“那学生”，“一”和“那”后面要用量词。

很多名词都有自己习惯上的特定量词，例如“本”就是“书”的特定量词，“个”是最常用的量词，应用范围最广，称人可以用（例如“学生”的量词就是“个”），衡量没有特定量词的物也可以用，甚至有些名词的特定量词也可以用它来代替。

用量词时有以下四点值得注意：

（1）量词前又有指示代词又有数词的时候，指示代词在数词之前。例如：

c. 这三个学生　　d. 那三本书

（2）量词是黏附在指示代词或数词后面的。例如：

e. 这个学生　　f. 三本书

如果不用数词或指示代词，就不能在名词前面单独用量词。我们绝对不能说“个先生是中国人”这样的话。

（3）极少数名词本身就具有量词性质，和数词或代词连用时就不需要量词。例如“一年”“这课”等。

（4）当语言环境已经明确指出名词代表的人或物时，量词后面的名词就可以省略。例如：

g. 这个中国人是先生，那个（中国人）是学生。

---

① 本书主要引用教材实例的内容，并未引用原教材的版式及序号编排。

② 《汉语教科书》的语法讲解配有英语翻译，例句配有汉语拼音，本书略。

“那个”后面的“中国人”就可以省去。

B. 练习

a. 抄写并填入适当的量词：

(1) 这是一________纸。

(2) 那________书很好。

(3) 那________学生是中国人吗？

b. 翻译并回答下面的问题：

(1) Is that sheet of paper big?

(2) Is that book old?

(3) Is this Chinese the new teacher?

〔引自《汉语教科书》(上册) 第 14 课〕

从内容上看，《汉语教科书》对语法项目的讲解非常全面，例 (3) 中 A 部分不仅有定性的介绍（如“名词的量词”的定义），还列举了使用时需要注意的事项，具体描写了数词与指示代词连用的情况、量词与数词及指示代词的关系、不用量词以及名词省略的情况。这种对量词使用环境的详细说明，显然受到了结构主义语言学重视语言结构形式描写的影响。另外，《汉语教科书》也强调语法项目的练习，有关量词的练习内容包括两种形式：练习 a 以填空的形式旨在加深学习者对课文中特定量词的记忆，促进陈述性知识的形成；练习 b 则体现了语法翻译法的教学理念，编写者希望利用翻译的方法再次巩固语法知识。无论哪种形式，其目的都在于帮助学习者熟悉、记忆语法项目的形式。这种对语法项目的处理方式，开启了汉语语法教学的最初实践。之后的汉语教材（如《基础汉语》《汉语课本》《实用汉语课本》等）基本沿用了这样的处理方法，形成了从讲解到练习的基本教学环节。

4.2 《新实用汉语课本》的语法教学环节

二十世纪八九十年代，受交际法的影响，语法教学逐渐向培养学习者的汉语交际能力转变。特别是进入二十一世纪之后，学界对于语言功能的重视不断加强。《新实用汉语课本》就是在这个背景下，为英语为母语或媒介语的汉语学习者编写的一套教材。它“汲取了从语法翻译法到交际法的各种教学法流派的长处，既重视学习语言的交际功能，又要牢固地掌握语言结构”，是一部遵循全新理念编写的“听说读写综合教学的汉语教材”①。

全套教材共6册，前4册（共50课）适用于初级和中级以前阶段，后2册（共20课）适合中级阶段使用。在语法处理方面，为了保证教学内容的系统性与循序渐进，编写者圆周式地编排了每课的语法结构，6册教材共实现4次大的循环重现，层层深入、螺旋上升，以不断巩固和深化语法教学内容。教材对每课语法项目的处理同样可以分为讲解与练习两大环节：在“语法”部分为学习者讲解、说明所要学习的语法项目；在“练习与运用”部分设计相应的语法练习。与例（3）不同的是，《新实用汉语课本》中的练习还增加了自由表达的内容，鼓励学习者在一定语境下，运用所学结构进行自由的交际②。例（4）显示了教材第1册第8课《你们家有几口人》对“数量词做定语”的处理方式。

例（4）：数量词做定语

A. 讲解

在现代汉语中，数词不能直接做名词的定语，而是要与量词连用。所有的名词都有其特定的量词。③

Nu	+M	+N
五	口	人
一	个	姐姐
十二	个	系
二十	张	照片

① 见《新实用汉语课本》前言。

② 按照《新实用汉语课本》的编排体例，对语法项目的处理顺序应该是先练习，再讲解。但根据该教材的《教师用书》，在具体的教学过程中，编写者仍建议将语法讲解置于练习之前。因此，本书把“语法”部分的内容列为第一个环节。

③《新实用汉语课本》对语法的注释采用英文形式，本书将其翻译为汉语。下同。

“个”是最常用的量词，用于名词前，可以指人、事或单位（读作轻声）。“张”常用在具有一个平面的事物前，如纸、照片、名片等。量词“口”用来表示家庭成员，常和名词“人”搭配，如“五口人”；而在其他情况下，则用“个”。如“我们班有二十个人”，不说“我们班有二十口人”。

B. 练习

a. 熟读下列词组：

2 口人	4 口人	5 口人	8 口人
12 张照片	23 张照片	70 张名片	100 张名片
8 个学校	10 个系	26 个老师	900 个学生
2 个教授	4 个小姐	89 个学生	37 个人

b. 替换练习：

A：他们有几个孩子（háizi）？

B：他们有 2 个孩子，都很可爱。

A：都是男孩子吗？

B：不是，他们有 1 个男孩子和 1 个女孩子。

3	1	2
4	2	2
5	2	3

c. 会话练习：【谈家庭】

A：你们家有几口人？

B：________________。

A：你有没有哥哥和姐姐？

B：我有________________，没有________________。你呢？

A：我有一个________________，两个________________。

d. 交际练习：

（1）向你的好朋友介绍你的家庭。

（2）谈论你朋友的家庭。

〔引自《新实用汉语课本》(1) 第 8 课《你们家有几口人》〕

环节 A 是对“数量词做定语”的解释与说明。较之于例 (3),《新实用汉语课本》的讲解放弃了系统、全面的知识介绍，不仅未对“数量词做定语”进行概念上的界定，而且也较少涉及对量词与数词、指示代词之间使用情况的描写，只是利用表格的形式，清晰地将数量结构展示出来，同时更多地着眼于具体量词（如“个、张、口”）的意义与使用情况说明。这样的处理对于初级水平的学习者而言[①]，更容易理解与掌握。环节 B 是针对该语法项目设计的练习。与例 (3) B 部分相比，《新实用汉语课本》已经脱离了语法翻译法的影响，没有设计翻译练习。从练习的类型上看，《新实用汉语课本》也丰富了许多：练习 a、b 对应的朗读、替换两种机械性练习形式，强调学习者对语法形式的掌握，重在训练学习者“刺激—反应”的联结；会话练习 c 开始注重语法项目的意义和使用，要求学习者使用特定语法项目理解并完成编写者设计的话轮，这部分内容主要围绕课文展开，与学习者的真实生活情景还有一定的距离，属于有意义的练习，学习者的回答在教师控制的范围内；练习 d 则强调学习者之间的自由交流与互动，属于交际性练习，学习者依据自己的个人情况完成表达，问题的答案并不唯一，通过让学习者自由运用数量结构，体现了教材编写者希望提高学习者语言交际能力的目的。

4.3　语法教学环节分析

综观《汉语教科书》与《新实用汉语课本》对语法项目的处理，可以看出，两部教材所呈现的语法教学环节基本相同，都可以归纳为“讲解—练习”。在准确、清楚地解释语法项目的形式、使用特点等内容的基础上，教材编写者设计若干练习形式，以巩固学习者对语法项目的掌握。

但是在练习的设置上，两部教材预设的目标不尽相同。《汉语教科书》的练习，目的在于训练学习者对语法结构的掌握，夯实他们对语法知识的理解，避免出错；而《新实用汉语课本》在交际法的影响下，还增加了自由表达的内容，希望引导学习者关注语法项目的使用，帮助学习者逐渐接近真实的交际。如果从更细致的角度

① 例（4）选自《新实用汉语课本》(1)，该册教材适于初级阶段的汉语教学。

区分练习环节，可以将《新实用汉语课本》中的“练习”环节切分为“训练”与“表达”两个阶段：其中“训练”主要以教师可控制的练习形式为主，包括机械性练习（如模仿、替换等）与有意义的练习（如对话、造句、翻译等）；而“表达”则侧重交际性练习，鼓励学习者在一定语境中自由交际。

这样一来，两部教材所体现的“讲解—练习”环节可以进一步细化为“讲解—训练—表达”。这与 Willis & Willis（1996）提到的 PPP 教学模式一一对应。所谓 PPP，即指“presentation（展示）— practice（训练）— production（表达）”的课堂教学三阶段。展示阶段，教师突出展示某个特定的语言形式，帮助学习者理解；训练阶段，教师通过各种练习，引导学习者输出相应的语言形式，巩固所学知识；到了表达阶段，学习者不再受制于教师的严格管控，而是在一定的语境中进行自由的交际。在早期的汉语教材中（如《汉语教科书》等），语法教学只侧重“展示”与“训练”环节；随着交际法的不断发展与深入，教材编写者在处理语法项目时开始逐渐增加“表达”环节（如《新实用汉语课本》），为学习者设计综合性的交际练习。

由于 PPP 语法教学环节步骤清晰、要求明确，只要教材编写者根据教学目的或总体设计，对出现在特定课文的语法项目进行准确、清晰的解释，并循序渐进地设计若干机械性练习、有意义的练习以及交际练习，就可以通过反复的“刺激—反应”过程，巩固学习者的语言基础知识；同时，无论教师是否有经验，都可以有章可循，规范、统一地开展课堂教学活动，并严格掌控教学过程。正是因为该模式可以为学习者带来极大的成就感、给教师带来极大的安全感（吴中伟，郭鹏，2009），所以它是“第二语言教学，包括外语教学，目前最为普遍的课堂教学模式”(吴中伟，郭鹏，2009)。

第五节　新形势对语法教学提出的要求

从语法教学的地位、语法体系的创立及发展、语法教学的原则与方法、语法教学环节等角度窥视汉语语法教学的全貌，可以看出，经过半个多世纪的探索，语法教学在有效帮助学习者学习语言知识、厘清语法概念、熟练掌握语法句型方面，在充分保证语法体系的完整性、夯实他们的语法基础方面，在提高学习者对语言的理性认识、促进学习者言语生成机制的形成等方面积淀了极为丰富的经验，取得了卓越的成就。然而，随着“汉语热”的不断升温，学习者对语法教学有了更高的期望，除了学习必要的语言要素、扎实掌握语言基础之外，他们更希望能够了解怎样去用、在什么场合使用，更希望将课堂所学直接应用到真实交际中，实现学以致用的目标。新的形势对语法教学提出了新的要求。

5.1　教学内容方面

以往的语法教学内容围绕系统的语法体系和抽象的语法规则展开，教师积极向学习者传授语法知识，学习者通过完成机械性练习、有意义的练习，从而强化对规则的记忆。这种以语法知识为中心的课堂教学，有时因为与现实生活脱节而显得枯燥乏味，教学效率并不高，“不符合认知规律”(张宝林，2008)，学习者往往一用就错。

例如可能补语，一般教材中的语法解释是：在动词和结果补语之间加上“得”，表示“可以”和“能够”，口语里用得比较多，否定式是用“不”替代“得”，如“听得懂、做得完、回得来”〔如《新汉语教程》(Ⅱ)〕。有的教材还会进一步说明“了(liǎo)、下、动”等动词做可能补语的情况。但是，这样的教学并不能达到预期的效果，下面是两组常见的偏误：

例（5）：a.* 我这几天感冒得厉害，头疼、咳嗽，什么事儿也做不到。(做不了)

b.* 医生让我减肥，告诉我少吃甜食，多运动，可是我做不了。(做不到)

c.* 这件事必须等校长决定，别人可做不好主。(做不了)

d.* 这是同学们让我办的事儿，做不了对不起大家。(做不好)

例（6）：a.* 这个饭店的条件很好，不过太贵，我住不进。(住不起)

b.* 这个房间太小，住不上三个人。(住不下 / 了)

c.* 这儿的环境太乱，我们住不下了。(住不下去)

造成学习者偏误的原因很多，如母语干扰、过度泛化、交际策略、文化因素等。但如果从语法教学内容的角度来看，李晓琪（2004）认为以下两点特别值得注意：

第一，语法与意义分离。长期以来，由于语法和意义分家，语法规则的学习对实际的交际使用帮助有限。语法规则往往是形式化、程式化、抽象的。如果只讲语法规则，不讲语法规则的意义，学习者学到的只是抽象的语法关系，而不是真实交际中使用的语法结构。例如“做不到”，句中一定有“达不到某一标准、要求或某种情况不能实现”的词语出现〔例（5）b〕；“做不好”和“做不了”都可以与“工作”类名词配合使用，但如果出现在主语位置上，则一定要用“做不好”〔例（5）d〕，在谓语位置上用“做不了”〔例（5）a、例（5）c〕。只有从形式与意义角度全面开展教学，语法教学才有可能真正帮助学习者输出正确的句子。

第二，语法和语境脱离。有些语法格式孤立地看是正确的，但在具体的语境中就文不达意。如“住得/不惯”“住得/不起”“住得/不下”“住得/不了”“住得/不下去”都是正确的语法格式，其中的“惯、起、了、下、下去”都是可以跟动词“住”搭配的词语，但是在具体的语境中只能根据不同的语义选择一个合适的表达。在“动词＋得/不＋补语”格式里，“惯”充任补语，一般出现在谈论“习惯不习惯”的语境里，可搭配的动词还有“吃、看、听、用、睡”等；“起”充任补语，与谈论价钱的话题分不开，例如“买得/不起”“付得/不起”“赔得/不起”“雇得/不起”等〔例（6）a〕；“下”充任补语，跟与空间有关的语境联系在一起，如“放得/不下”“坐得/不下”“摆得/不下”“装得/不下”〔例（6）b〕。如果将语法融入恰当、合适的语境，学习者就会将注意力从语法规则转向语法结构的使用，避免所学的知识变为“惰性知识”（inert knowledge），从而大大提高语法教学的效率。

为了吸引更多学习者体验汉语、了解汉语，我们应该在充分继承语法体系研究成果的基础上，注重语法与意义、语法与语境的紧密结合，让学习者在真实的语言环境中、在具体的意义交流中接触语法、学习语法、掌握语法，使语法教学能够贴近学习者的生活、能够适时引导学习者完成真实的语言交际，使语法教学真正成为提高学习者语言交际能力的有效工具。

5.2　教学环节方面

新的形势不仅对语法教学内容提出了新要求，也对语法教学环节提出了新的挑战。

首先，在 PPP 语法教学环节中，语法项目被当作学习的对象，而不是交际的工具。在展示阶段，教师输入的内容主要重在对语言知识系统、准确、全面的介绍〔如例（3）A〕，并不太关注教学内容与具体交际活动的关联；在训练阶段，虽然训练层次涉及机械性练习与有意义的练习，形式丰富多样，但主要以理解、掌握语法形式为主，关涉语法意义、置于具体语境的内容较少；只有在表达阶段，才为学习者提供了比较自由的交际环境。不过从例（4）的实例来看，有些表达练习的设计还较为笼统，没有对交际情景、交际活动参与者的身份等予以具体说明，如“谈论你朋友的家庭”，只限定了话题，并没有明确指出具体的交际内容以及交际对象的身份、角色。由于练习没有详细的引导，令学习者难以下手，影响了他们参与的热情和利用语法进行交际的过程，同时也影响了语法教学的效率。

其次，PPP 语法教学环节突出了教师在课堂教学中的主导地位，对于学习者在语言教学中的中心地位关注不够。例如在展示阶段，教材编写者往往根据课文内容选定教学重点，并没有对学习者的学习需求进行过多的调查与分析；对语法项目的讲解主要以教师输入为主，教师追求清晰、明了地呈现教学内容，有时会忽视学习者自主发现问题、分析问题、解决问题的能力；训练阶段中不同层次的练习，也主要由教师掌握“话题和话轮转化的自主权，学生处于被动应答的地位”(吴中伟，郭鹏，2009)。由于教师在课堂教学的主导作用，导致学习者很少有机会进行有意义的交流，或者说学习者是被动地参与课堂教学活动，没有真正成为课堂教学的中心。需要说明的是，强调“以学生为中心”，并不意味着否定教师对课堂的监控，而是需要解决如何在教师的引导下，最大限度地发挥学习者的主观能动性，激发学习者内在的学习动力。

为了引导学习者积极参与课堂学习，保证他们在语言学习中的中心地位，语法教学环节不仅要步骤清晰、要求明确、便于操作，更要营造生动活泼的课堂环境，让学习者饶有兴趣地融入语法教学的过程，使被动的、封闭的学习转换为主动的、开放的参与，使语法真正成为鲜活的交际工具，鼓励学习者在语言实践中学习语法，运用语法完成真实的语言交际活动。

总之，回顾半个多世纪汉语语法教学的研究成果，可以发现，无论受到什么教学流派的影响，无论教学重点有怎样的变化，语法教学在汉语教学中始终占有极其重要的地位。1958 年《汉语教科书》构建的汉语教学语法体系为以后的语法教学树立了经典的范例。尽管新的语言理论、教学观念不断发展，相关的改革意见不断涌现，但是该体系在汉语教学实践中的地位还是非常稳固的，始终影响着语法教学的内容确定。在教学方法层面，学者们潜心钻研，在长期的课堂教学过程中积极实践语法教学的原则与方法，并形成了较为稳定的“展示—训练—表达”教学环节。

学界在语法教学地位、教学内容、教学方法以及教学环节等领域的耕耘，勾勒出汉语语法教学的概貌。它为明确语法教学在汉语作为第二语言教学中的重要地位提供了坚实的理据，为培养学习者清晰的语法概念、巩固其语法基础积累了丰富的经验，为提升学习者对语言的理性认识、促进言语生成机制做出了积极的贡献。这些令人瞩目的成果，是一笔宝贵的财富，更是我们进一步深入研究的起点。

国际汉语教学的蓬勃发展，众多学习者体验汉语、使用汉语的需求，为积淀六十多年的语法教学提出了新的要求。为满足学习者学以致用的需求，提高语法教学的效率，使语法教学真正成为提高语言交际能力的工具，不仅要在教学内容的安排上做到语法与意义、真实语境紧密结合，还要在教学环节的设计上注重以学习者为中心，激发学习者的参与热情。

二十世纪八九十年代兴起的任务型语言教学，在借鉴与拓展交际法的基础上，凭借“强调语言交际、强调真实情景、强调参与过程”的鲜明特点吸引了外语教学研究者与实践者的目光，在外语教学界，特别是英语教学界，开始产生越来越大的影响。新的教学流派为语法教学研究提供了一个新的视角。在继承语法教学优势的基础上，能否将任务型语言教学理念融入语法教学，引导学习者在使用、体验汉语的过程中学习语法，开展基于任务的语法教学，是汉语作为第二语言教学研究面临的一个课题，也是本书分析与探讨的主要内容。

第三章　任务型语言教学对语法教学的启示

任务型语言教学是二十世纪八十年代后期到九十年代中期逐渐兴起的一个教学流派。它强调让学习者在做事情的过程中学习语言和使用语言，这对语言教学产生了重要的影响，对新形势下的语法教学也有一定的启示作用。剖析任务型语言教学带来的启示，首先需要对该教学流派有一个明确、清楚的认识。

第一节　任务型语言教学概述

任务型语言教学主张教师通过选择、编排任务，创造出具有交际意义的真实语言环境，使学习者在完成任务的过程中，以参与、体验、互动、交流、合作的学习方式，完成语言的学习过程。简言之，就是让学习者在完成任务的过程中学习语言和使用语言。"任务"是任务型语言教学的核心。

1.1　任务的定义

1.1.1　任务的内涵

什么是任务？学界有着各种各样的界定。随着任务型语言教学的不断发展，学者们对任务内涵的认识逐步清晰、明确。

迈克尔·朗（Michael Long）是较早研究任务型语言教学的学者之一，他将任务与现实生活紧密结合，认为任务就是"一件为自己或为别人做的无偿或者有偿的事情，例如粉刷栅栏、给孩子穿衣服、填写表格、买鞋、预订机票、从图书馆借书、参加驾照考试、录入信件、给病人称体重、邮件分类、预订房间、开支票、寻找目的地和帮助别人过马路等。换句话说，任务就是人们日常生活、工作、娱乐等过程中各种各样的事情"(Long，1985)。在这样的观点下，任务的内涵非常丰富，既包括使用语言完成的事情，如填写表格、预订房间等；也包括不使用语言就可完成的事情，如粉刷栅栏、给孩子穿衣服、考取驾照等。Long（1985）的定义强调了任务与真实世界的密切关系，他把任务定位在"事情"这样一个静止状态，并未将任务与语言和语言教学联系起来。

里查兹（Richards）、普拉特（Platt）与韦伯（Weber）开始将任务与语言教学联系在一起，他们在《朗文应用语言学词典》(1985）中指出，任务是"人们在处理或理解语言的基础上完成的一项活动或行为，如听录音画地图、执行指令等，任务可以涉及语言输出，也可以不涉及。教师应该有一个明确的标准，以判断任务是否成功完成。在语言教学中使用各种不同的任务将使教学更具有交际性"。和Long（1985）的定义相比，Richards & Rodgers（1985）开始将任务看作一个动态的"活动"过程，并且将语言教学的因素融入这一动态过程中，指出完成任务的基础是人们对语言的理解，提出教师应对任务是否完成有一个判断标准，明确了任务在语言教学中的作用。

Crookes（1986）在前人研究成果的基础上，认为任务"是一件有特定目标的工作或活动，通常用于教育课程的一部分，或者用于工作或引出数据的研究"。这一概念虽然并没有说明任务与语言教学的直接关系，却强调了任务必须具有明确的目的。该观点一直被后来的学者所接受。

普拉布（Prabhu）是任务型语言教学的最早实践者，他将任务融入印度班加罗尔地区的外语课堂中，因此，他定义的任务融合了课堂教学的特点，融入了学习者、教师等因素。Prabhu（1987）指出："任务是学习者根据所给信息，经过思考等过程，得出某种结论或结果的活动，在完成任务时，教师对这一过程进行控制和调整。" Prabhu（1987）从外语教学实践的角度提出了学习者完成任务这一动态过程的三大步骤，即输入信息、加工思考、得出结论；同时，也突出了教师在学习者完成任务过程中的控制、调整作用。

Breen（1987）从语言学习的角度探讨了任务，他指出："任何一个有结构的语言学习都试图进行具有特定目标、适当内容、特殊的工作程序以及一系列结果的任务。

因此，任务可以看作一系列的工作计划，它能够促进语言学习从简短的练习类型发展到完成复杂的活动，如小组解决问题或进行决策。”Breen（1987）的定义揭示了任务与语言学习的关系，即语言学习离不开任务的完成，而任务能够促进语言学习的发展。

英语教学专家纽南（Nunan）提出，任务[①]是“学习者用目的语进行理解、操作、输出或互动的一系列课堂活动。在这些活动中，学习者主要关注意义而非形式。”(Nunan，1989）这一观点强调了意义在完成任务过程中的重要性。

回顾二十世纪九十年代以前的相关研究可以发现，学界对“任务”的界定经历了一个从“事情”(Long，1985）到“（有目标的）活动”(Crookes，1986；Prabhu，1987）再到“(一系列的）课堂活动”(Breen，1987；Nunan，1989）的过程，这一过程体现了学者们对“任务”的认识从静态走向动态、从现实生活逐步聚焦到语言教学的变化（见图 3-1）。二十世纪九十年代末之后，学界对“任务”的理解逐步达成共识，对“任务”的定义不断简洁、凝练。

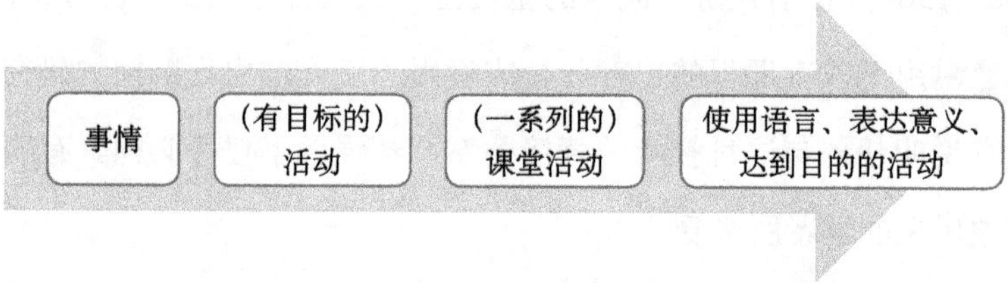

图 3–1　学界对“任务”的认识过程

Willis（1996）将任务定义为“学习者为了实现某个结果而使用目的语进行交际的活动”。Bygate, et al.（2001）提到，“任务是要求学习者使用语言、为达到某个目的而完成的一项活动，活动的过程强调意义的表达”。Ellis, R.（2003）的定义最为简单，他认为“任务是那些主要以表达意义为目的的语言运用活动”。这些定义虽然在具体表述上有所不同，但都强调了“使用语言”“表达意义”和“达到目的”三点共

① 在 Nunan（1989）的论述中，将此类任务称为“交际任务”，与“学习任务”相对。二者的区别详见本节 1.1.2。

识。概括地说，这三点共识就是任务的核心内涵：完成任务，必须通过使用语言来表达意义，并达到某种目的的实现。基于这些共识，我们可以把任务定义为：以表达意义为交际目的的语言使用活动。

对这三点共识可以进一步具体分析：所谓“使用语言”意指使用者在真实的语境中，由于交际双方存在某种形式的信息差（information gap），因此需要运用语言进行沟通，换言之，“使用语言”蕴涵了任务的真实性；“表达意义”旨在强调学习者与教师、同伴之间的意义协商、互动交际，凸显了任务的交际性；“达到目的”既可以指实现某种语言交际目的，如表达“道歉”“祝愿”“请求”等功能意念，也可以是得到某种现实的结果，如买到车票、订好房间、完成结账等。无论哪方面的结果，都体现了任务的目的性。总而言之，真实性、交际性与目的性，完全涵盖了 Ellis，R.（2016）总结的任务的特点[①]，可以看作任务的核心内涵。

1.1.2 狭义的任务和广义的任务

“达到目的”是学界对任务内涵的共识之一，但任务应该达到什么样的目的，学者们却有不同看法。狭义任务派（如 Willis，1996；Skehan，1999；Ellis，R.，2003）认为，只有为了某种交际目的而使用语言的活动才可以视为任务，这样的任务被称为“狭义的任务”；而广义任务派（如 Estaire & Zanon，1994；Littlewood，2002[②]）主张，任务的目的在于促进语言学习，因此凡是能够促进语言学习的活动都是任务，即“广义的任务”。

狭义的任务都具有一个特定的交际目标，如例（1）所示：

例（1）：在火车票售票点购买 2 张到上海的火车票。

为完成这个活动，参与者需要使用语言，与售票员进行意义交流与互动，从而

① Ellis，R.（2016：4）指出任务必须满足四条准则：第一，任务的焦点是信息，就是说任务的目的是关注意义；第二，任务有某种信息差；第三，学生（即参与者）需要用已有的语言知识和非语言知识来完成任务；第四，任务要有一个非常明确的交际结果。

② 转引自龚亚夫、罗少茜（2006）。

实现交际的目的：买到火车票。这个例子属于狭义任务派主张的任务。

广义任务派将任务分为交际任务（communicative tasks）和学习任务[①]（enabling tasks）两类。前者即狭义的任务，如例（1）；后者指针对某语言形式而设计的活动，这些活动有助于促进语言学习，因此也被纳入任务的范畴，如例（2）所示：

例（2）：用“只要……就……”回答下面问题。

a. 怎样才能身体健康？

b. 怎样才能成功？

c. 怎样才能找到好工作？

狭义任务派认为，例（2）旨在训练学习者对“只要……就……”格式的掌握，并不强调通过这个活动可以实现什么样的交际结果，因此只是传统语言教学中的一个练习，不属于任务型语言教学的内容。而广义任务派认为，尽管例（2）并不着眼于现实生活的某个具体交际目标，但是为完成这个活动，学习者同样需要理解问题的意义，需要表达出自己对“健康、成功、好工作”的看法，因此从表达意义、完成交际的角度来看，它与例（1）中的任务是一样的。另外，正确掌握语言要素是完成交际任务的基础，完成该活动能够强化学习者对语法格式的运用，为实现交际任务提供必要的语言工具，因此是任务型语言教学中不可或缺的内容。

在汉语作为第二语言教学的过程中应该对“任务”采取什么样的态度？笔者认为需要立足于汉语教学的实际。目前借鉴任务型语言教学理念，重要的不是将某个教学活动定性为任务或练习，而是应该从培养学习者语言交际能力的角度出发，来评估教学活动的价值。第二语言习得研究成果表明：培养语言交际能力不能以牺牲语言知识为代价，忽视语言知识的学习，忽视对语言形式的关注，将导致学习者的语言僵化，影响学习效果（Higgs & Clifford，1982；Harley & Swain，1984；Ellis，R.，1994；Nunan，2001）；正确的意义表达和任务完成终究有赖于合适的语言形式支持

① 也有学者译为“使能性任务”，如龚亚夫、罗少茜（2006）。

（关道雄，费飞，2010）。围绕语言形式的学习任务强调学习者对语言知识的掌握，旨在提高他们使用语言的准确性，从而保证交际任务完成的质量。换言之，学习任务为完成交际任务奠定了必要的语言知识基础，对培养学习者的交际能力具有重要的作用。因此，我们认为应该对“任务”采取比较包容的态度，既应包括以现实生活为原型的交际任务，让学习者在表达意义的活动中了解语言的运用，也应包括针对语言形式而设计的学习任务，让学习者通过聚焦语言形式的活动，提高语言使用的正确率，从而保证交际任务的完成质量。

不过需要强调的是，将聚焦于语言形式的学习任务引入语言课堂教学，其主要目的并不在于操练语言形式，而是为完成交际任务，夯实语言基础，为学习者自如地使用语言形式提供帮助。因此，在设计学习任务时，教师应当将语言形式与真实、自然的交际情境相融合，引导、鼓励学习者围绕语言形式进行信息交换、意义交流，为顺利完成交际任务做准备；而不是仅仅着眼于训练学习者对语言形式的机械掌握与记忆。笔者认为，这是学习任务与传统练习最本质的区别。

1.1.3　任务与语法项目

对于任务与语法项目的关系，国内外学者直接或间接地指出了二者之间的客观联系。

Loschky & Bley-Vroman（1993）概括了任务与语法项目之间的三种关系：任务自然（task-naturalness）、任务有效（task-utility）和任务必需（task-essentialness）。所谓任务自然，是指某一语法项目在完成具体任务时自然出现，它能实现任务得体地完成；任务有效是指特定的语法项目能够实现任务有效地完成；而任务必需指的是语法项目是任务完成的基础，不使用这个结构，任务根本无法完成。

Ellis，R.（2003）在讨论结构松散型任务（unfocused task）和结构集中型任务（focused task）时，分析了任务与语法项目的关系。他认为，完成结构松散型任务尽管需要语法结构的帮助，但并不要求学习者必须使用某个或某些语法项目；而完成结构集中型任务则需要运用特定的语法结构，学习者在完成这类任务时，不仅可以锻炼其运用语言做事的能力，还可以训练他们在特定的真实语境下对某语法结构的掌握。

Nunan（2004）在探讨任务型教学大纲的设计因素时，举例性地指出具体任务与特定的功能、语法之间存在对应关系。如表 3-1 所示：

表 3–1 任务型大纲的设计因素 ①

任务	宏观功能	微观功能	语法项目
和同伴看地图。你在旅店，询问同伴如何去银行。	交换 商品和服务	问路与指路	wh 问句，yes/no 问句，祈使句
你参加一个聚会。将你的同伴介绍给其他三位客人。	社交	交换 个人信息	状态动词，指示词 this，yes/no 问句

国内较早涉及任务与语法项目关系讨论的是马箭飞（2002）。该研究指出，语言要素及其规则（组成任务的语言素材以及词法、句法、语篇的规则性知识和程序性知识）是交际任务主要的组成因素。也就是说，语法规则是交际任务不可或缺的组成部分。

吴中伟、郭鹏（2009）在讨论任务的设计时提到，“语言形式上的复杂程度毫无疑问是影响任务难度的重要因素之一，也是设计和安排任务时必须考虑和处理的重要因素之一”。换句话说，语法项目是影响任务难度的一个主要指标。

综观国内外的相关成果可以看出，在 Loschky & Bley-Vroman（1993）提出任务与语法结构的对应关系之后，学者们纷纷从不同角度进行了深入探讨，如任务构成（马箭飞，2002）、任务类型（Ellis，R.，2003）、任务（大纲）设计（Nunan，2004；吴中伟，郭鹏，2009）等。这些研究都从理论层面论证了任务与语法项目之间存在着客观联系。

1.2 任务型语言教学的理论来源

有关任务型语言教学理论来源的讨论有很多，Ellis，R.（2003）、Nunan（2004）、程晓堂（2004）、魏永红（2004）、鲁子问和张荣干（2005）、龚亚夫和罗少茜

① 节选自 Nunan（2004）：26~28 页，笔者将其译为中文。

(2006)、吴中伟和郭鹏（2009）等学者从不同的研究背景出发，探讨的角度不尽相同。综合已有研究，笔者将任务型语言教学的理论来源梳理为以下两个方面。

1.2.1　学习理论

1.2.1.1　第二语言习得理论

任务型语言教学的理论来源之一是第二语言习得研究。Krashen（1982）提出了输入理论，他认为必须有大量的可理解输入，才能使学习者掌握所学习的语言。Swain（1985）指出，除了可理解输入外，输出也是推动第二语言发展的重要因素。随着学界对第二语言习得规律研究的不断深入，任务型语言教学的主要倡导者之一迈克尔·朗提出了互动理论（Long，1983，1985，1989）。

互动理论认为，在交流活动中，各方为了克服交际中的困难或障碍，必须通过询问、证实、复述等形式的意义协商，才能成功表达意义或传递信息。在语言学习过程中，意义协商之所以能够有效地促进第二语言习得，是因为学习者在协商中可以获得大量的可理解输入，同时在接受其他人反馈的基础上调整自己的语言输出，从而达到输入与输出相互交融、相互促进，推动语言学习。

在完成涉及信息交换的任务时，需要参与者的互动、协商，需要他们在解码可理解输入的同时，实时接收反馈，及时调整编码过程，不断调动他们的已有知识，修正原有的知识体系。也就是说，完成任务的过程，实际上就是学习者之间意义协商的过程，就是他们的输入与输出互动、交融的过程。任务型语言教学强调语言交际，即强调互动中的意义协商，这体现了第二语言习得中的互动理论。

1.2.1.2　建构主义理论

建构主义理论以心理学、哲学和人类学为基础，是解释“知识是什么”和“知识如何获得”的一种理论模式。学界一般把以皮亚杰（Piaget）为代表的个人建构主义和以维果斯基（Vygotsky）为代表的社会建构主义看作建构主义的两大基本流派（邹莹，2009）。

瑞士心理学家皮亚杰（Piaget，1974，1981）针对儿童认知发展，最早提出了建构主义思想。他认为，认知是一种以主体已有的知识和经验为基础的主动建构，学习者从自身经验背景出发，构建对客观事物的主观理解。苏联心理学家维果斯基（1978，1986）则从社会文化的角度，阐述了社会构建主义理论的基本内容。他认为，学习者对知识的建构发生在与他人交往的环境中，是社会互动的结果。社会对个体的学习发展起到重要的支持作用。个人构建主义强调学习者自身对认知发展的重要性，而社会建构主义更关注社会对个体知识构建的作用。将两派观点结合运用到外语教学中，就需要教师重视学习者在学习过程中的主体作用，注重激活学习者的内在知识系统，由他们自己进行意义的建构；同时也要强调社会对学习的促进作用，让学习发生在与周围人的交往和互动之中。换句话说，建构主义倡导通过互动与合作，让学习者从自身的知识与经验出发，建构新的认知图式，从而实现认知的发展。

任务型语言教学主张学习者参与真实自然的任务，在完成任务、进行交际的过程中，学习者通过互相交流或与教师的互动，使不断摄入的新知识与已有经验同化、顺应，从而达到平衡状态，成功构建新的图式，实现语言能力的发展。这一过程，正体现了建构主义关于知识建构的思想。

1.2.2 教学理论

1.2.2.1 交际法

从历史渊源来看，交际法的深入发展，是任务型语言教学的理论来源之一（程晓堂，2004）。交际法于二十世纪七十年代兴起，明确提出第二语言教学的目标是培养学习者运用语言进行交际的能力。该法以功能意念为组织教学的基本单位，重视学习者的实际需要，主张教学过程交际化，对外语教学产生了很大的影响。二十世纪七十年代后期，由于功能意念研究遇到困难（如怎样确定语言功能、如何将语言结构与功能结合起来等），一些学者开始研究什么样的手段或活动能够促进学习者的语言交际能力发展。随着时间的推移，他们开始把以表达意义为目的的活动称为“任务”，开始研究如何在课堂中设计、开展任务（Prabhu，1987；Nunan，1988，1989 等）。任务型语言教学理念逐渐发展为一种教学流派。

从本质上看，在探索与认识语言交际能力方面，任务型语言教学与交际法是完全一致的，交际法秉承的“交际原则、意义原则”，也为任务型语言教学奠定了基础。但与交际法相比，任务型语言教学至少在以下几个方面有所发展：

（1）交际法把语言分析为若干功能意念单位，以功能意念单位来组织教学；而任务型语言教学明确提出以任务为课堂教学中组织交际活动的基本单位，将现实的生活引入语言学习的过程。“以功能意念为单位，还是以任务为单位，体现了对于语言习得规律的不同的假设”(吴中伟，郭鹏，2009)。

（2）交际法倡导学习者使用所学的语言知识，以培养学习者在恰当的场合正确、得体地表达语言功能为目标；而任务型语言教学不仅承认培养语言交际能力是目标，它还同时强调语言的学习，即在处理任务、使用语言、体验目的语环境的过程中学习语言、掌握语言。换句话说，完成任务既是语言学习的目标，同时又是语言学习的手段。

（3）与交际法不同的是，任务型语言教学还强调发展学习者发现问题、分析问题、解决问题的能力，强调人的全面发展（吴勇毅，2006）。

1.2.2.2　课程理论

美国语言学家范里尔（Van Lier）创立了学习理论、课程理论和教学实践综合的3A课程观。所谓3A，是指意识（awareness）、自主（autonomy）与真实（authenticity）。Van Liev（1996）认为：学习新的知识，首先要注意到它的存在。学习者将所学内容与已有知识或个人经历联系起来，了解用语言可以做什么事情，才能有意识地关注所学的内容；“自主”涉及学生的学习动机，只有产生强烈的学习热情，并自觉关注学习过程，学习者才能对学习产生责任感；“真实”意指“真实的行动”，学习者学习的内容必须是他们想做的事情，他们的行动应该是经过自主选择的，能表达真实感受。

本章1.1提到，真实性、交际性与目的性是任务的核心内涵。所谓真实性，是指任务涉及的情景、传递的信息符合现实生活，学习者在完成任务时表达真实的感受；交际性，就是让学习者自主地参与完成任务的过程，激发他们参与的兴趣；目的性强调任务的目的，学习者需明确了解运用语言可以完成什么样的事情。这三个内涵与范里尔的3A课程观中的真实、自主、意识是一一对应的，体现了任务内涵与该课程观主要思想的一致性。

综上所述，任务型语言教学的理念主要源于学习研究和教学研究两大背景。剖析其理论来源，有助于我们更全面地理解任务型语言教学的理念及其基本主张，更深刻地了解任务型语言教学的特点。

1.3 任务型语言教学的特点

以"使用语言""表达意义"和"达到目的"的任务为基本教学单位的任务型语言教学，其核心思想是在完成任务的过程中培养学习者运用语言的能力，即"用中学、做中学、体验中学"。其教学过程，一般被归纳为三个阶段：任务前（pre-task）、任务中（during-task）和任务后（post-task）(Willis，1996；Skehan，1999；Ellis，R.，2003)[①]。其中，任务前阶段主要介绍任务的话题和目标，让学习者弄清楚究竟要做什么；任务中阶段以小组形式要求学习者分步骤完成任务，运用语言自由表达；任务后阶段主要对学习者完成任务的情况进行总结，并引导他们关注使用得不正确或不太正确的语言形式。

这一教学模式所具有的特点，学界讨论很多。如程晓堂（2004）从分析"做中学、用中学"的具体体现形式展开；魏永红（2004）以任务型语言教学所遵循的五项原则为切入点；龚亚夫和罗少茜（2006）则从设计交际任务课程需注意的问题入手。无论哪个研究视角，都基本围绕Nunan（1991）[②]论述的框架展开。本节尝试从更简洁的角度，对任务型语言教学的特点进行归纳。

---

① 不同学者对这三个阶段的表述略有差异。Willis（1996）将教学过程归纳为任务前（pre-task）、任务循环（task-cycle）和语言焦点（language focus）；Skehan（1999）、Ellis，R.（2003）则称这三个阶段为任务前、任务中与任务后。

② Nunan（1991）总结的任务型语言教学的特点包括：（1）强调通过交流学会交际；（2）将真实的材料引入学习环境；（3）学习者不仅注重语言学习，而且关注学习过程本身；（4）把学习者的个人经历作为课堂学习的重要资源；（5）尝试将课内的语言学习与课外的语言活动联系起来。

1.3.1　强调参与过程

任务型语言教学力图让学习者通过完成真实的任务来参与学习过程，在利用语言解决问题的同时，与他人交流协商，从而体验语言、探索语言、掌握语言、内化语言，提高语言交际能力。这种教学理念克服了传统语言教学（包括以功能为基础的交际法）从语言本身（结构或功能）出发、强调学习结果、忽视学习过程的不足，明确了学习者在语言教学中的主导地位，有利于充分发挥学习者的能动性，激发他们积极参与、主动思考的热情。

1.3.2　强调真实情景

任务型语言教学强调以现实生活中的任务为单位组织教学，为学习者提供真实的语言材料和学习活动，这不仅能为所学内容创设真实、合理的情景，使学习者体验、实践真正的语言交际活动，更有利于帮助学习者运用所学内容完成课堂外类似的任务，满足他们学以致用的需求，修正传统语言教学与真实生活缺乏联系的不足，改变传统教学效率不高的状况。

1.3.3　强调语言交际

任务型语言教学不仅要求学习者利用自己的语言知识、语言技能，在真实语境中完成交际活动，还要求他们体验使用目的语获取信息、处理信息和传达信息的交际过程。学习者出于提出问题、解决问题、表达思想的需要，与同伴、教师进行意义协商与互动，这就使语言课堂由过去教师单一的讲解、灌输转变为真实的人际交往过程，使课堂话语更接近现实生活，更有利于培养学习者运用目的语进行交际的能力。

上述三点体现了任务型语言教学的基本理念，反映了以学习者为中心的教学思想，突出强调了语言交际能力培养的途径：在完成真实任务过程中进行交际，从而提高运用语言的能力。正是由于这些鲜明特点，使得任务型语言教学开始在外语教学界产生越来越大的影响。

第二节　任务型语言教学的发展

任务型语言教学的理念及其鲜明特点，“基本上反映了外语教育专家和第二语言习得研究专家对外语教育的最新认识和外语教学研究的最新成果，是目前国际上外语教学界广泛采用的一种语言教学思路”(程晓堂，2004)，引起了第二语言教学界的普遍关注（吴中伟，郭鹏，2009)，形成了方兴未艾的发展局面。

2.1　任务型语言教学对外语教学的影响

目前，任务型语言教学的理念已经影响了欧洲、美国、中国的外语教学实践。

2.1.1　欧洲：《欧洲语言共同参考框架：学习、教学、评估》

《欧洲语言共同参考框架：学习、教学、评估》(*A Common European Framework of Reference for Languages*：*Learning*，*Teaching*，*Assessment*，以下简称“《欧盟框架》”）是欧洲理事会组织各成员国共同制定的关于语言学习、教学及评估的整体指导方针与行动纲领。尽管制定者反复声明，《欧盟框架》希望做到开放、动态、非教条，“不规定语言使用者必须跟进的目标，也没有规定必须运用的方法”(见“致读者”)、“不机械地、一劳永逸地专门照搬语言学和教育学的任何理论与实践模式”(见第一章)、“不对任何一种具体的教学法情有独钟”(见第二章)，但毫无疑问，这并不意味着《欧盟框架》没有自己的原则，没有自己的教学理念。综观其九章内容，有四章涉及了对任务的探讨（见表 3-2)。

表 3–2 《欧盟框架》中与任务相关的内容

章节	题目	与任务相关的内容
第二章	《框架》提出的外语教学新理念	具体介绍了面向行动的外语教学理念，“行动”即“任务”
第四章	语言的使用与语言学习者 / 使用者的关系	系统分析了任务与语言使用语境、交际主题、交际策略、交际活动的关系
第六章	语言教学与学习	介绍语言教学和学习的几种方法，其中包括任务与活动
第七章	语言教学中的任务及其作用	详细描述任务的内涵、任务的实施及任务的难点

在第二章，制定者明确了《欧盟框架》所倡导的教学理念：面向行动的外语教学。所谓"行动"，即指一个或几个行为主体策略地运用其掌握的能力，去实现某一特定的目标，又称为"任务"。可以说，任务是《欧盟框架》所提倡的教学理念的核心内容。不仅如此，制定者还单列一章（第七章）详细介绍了语言教学中的任务及其作用，并在第四章、第六章分别探讨了任务与其他交际要素、任务在语言教学方法系统中的地位等内容。

从篇章的安排上看，有关任务型语言教学的内容在《欧盟框架》的篇幅约占45%，这一比例体现出该教学流派已经对欧洲外语教学产生了一定的影响。随着《欧盟框架》的具体实施，任务型语言教学理念将更为深入地体现在欧洲的外语教学实践中。

2.1.2　美国：《21 世纪外语学习标准》

《21 世纪外语学习标准》(*Standards for Foreign Language Learning in the 21st Century*，简称"《标准》")①是由美国教育部门以及多个外语教学协会共同研制的国家外语课程标准。《标准》突破了传统依据词汇、语法或功能等项目设立教学目标的模式，以培养交际能力为核心，从更为广泛的层面提出了外语教育的5C培养目标，即交际（Communication）、文化（Cultures）、贯连（Connections）、比较（Comparisons）与社区（Communities）。这些目标从语言交流、文化认知、外语与其他学科的联系、语言文化方面的比较以及校内外语言运用环境五个角度，解析了语言交际能力，重点强调了"实际语境中的沟通交流能力"(曾妙芬，2007)。笔者认为，"实际语境"意指真实的语言材料和交际环境；"沟通交流"的实质是语言学习者的意义协商与交际互动，这与任务型语言教学强调真实情景、强调语言交际的特点一一对应。可以说，《标准》中提到的5C目标蕴含了任务型语言教学的思想。

除此之外，任务型语言教学理念还体现在《标准》的配套文件中。《标准》包含九种外语的配套文件，分别针对不同的语种列出具体的目标与标准。《全美中小学中文学习目标》就是其中之一。它由全美中文教师协会（the Chinese Language Teachers

---

① 见American Council on the Teaching of Foreign Languages (1999) *Standards for Foreign Language Learning in the 21st Century*. Yonkers: National Standards in Foreign Language Education Collaborative Project.

Association，简称“CLTA”）和全美中小学中文教师协会（Chinese Language Association of Secondary-Elementary Schools，简称“CLASS”）参与编制，不仅秉承了《标准》的总体框架与基本理念，还根据中文教学的特点列举了 10 套详细的学习方案。这些方案通过具体的教学案例，展示了如何针对 5C 目标设计教学内容和组织课堂教学，为中文教师提供了有益的借鉴与启示。虽然每套方案的主题、侧重点不同，但它们都是通过综合性的学习任务，达到训练语言交际能力的目标（罗青松，2006）。在美国主流教育体系的纲领性文件中引入若干任务型语言教学案例，从一个侧面体现了任务型语言教学对美国外语教学的影响。

综上，无论是《标准》提出的 5C 目标，还是配套的教学案例，都体现出任务型语言教学的理念，显示了美国外语教学界对任务型语言教学的重视与应用。

2.1.3 中国：《全日制义务教育英语课程标准（实验稿）》

2001 年，教育部颁布《全日制义务教育英语课程标准（实验稿）》(以下简称“《英语课程标准》”)，对我国义务教育阶段的英语课程提出了总体目标要求。在《英语课程标准》第一部分“前言”中，明确指出了英语课程改革的重点是强调“从学生的学习兴趣、生活经验和认知水平出发，倡导体验、实践、参与、合作与交流的学习方式和任务型的教学途径，发展学生的综合语言运用能力”；并清晰说明了英语课程体现的基本理念为“倡导任务型的教学模式，让学生在教师的指导下，通过感知、体验、实践、参与和合作等方式，实现任务的目标，感受成功”。《英语课程标准》还在第四部分“实施建议”中具体分析了设计任务型教学活动时教师应注意的六点事项。

《英语课程标准》从课程理念以及具体实施的角度积极倡导、推动任务型语言教学，深刻影响了我国中小学的英语教学实践，为我国的英语教学带来了积极的变革。

总之，上述三个外语教学的纲领性文件都涉及了任务型语言教学的理念。这种政策层面的倾向，体现了任务型语言教学已为不同语种的第二语言教学领域所借鉴、应用，它对全球外语教学界的影响日益深远。赵金铭（2008）指出，“采用任务型教学法，提倡师生互动，生生互动，合作学习，充分强调学生‘用语言做事’的能力，是目前世界第二语言教学的潮流，汉语作为第二语言教学应该融入这一潮流”。

2.2　任务型语言教学的研究热点

任务型语言教学的不断发展吸引了众多学者研究的目光。本节梳理了该领域的国际会议以及国内外语/第二语言教学的相关研究成果，以此窥测研究热点。

2.2.1　任务型语言教学国际会议

任务型语言教学国际会议（International Conference on Task-Based Language Teaching，以下简称“TBLT 会议”）由任务型语言教学国际联盟（the International TBLT Consortium）主办，旨在为全球的任务型语言教学研究者和教育者提供交流、互动的学术平台。概览历届会议的情况，可以帮助我们洞悉近年来各国学者围绕任务型语言教学的研究热点。

2005 年 9 月，比利时鲁汶（Leuven）大学语言与移民中心举办了首届 TBLT 会议，邀请了迈克尔·朗、约翰·诺里斯（John Norris）等应用语言学、教育学等领域的专家参会，共同讨论任务型语言教学对语言习得的影响。此后，会议每两年举行一次，截至 2015 年已举办过六届（会议基本情况见表 3-3）。

表 3-3　TBLT 会议基本情况

TBLT 会议	主题	时间	地点	论文数量（篇）
第一届	从理论到实践 From Theory to Practice	2005.9.21—23	比利时鲁汶（Leuven）大学	76
第二届	任务型语言教学：让原则发挥作用 TBLT: Putting Principles to Work	2007.9.20—22	夏威夷大学马诺阿（Manoa）分校	40
第三届	任务：文本、目的及使用 Tasks: Context, Purpose and Use	2009.9.13—16	英国兰卡斯特（Lancaster）大学	88
第四届	跨越界限 Crossing Boundaries	2011.11.18—20	新西兰奥克兰（Auckland）大学	112
第五届	/[①]	2013.10.3—5	加拿大阿尔伯特（Alberta）大学	110
第六届	真实的任务 Tasks for Real	2015.9.16—18	比利时鲁汶（Leuven）大学	131

① TBLT会议网站及任务型语言教学国际联盟提供的会议资料都没有第五届会议主题的描述。

六届会议共发表论文557篇，梳理关涉的研究领域可以看出，目前任务型语言教学研究的热点议题可以分为理论探讨、教学实践、教师发展三个方面（详见表3-4、图3-2）。其中，理论方面以及分析教师发展的论文在六届会议中各有47篇，各占整体研究的8.44%；研究教学实践方面的论文数量最多，有463篇，超过研究成果总数的83.12%。换句话说，六届会议关注最多的是任务型语言教学实践：第一届会议相关论文51篇，约占当届论文总数的67.11%；第二届会议相关论文28篇，占当届论文总数的70.00%；第三届会议发表相关论文69篇，占比78.41%；第四届会议上，有关教学实践的研究继续增加，共发表论文102篇，占比超过了该届会议论文总数的90%；第五届会议发表教学实践方面的论文98篇，占当届论文总数的89.09%；第六届会议的相关论文数量最多，有115篇，占当届会议论文总数的87.79%。

表3–4 TBLT会议论文研究领域①

研究领域	第一届会议		第二届会议		第三届会议		第四届会议		第五届会议		第六届会议	
	论文（篇）	比例（%）	论文（篇）	比例（%）	论文（篇）	比例（%）	论文（篇）	比例（%）	论文（篇）	比例（%）	论文（篇）	比例（%）
理论探讨	13	17.11	7	17.50	9	10.23	7	6.25	6	5.45	5	3.82
教学实践	51	67.11	28	70.00	69	78.41	102	91.07	98	89.09	115	87.79
教师发展	12	15.79	5	12.50	10	11.36	3	2.68	6	5.45	11	8.40
总计	76	100	40	100	88	100	112	100	110	100	131	100

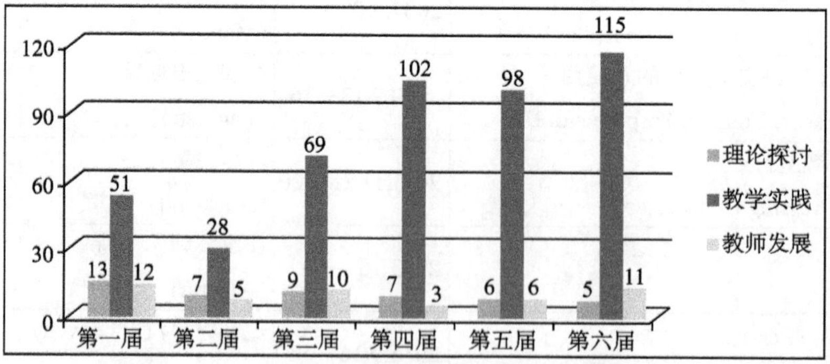

图3–2 TBLT会议论文研究领域

① 表中百分比由于四舍五入，有的合计不是100%，我们近似写成100%。下同。

表3-5、图3-3显示，在有关“教学实践”的研究中，与会者主要聚集在对任务型外语教学概论性的讨论上，共有105篇成果，占教学实践研究的22.68%。其次是对评估与任务难度的分析，六届会议共94篇，占比超过20%。另外，围绕语言技能、语言要素教学的分析，也是学者们关注的重要方面：在语言技能教学的68篇论文中，超过55%的研究（38篇）讨论写作教学；在41篇语言要素教学论文中，近90%的成果（36篇）都针对语法教学展开，从第一届到第五届会议全部围绕这一课题展开，直到第六届会议上，才开始拓展至语音、词汇领域。随着任务型语言教学在全球外语教学领域的兴起，有关信息技术、教学方法、大纲与教材等内容的探讨，也引起了学界的关注，使得任务型语言教学实践的研究内容不断丰富。

表3–5 TBLT会议论文中“教学实践”研究情况

教学实践	第一届会议		第二届会议		第三届会议		第四届会议		第五届会议		第六届会议	
	论文（篇）	比例（%）	论文（篇）	比例（%）	论文（篇）	比例（%）	论文（篇）	比例（%）	论文（篇）	比例（%）	论文（篇）	比例（%）
概论	5	9.80	3	10.71	6	8.70	28	27.45	32	32.65	31	26.96
语言技能教学	5	9.80	2	7.14	16	23.19	15	14.71	17	17.35	13	11.30
语言要素教学	4	7.84	1	3.57	11	15.94	15	14.71	2	2.04	8	6.96
评估与任务难度	18	35.29	9	32.14	14	20.29	21	20.59	16	16.33	16	13.91
信息技术	2	3.92	2	7.14	5	7.25	4	3.92	13	13.27	7	6.09
教学方法	1	1.96	1	3.57	2	2.90	5	4.90	4	4.08	11	9.57
大纲与教材	/	/	/	/	4	5.80	2	1.96	2	2.04	16	13.91
其他	16	31.37	10	35.71	11	15.94	12	11.76	12	12.24	13	11.30
总计	51	100	28	100	69	100	102	100	98	100	115	100

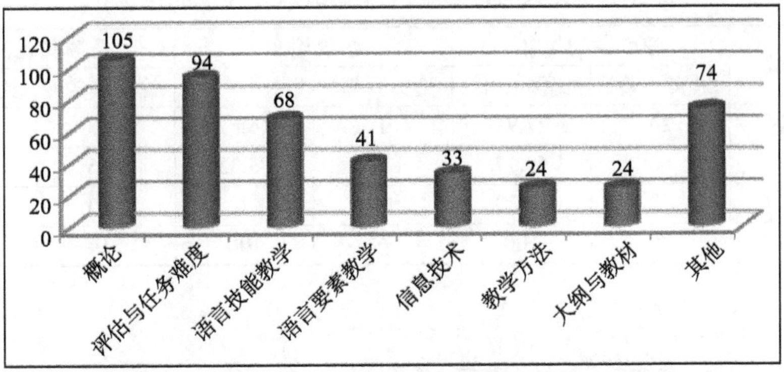

图3–3 TBLT会议论文中“教学实践”研究情况

综上可以看出，目前各国学者对任务型语言教学的热点议题主要集中在语言教学实践方面，其中，对教学实践的整体概述、教学评估与任务难度、语言技能教学（特别是写作教学）、语言要素教学中的语法教学的讨论是学者们关注的重点。对这些课题的深入研究，将促进任务型语言教学的持续发展。

2.2.2 国内外语 / 第二语言教学界

随着任务型语言教学的不断发展，其对我国外语 / 第二语言教学的影响日益显著。为了解我国外语教学界、汉语作为第二语言教学界研究任务型语言教学的现状，笔者检索了中国知网（www.cnki.net）四个全文数据库——中国期刊全文数据库（核心期刊）、中国博士学位论文全文数据库、中国优秀硕士学位论文全文数据库以及中国重要会议论文全文数据库——2014 年（含）以前的研究成果。

2.2.2.1 外语教学界

从检索结果[①]来看，我国外语教学界对任务型语言教学的研究是从二十世纪末开始的，如吴旭东（1997）、侯松山（1998）、夏纪梅和孔宪辉（1998）、陈慧媛和吴旭东（1998）等。2001 年我国教育部颁布《英语课程标准》之后，更多从事英语教育的学者、教师开始研究该教学流派，在核心期刊发表研究论文 86 篇，在重要会议发表论文 6 篇。同时，高校外语教学专业的研究生也将研究目光转向任务型语言教学，从 2002 年开始出现相关的硕士论文，至 2014 年已提交 514 篇学位论文，其中硕士论文 507 篇，博士论文 7 篇。具体情况如表 3-6 所示。

表 3–6 外语教学界研究任务型语言教学的情况

研究领域	核心期刊论文		会议论文		学位论文	
	论文（篇）	比例（%）	论文（篇）	比例（%）	论文（篇）	比例（%）
理论探讨	24	27.91	1	16.67	8	1.56
教学实践	60	69.77	5	83.33	496	96.50
教师发展	2	2.33	/	/	10	1.95
总计	86	100	6	100	514	100

① 检索项：主题；检索词：外语、教学、任务。

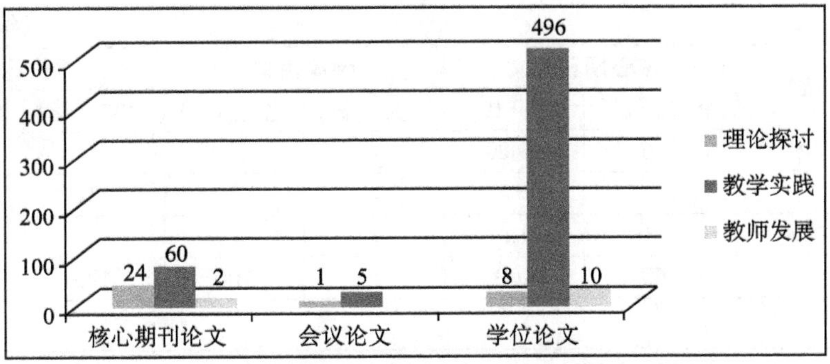

图 3–4　外语教学界研究任务型语言教学的情况

图 3-4 体现了外语教学界研究任务型语言教学的一些特点。

(1) 研究内容与 TBLT 会议涉及的领域基本相同，可分为三部分：第一部分是从宏观角度讨论任务型语言教学的理论背景、基本观点及对我国外语教学的启示，如方文礼（2003）、贾志高（2005）、卢利（2005）；第二部分结合教学实践，侧重讨论任务型语言教学在课堂教学中的应用，如蔡兰珍（2001）、王驰（2009）、华维芬（2010）、康立新（2012）等；第三部分与教师发展有关，如张艳丽（2006）、张可（2008）。

(2) 较之于学位论文，发表在核心期刊的论文更关注理论的探讨，24 篇成果约占期刊论文总数的 30%；而学位论文中有关理论的探讨只有 8 篇，不及学位论文总数的 2%。当然，无论是哪个数据库的研究成果，围绕教学实践的研究都最为丰硕。在外语教学界的所有相关成果（606 篇）中，与教学实践相关的论文 561 篇，占比超过 92%。表 3-7、图 3-5 具体展示了有关教学实践部分的研究情况。

表 3–7　外语教学界有关“教学实践”的研究情况

教学实践	核心期刊论文		会议论文		学位论文	
	论文（篇）	比例（%）	论文（篇）	比例（%）	论文（篇）	比例（%）
概论	25	41.67	3	60.00	138	27.82
语言技能教学	11	18.33	2	40.00	239	48.19
语言要素教学	8	13.33	/	/	62	12.50
文化教学	1	1.67	/	/	3	0.60
评估与任务难度	4	6.67	/	/	8	1.61

（续表）

教学实践	核心期刊论文		会议论文		学位论文	
	论文（篇）	比例（%）	论文（篇）	比例（%）	论文（篇）	比例（%）
信息技术	6	10.00	/	/	14	2.82
教学方法	4	6.67	/	/	21	4.23
大纲与教材	1	1.67	/	/	11	2.22
总计	60	100	5	100	496	/

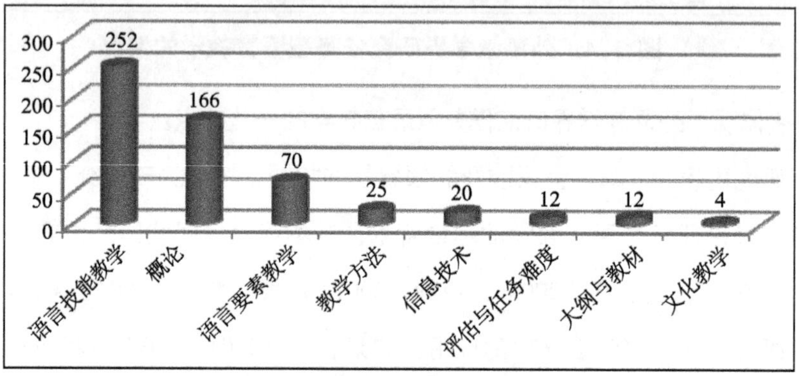

图 3–5　外语教学界有关“教学实践”的研究情况

分析表 3-7 与图 3-5 的数据，可以看出，在外语教学界有关教学实践的研究中，语言技能教学、概论和语言要素教学方面的论文最为集中。具体来说：

（1）任务型语言教学与语言技能教学关系的讨论中，研究结果涵盖了听、说、读、写、译各项语言技能。其中，针对阅读开展的研究成果最为丰富，有 104 篇[①]；其次是口语和写作研究，均为 55 篇；再次是听力教学研究，有 31 篇[②]；与翻译教学相关的研究最少，仅 7 篇。

（2）有关教学概论的研究中，已有研究更倾向于将任务型语言教学的基本观点应用到课堂实际的分析，为开展课堂教学提供具体的思路与案例，如丰玉芳和唐晓岩（2004）、杨维东和赵娟（2011）等。

① 针对阅读教学研究的成果中包含 1 篇有关读写教学的论文（见：刘素君，2007）。

② 针对听力教学研究的成果中包含 2 篇有关视听说教学的论文（见：邓杰，邓颖玲，2007；苑维超，2009），6 篇有关听说教学的论文（见：武艳，2006；朱静钰，2006；党晨华，2008；刘婷婷，2011；刘佳慧，2014；徐越，2014）。

(3) 在任务型语言教学与语言要素关系的讨论中，目前检索到的研究成果涉及了词汇与语法教学的内容，两方面的成果均为 35 篇，如方文礼（2005）、陈亚轩（2006）、戴炜栋和任庆梅（2006）、陈银花（2008）、李颖（2013）、穆亚萍（2014）。暂时还未收集到与语音、文字教学相关的论文。

另外，与 TBLT 会议不同的是，外语教学界的研究还增加了文化教学方面的研究。如魏晓红、李清源（2009）讨论了以任务为中心的英语文化教学；宋桂霞（2005）、郑巧英（2008）、姚宇赤（2006）三篇硕士论文分别讨论了如何运用任务型教学方法培养小学、初中、高中学生的英语跨文化意识。虽然基于任务的文化教学研究成果尚不丰富，但它对于拓展任务型语言教学的研究领域却具有积极的作用。

总而言之，外语教学界更多地将关注点聚焦在教学实践方面，重点讨论任务型语言教学对语言技能、语言要素的影响，分析任务型语言教学的实际案例，这些研究极大地推动了任务型教学理念对我国外语教学的影响。

2.2.2.2 汉语作为第二语言教学界

检索结果[①]显示，任务型语言教学于二十一世纪初开始对汉语作为第二语言教学产生影响，如马箭飞（2000）讨论了以任务为基础的汉语短期教学模式，乔印伟（2001）分析了阅读教学任务。2001 年—2014 年，学界发表了 191 篇相关成果，其中核心期刊论文 17 篇、会议论文 22 篇、学位论文 152 篇（硕士论文 151 篇、博士论文 1 篇），具体情况见表 3-8。

表 3-8 汉语教学界研究任务型语言教学的情况

研究领域		核心期刊论文		会议论文		学位论文	
		论文（篇）	比例（%）	论文（篇）	比例（%）	论文（篇）	比例（%）
理论探讨		1	5.88	1	4.55	/	/
教学实践	概论	5	29.41	3	13.64	33	21.71
	语言技能教学	3	17.65	6	27.27	80	52.63
	语言要素教学	2	11.76	/	/	11	7.24
	文化教学	/	/	/	/	4	2.63

① 检索项：主题；检索词：汉语、教学、任务。

（续表）

研究领域		核心期刊论文		会议论文		学位论文	
		论文（篇）	比例（%）	论文（篇）	比例（%）	论文（篇）	比例（%）
教学实践	评估与任务难度	1	5.88	2	9.09	1	0.66
	信息技术	/	/	/	/	2	1.32
	教学方法	1	5.88	3	13.64	8	5.26
	大纲与教材	3	17.65	4	18.18	13	8.55
教师发展		1	5.88	3	13.64	/	/
总计		17	100	22	100	152	100

表 3-8 显示，汉语教学界的相关研究也可以分为理论探讨、教学实践与教师发展三个方面。如果从研究数量来看，教学实践方面的讨论最为集中。从理论角度反思任务型语言教学的文章仅 2 篇，分别出现在核心期刊（见：刘壮等，2007）与会议论文数据库（见：吴中伟，2005）中；而有关教师发展的研究成果（如：吴慧，2012；吴中伟，2013）只有 4 篇。研究者更多地着墨于任务型语言教学实践方面的探讨，近十余年的硕士学位论文全部围绕这一主题展开。

具体到教学实践，从图 3-6 可以看出，语言技能教学（如：陈钰，2006；吕婷婷，2007）、概论（如：段沫，2010；姜丽萍，2013）以及大纲与教材（如：吴勇毅，2005；朱志平，2006）是汉语教学界较为关注的热点。在语言技能教学中，虽然 80 篇学位论文研究分别涉及了听、说、读、写四项语言技能，但口语教学成果最为集中，共有 56 篇论文，占语言技能教学研究的 62.92%。

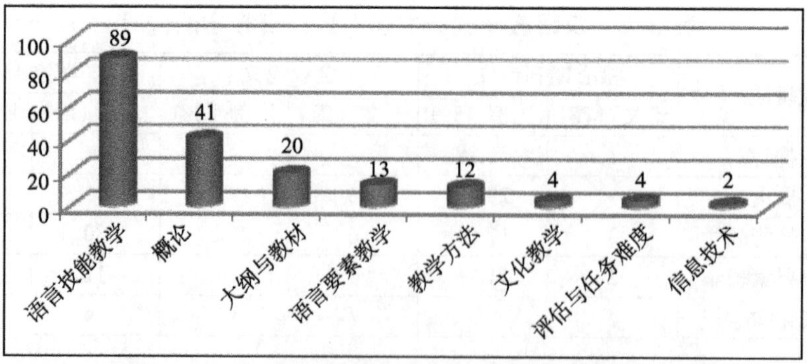

图 3–6 汉语教学界有关“教学实践”的研究情况

与表 3-6、表 3-7 相比，汉语教学界的研究还有很多的空间，具体表现在：

(1) 理论、教师发展方面的研究还不多见。以汉语作为第二语言教学为视角，探讨任务型语言教学理论、分析任务型语言教学对教师发展的影响，将有助于推进任务型语言教学与汉语教学的融合。

(2) 在教学实践方面，虽然学界已经开始探讨任务与语言技能教学、语言要素教学的关系，但研究领域还有待进一步拓宽。在语言要素层面，有关词汇教学的研究仅 3 篇（见：李梅，2007；陈积峰，2012；史凌，2013）。着眼任务与语法教学的研究有 10 篇，其中有 7 篇宏观讨论任务型教学法在语法教学中的应用（如：李晓琪，章欣，2010；陈作宏，2012；常心平，2012），另有 3 篇硕士论文针对某个语法项目进行了具体的教学设计（见：彭莎莎，2012；张爱群，2013；张红，2014）。如果能够系统、全面地从语言要素角度探讨基于任务的汉语教学实践，将有助于促进任务型语言教学的深入发展。另外，信息技术与任务型语言教学的结合、教学评估与任务难度、任务型语言教学背景下的文化教学等方面的探讨，在汉语教学界仍处于起步、萌芽阶段。相信随着以汉语为视角的任务型语言教学研究逐步拓展、深入，该教学流派对汉语教学的影响将越来越显著。

2.3 任务型语言教学的发展方向

综观国内外学界任务型语言教学各方面的研究成果对比（表 3-9），可以发现：尽管任务型语言教学实践研究是目前学界的重点，但较之于国内的研究，TBLT 会议的参与者在任务型教学理论以及教师发展研究方面也取得了一定的成果；而国内学界，特别是汉语教学界，在这两方面的研究相对薄弱。

在教学实践的具体研究课题上，TBLT 会议注重评估与任务难度、写作教学、语法教学的研究；外语教学界重视阅读教学、词汇、语法教学的探讨；汉语教学界目前成果最多的是针对口语教学、教材编写和语法教学的分析。由此可见，语法教学是国内外学者普遍关心的课题。

表 3–9 国内外学界任务型语言教学研究热点内容对比

TBLT 会议	外语教学界	汉语教学界
概论	语言技能教学（阅读）	语言技能教学（口语）
评估与任务难度	概论	概论
语言技能教学（写作）	语言要素教学（词汇、语法）	大纲与教材
理论探讨	理论探讨	语言要素教学（语法）
教师发展	教学方法	教学方法
语言要素教学（语法教学）	信息技术	文化教学
信息技术	评估与任务难度	评估与任务难度
教学方法	大纲与教材	教师发展
大纲与教材	教师发展	信息技术
	文化教学	理论探讨

说明：此表由上至下，受关注程度逐渐下降。

概览任务型语言教学的研究现状，本书认为，可以归纳出任务型语言教学研究发展的一些趋势，为汉语教学界的研究者提供一点启示：

（1）应重视理论方面的探讨。比如任务型汉语教学的理论基础是什么，与其他理论（如活动理论、认知假设、功能模型等）的关系如何？另外，要明确什么是汉语任务。虽然有关任务定义的讨论已经越来越清楚、越来越统一，但是如何确定汉语中的任务？如何保证任务的真实性、目的性、交互性？如何为不同语言水平的汉语学习者选择恰如其分的任务？针对不同教学目的、不同语言技能，所确定的任务是否一致？选择什么样的任务才能最有效地提高学习者的语言交际能力？

（2）需深入教师发展的分析，例如任务型语言教学是否应该进入师资培训？如何进行培训？教师对任务的理念、看法将对教学活动产生什么样的影响？目前教师在课堂教学中使用任务的实际情况如何？等等。

在教学实践方面，可以开展任务难度、任务与各项语言技能、任务与语言要素等方面的研究。具体说来：

（1）任务难度

任务难度是目前学界，特别是国外学者较为关注的一个问题。从哪些层面来考察任务难度？每个层面的难度确定标准如何？如何根据难度划分任务等级？如何对任务进行合理排序以符合学习者的认知规律？如何根据任务难度评估学习者完成任务的情况？这些问题至今都还没有比较有效的解决方案，存在着较大争议。因此，为实现任务型语言教学的可持续发展，对于任务难度的讨论不能仅停留在主观的粗略估计层面，而应该进一步追求科学化、客观化的评估标准。

（2）任务与语言技能教学

虽然国内外学者都对任务与语言技能给予了不同程度的关心，但是不同背景的研究者着眼的角度并不相同。在TBLT会议上，任务与写作教学的讨论最多；在国内外语界，任务与阅读的研究相对丰富；而在汉语教学界，则更多地关注任务与口语教学的关系。任务型语言教学是否更适用于语言技能的教学？它更适用于接受性技能（听力、阅读）还是产出性技能（口语、写作）的教学？如何在不同的技能教学课堂中引入任务？回答这些问题，还需要学者们从理论和实践两个方面继续努力。

（3）任务与语言要素教学

有关任务与语言要素的研究，国外研究主要针对任务与语法教学展开，而国内的研究，还增加了任务与词汇教学的分析。即使都聚焦于语法教学，学者们的出发点也不尽相同。历届TBLT会议的研究都立足于任务型语言教学，关注“聚焦形式”(focus on form①）的研究，讨论在任务的背景下如何进行语法教学，如：Zubeyde（2005）分析了在任务型教学的框架中引入语法教学的效果；Paul（2007）指出在任务型课堂中关注语法的重要作用；Farida（2009）设计了在任务型课堂中能够促进学习者关注语言形式的任务——语法意识提升任务（grammar consciousness-raising task)。这些研究重点分析了语言形式教学对任务型语言教学的积极作用，说明在任务型语言教学实践中语法教学不可或缺。而国内学界则是侧重语法教学，分析如何在课堂活动中引入任务或任务型语言教学的环节，如：戴炜栋、任庆梅（2006）分析了外显意识增强任务对语法教学的影响；甘阳（2006）探索了任务型教学模式在英语虚拟语气教学中的应用；彭莺（2009）在初级汉语语法教学中具体实践了结合任务的PPP模式。无论从什么角度开展研究，笔者认为都无法回避任务与语言要素

---

① focus on form意指在关注语言意义与使用的同时，关注语言的形式；与其相对的是focus on forms，它指的是传统教学模式只关注语言形式的做法。

之间的关系这个问题。具体的任务与特定语法项目之间是否存在某种对应关系？哪些语法项目是完成具体任务必不可少的要素？究竟什么样的语法项目可以提升特定任务的完成质量？不同语言中语法与任务的对应关系是否相同？对这些问题的探讨，将进一步促进任务型语言教学与语言要素教学的有机、有效融合，实现学习者语言交际能力与言语生成机制的均衡发展。

总之，方兴未艾的任务型语言教学仍处于不断成熟与完善的过程中。从汉语教学的角度对上述问题展开讨论，不仅符合未来任务型语言教学研究发展的趋势，也将从汉语教学的视角推动任务型语言教学模式的持续发展。

第三节　任务型语言教学对语法教学的启示

第二章提到，语法教学在教学内容、教学原则与方法以及教学环节等方面积累了丰富的经验，为训练学习者对语言知识的熟练掌握、培养学习者扎实的语言能力做出了不可或缺的贡献。在交际法的影响下，语法教学也逐渐开始将培养学习者的语言交际能力作为教学的目标，在教学环节中有意识地安排一些自由表达的内容，围绕具体的语言形式设计一些以表达意义为目的的语言使用活动〔如第二章例（4）B〕，帮助学习者了解语法规则的使用，以加强语法教学的交际性、实用性。从这些做法中，我们可以体会出教师引导学习者在交际中实践语法知识的思想，这与任务型语言教学倡导的“用中学”理念具有一定程度的相似性。但是客观地说，这种尝试还只是一种不自觉地对语言交际能力培养途径的探索，没有系统地形成用语言做事的教学理念，所设计的语言使用活动也只是任务的一个雏形，教师还缺乏对任务的理性认识。

任务型语言教学经过二十多年的发展与积淀，已经初步形成了较为成熟的教学理念。在教学过程中采用各种各样的任务，使学习者在真实的情景中综合运用所学的语言，不仅能够激发他们内在的学习动机，还能够实现运用语言和完成任务的最终目标。这样的思路为促进语法与意义、语境的融合，提高学习者参与语法教学的热情，提供了一个新的视野，对新形势下的语法教学具有重要的启示作用。在语法教学中融入任务型语言教学理念，有利于推动语法教学的新局面。但是必须看到，任务型语言教学还处于不断发展、逐步完善的阶段，存在着若干局限，目前还不是"新法必定优于旧法甚至可以完全取代旧法"的时期（刘乐宁，2009）。笔者认为，在语法教学中倡导任务型语言教学，并不意味着全面抛弃语法教学的经验与成果、用任务完全取代语法教学，而是应在充分秉承语法教学成就的基础上，借鉴该教学流派的核心理念，实现语法教学与任务设计、真实情景、学习者参与的紧密结合。

3.1 语法教学与任务设计紧密结合

本章 1.1.3 提到，Loschky & Bley-Vroman（1993）、马箭飞（2002）、Ellis，R.（2003）、Nunan（2004）、吴中伟和郭鹏（2009）等研究显示，任务与语法项目之间存在着密切的联系。其实，在日常的语言交际中，我们也可以直观地发现，完成某项具体任务可能往往倾向于使用某个或某些语法项目，或者说语法项目常有其特定的应用范围或条件。比如在"说明、比较图表"的任务中，我们可能常常使用比较句和百分数来表达，如例（3）所示。

例（3）：说明下图，并比较 1995 年与 2005 年的不同。

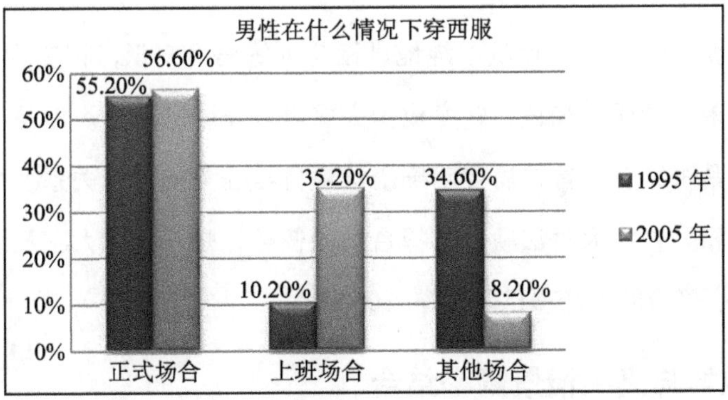

从图中我们可以看出，2005 年男性在正式场合穿西装的百分比与 1995 年基本持平，仅上升了 1.4 个百分点。但是，穿西装去上班的人大幅增加，达到 35.2%；相反，在其他场合穿西装的人只占 8.2%，比 1995 年下降了 26.4 个百分点。

〔引自《新丝路商务汉语写作教程》第 1 课《图表作文（一）》〕

鉴于此，如果能够借鉴任务型语言教学理念，有意识地将语法教学与任务设计紧密结合，为语法项目选择合适的任务，让学习者在完成任务的同时学习语法、使用语法，将有助于实现语法教学与语言使用的统一。举例来说，在进行"是"字句、"是……的"、"有"字句、"比"字句等语法项目的教学时，可以设计"介绍人物"的任务，如例（4）所示。

例（4）：任务——介绍人物

A. 介绍姓名、职务

a. 你好，我是李清，木子李，清楚的清。（"是"字句）

b. 大家认识一下，这位是张经理，这位是刘主任。（"是"字句）

B. 介绍年龄、家庭

a. 我今年 21 岁，来自英国。（名词谓语句）

b. 我家有三口人，爸爸、妈妈和我。（"有"字句）

C. 介绍教育、工作背景

a. 我是学计算机的。（是……的）

b. 我 2005 年毕业于北京大学，专业是国际贸易。（介词"于"）

这样的语法教学，其重点从单纯地讲授与训练语言知识，转变为任务的完成；语法项目也从单一的语言知识，转变成为完成语言交际的工具。但是实现语法教学与任务设计的紧密结合，首先需要明确语法项目与任务的对应关系。如何将汉语语法体系与任务相融合，为语法项目选择合适的任务，是一项庞大、系统的工程，需要针对不同难度等级的语法项目开展深入的探讨。

3.2 语法教学与真实情景紧密结合

任务型语言教学倡导选用真实的语料，在真实的情景中进行语言交际活动，引导学习者通过完成任务来掌握真实的语言。真实的语言交际情景，不仅可以激发学习者的学习动机和兴趣，更重要的是能够为学习者日后真实、得体的交际做准备，满足他们学以致用的需求。借鉴任务型语言教学的理念，将语法教学融入真实情景，有助于学习者掌握语法项目的使用环境，并通过语境加深对语法项目意义的理解。

营造真实的语言情景，就要求在语法教学中，设计一些自然、真实的使用场合，使语法知识融入生动的情景中。设置的情景越真实生动，越接近学习者的生活，学习者就越能快速理解所传递的信息，触景生情，激活思维，激发表达思想的欲望，从而达到掌握语言规则、得体运用语言形式的目的。例如，在学习数量结构、钱数的表达等语法项目时，可以设置超市购物时在收银台结账的场景，如例（5）所示。

例（5）：收银员：可乐三块五，牛奶六块三，面包四块二，一共十四块。

顾　客：多少钱？

收银员：一瓶可乐三块五，一盒牛奶六块三，一块面包四块二，一共十四块。

顾　客：给你十五块。

收银员：找您一块，欢迎下次光临。

〔引自《新丝路初级商务汉语综合教程》（Ⅰ）第1课《多少钱？》〕

超市购物场景在学习者的日常生活中较常见。在这样的情景中，学习者既能运用汉语完成“结账”这一任务，同时也掌握、实践了数量结构与钱数的表达等语法项目。

为语法教学设计真实的情景，不仅要贴近学习者的生活，同时也要保证为语法项目提供最常见的使用环境。以动态助词“着”为例，虽然可以出现在描述衣着或指路的情景中（这两个情景对于汉语学习者来说并不陌生），但笔者认为，较之于“指路”〔例（6）B〕，“着”出现在描述衣着的场合可能更为常见、更为典型〔例（6）A〕。因此，将该语法项目融入描述衣着的情景中，更有助于学习者理解“着”的语法意义、熟悉“着”的典型语境。

例（6）：动态助词“着”

A. 她穿着一件红色的大衣，戴着一条灰色的围巾。

B. 甲：请问中国银行有多远？

乙：不远了。你往前走吧，走着走着就能看见。

总之，借鉴任务型语言教学理念，实现语法教学与真实情景的紧密结合，不仅有助于教学内容贴近真实的生活，激发学习者的学习兴趣；更有助于为学习者提供典型的使用范例，便于他们建立起语法项目与意义、语境的有机联系，从而提高语法教学的效率。但是如何根据教学对象的实际情况为语法项目创设真实、自然、常见的情景，本节只是举例性地进行了一些探索，这方面的研究还有很大空间。

3.3 语法教学与学习者参与紧密结合

PPP 语法教学环节强调教师的主导地位，学习者从教师那里获得语法知识，通过机械性练习，熟记、强化所学的内容。循环往复地高强度操练，容易导致语言学习枯燥乏味，影响学习者参与的热情。受任务型语言教学的启示，如果能在语法教学中编排各种各样真实的任务，让学习者以一定的角色或身份参与到任务完成的过程中，融入与教师、同学的交流互动中，鼓励他们养成在特定语境中运用某语法结构的自觉性，将有利于他们学习积极性及语言交际能力的提高。

例如，在进行数量结构与钱数的表达两个语法项目的教学时，教师可以设计例（7）中的两个任务，让学习者分组扮演顾客与收银员的角色。在学习者完成购买食品或日用品的结账过程中，同时训练了他们对两个语法项目的正确使用。

例（7）：任务 1：将你需要的食品放入购物车，然后结账。

任务 2：将你需要的日用品放入购物车，然后结账。

（所用实物照片及价格见下页。）

任务的活动多种多样，除角色扮演外，还可以设计调查的任务。例（8）就是针对时量补语和动量补语设计的调查活动。

例（8）：根据调查表的项目，采访三位同学，并将结果记录下来。

1. 你一个星期上几天课？

A. 3 天以下　　　　B. 4 天

C. 6 天　　　　D. 6 天以上

2. 你每天上几个小时的课？

A. 2~3 个小时　　　　B. 4~5 个小时

C. 6~7 个小时　　　　D. 7 个小时以上

……

8. 你常常去外地旅游吗？一年出去几次？

A. 从来不出去旅游　　　　B. 出去一两次

C. 出去三四次　　　　D. 出去四次以上

〔引自吴中伟、郭鹏（2009）：156~157 页〕

例（8）通过调查活动，引导学习者参与到采访的过程中，同时活动的设计让学生不可避免地使用动量补语或时量补语的表达。该实例呈现了语法教学与学习者参与相互融合的情况。当然，如何吸引学习者的注意，如何调动学习者的参与热情，如何激发学习者内在的学习动力，如何引导学习者参与到学习语法的过程中，如何带动学习者进行有效的意义协商、交流互动，并没有一个统一的模式，需要一线汉语教师根据教学对象的特点、课堂教学的进程，不断摸索与实践。

总之，任务型语言教学的不断发展，为语法教学提供了若干重要的启示。在充分继承语法教学优势的基础上，围绕任务型语言教学与语法教学的有机、有效融合开展研究，将有助于实现语法教学与任务设计、真实情景、学习者参与的紧密结合，有助于满足新形势对语法教学提出的要求，有助于培养学习者运用语言进行交际的能力，有助于提高语法教学的效率。

第四章　任务型语言教学与语法教学融合的理据

面对任务型语言教学理念的启示，本书将立足语法教学，借鉴新的教学理念，探讨任务型语言教学与语法教学融合的相关问题。本章从任务构成、语言本质、学习特点、教学实践四个角度，探讨二者融合的理据，旨在为开展基于任务的语法教学奠定一定的理论基础。

第一节　任务构成

任务是以表达意义为交际目的的语言使用活动，是人类交际活动中的重要组成部分。在现实生活中，具体的交际活动一定在特定的情景中，由参与者围绕某个话题，运用恰当的语言要素完成互动交际的过程，最终达到某项交际目的。因此，从交际活动的层面来看，我们可以将任务分解为交际情景、参与者、交际话题、交际目的、语言要素以及交际过程六个部分[①]。如果不考虑参与者和交际过程，只从静态的角度分析，笔者认为，作为交际活动的任务应该包括交际情景、交际话题、交际目的与语言要素四个构成要素。

---

① 本节是从交际活动的角度，讨论任务的构成要素。Nunan（2004）、贾志高（2005）也曾分析过任务的构成。他们将任务分为目标、输入材料、程序、内容（或称任务类型）、教师和学生的角色、情景六个部分。笔者认为：任务的目标指交际目的；输入材料指完成任务所需的语言材料，由语言要素构成；程序即完成任务的交际过程；内容指任务要“做什么”，与交际话题相关；教师和学生的角色指语言课堂中任务的参与者；情景指进行任务的交际情景。因此，Nunan（2004）、贾志高（2005）的研究与本章分析的任务六大构成要素是一一对应的。

1.1 交际情景

所谓交际情景，即指交际活动的场合，或者说是使用语言完成任务的语境。所有的话语活动都产生于一定的情景中，比如任务“结账”多发生在商场、餐厅等服务性行业，“谈论汉语学习”则较常发生在教育情景中。特定的情景影响着任务的内容，例如在宾馆情景中，一般对应“办理入住手续”“预订房间”“预订机票 / 车票”等交际活动，而出现“办理存钱业务”“看病”等交际活动的可能性就较小。相同的任务在不同情景中出现时可能会有不同的表现形式，如在个人生活情景中，“介绍个人信息”任务常常通过对话形式完成，而在职场情景下，这一任务可以表现为个人简历（书面形式）或者面试时的个人独白（口语形式）。概括起来看，所有的任务都产生于一定的情景中，情景为任务提供使用语言的具体环境，并决定着任务的内容与形式。

1.2 交际话题

所谓“话题”(topic)，《现代汉语词典》(第 7 版)(中国社会科学院语言研究所词典编辑室编，商务印书馆 2016 年出版）的解释是“谈话的中心”，《科林斯高阶英语学习词典》(新版)〔*Collins COBULD Advanced Learner's English Dictionary (New Editon)*，外语教学研究出版社 2006 年出版〕的释义为“讨论或写作的特定内容”(a particular subject that you discuss or write out)，《牛津高阶英汉双解词典》(第 8 版)〔*Oxford Aavanced Learner's English-Chinese Dictionary (8th Editon)*，商务印书馆与牛津大学出版社 2004 年出版〕认为是“谈话、写作或学习的内容”(a subject that you talk, write or learn about)。无论何种解释，“话题”都可被视为语言交际活动的中心内容。没有话题的交际是没有意义的交流（刘华，2008)。可以说，每项任务都会在参与者的交流互动中体现特定的内容，即交际话题[①]。比如任务“购买机票”涉及交通出行的话题，任务“点菜”围绕饮食话题展开。当然，从日常生活经验来看，不同

① 有些研究也使用“主题”(theme）这一概念，如《欧盟框架》《AP 中文教师指南》等。借鉴 Nunan（2004)、刘华（2008）等的研究，本书认为“主题”与“话题”的所指相同，都是交际活动的主要内容。除引用外，下文均使用“话题”这一术语。

任务也可以围绕相同的话题。例如“了解或说明某人的姓名”“了解或说明某人的国籍或籍贯”“了解或说明某人的年龄”“了解或说明某人的住址”“了解或说明某人的职业”等具体任务都体现了“个人情况”这一话题。总而言之，任务总是围绕一定的话题展开，不同的具体任务可以体现相同的话题。话题是任务表达意义的归纳概括，任务体现话题的具体内容。

鉴于任务与话题之间的紧密联系，目前的任务型语言教学实践多采用根据话题设计任务的做法，在确定话题的基础上再确立具体的任务（Norris, et al., 1998；Nunan, 2001；马箭飞，2002）。例如在“家庭和朋友”话题中，可设计“介绍家庭成员”“介绍我的家”“介绍朋友”三项任务；在“理想与计划”话题下，可设计“谈论职业”“假期计划”“工作打算”等内容。为帮助教师设计教学中的任务，《欧盟框架》以及美国《AP 中文教师指南》分别确立了若干交际话题，以期“对相关教师提供必要的参考”[①]。

1.3　交际目的

人类通过语言交际往往要达到某个目的、实现某项意图，无目的、无意图的交际实际上是不存在的。语言的交际目的即语言的功能（李泉，1997），不同的交际活动体现的功能往往不尽相同。比如朋友见面时的问候“你好”表达了“寒暄”功能，一句简单的“谢谢”体现的是“感谢”功能[②]。任务是使用语言的交际活动，在完成任务的过程中，参与者势必运用语言表达某种功能，例如在完成“超市购物”任务时，交际参与者可能会表达“询问（价格）”“说明（价格）”两项功能。也就是说，每项任务都可以分解成一项或几项语言功能。为此，我们可以将任务看作实现语言功能的途径，它将抽象的功能置于具体的交际情景中，在参与者运用语言做事的同时实现功能的表达。

---

① 详见《欧盟框架》第四章《语言的使用与语言学习者 / 使用者的关系》，以及曾妙芬（2007）113~114 页。

② 本节选取的功能项目与表述参见《高等学校外国留学生汉语教学大纲（长期进修）》（国家对外汉语教学领导小组办公室，2002a）之“功能项目表”。

Nunan（2004）注意到了任务与功能之间的这种对应关系，认为任务是抽象的语言功能的具体表现形式，并据此提出了从语言功能角度入手分析、确定任务的主张。他认为这样的处理方法，能够将纷繁复杂、彼此独立的任务衔接起来，以避免因随机排列任务而导致任务型语言教学的内容过于松散、缺乏有机联系。

1.4 语言要素

第三章 1.1.1 指出，任务的核心内涵之一是“使用语言”，参与者通过使用语言来交流意义、完成任务要求、表达语言功能。换言之，使用语言是完成任务的基础。参与者通过正确运用语言各要素及其规则，从而得体、自然地完成交际活动，实现交际目的。语言要素是任务不可或缺的组成部分，没有语音、词汇及语法的支撑，任务的完成无从谈起。以语法为例，在真实的语言环境中，完成某项具体任务一定会涉及若干语法结构，或者说这些语法结构为任务的实施提供了必要的抓手。比如在完成任务“指路”时，我们常会用到引出方向的介词“往”、方位名词等语法项目，它们为完成“指路”任务提供了所需的语言素材。

在外语教学实践中，学习者若能准确掌握语言要素的使用环境、使用条件，将为他们有效地完成任务提供保证。鉴于此，笔者认为，如果能够通过分析、对比不同任务的真实语料，为词汇、语法等语言要素寻找出最合适的情景和典型的任务，让学习者在完成任务的过程中学习语言，将使汉语作为第二语言教学达到事半功倍的效果。

1.5 任务构成与语法教学

现实生活中的交际互动是一个动态、综合的过程，需要交际参与者在特定情景中，围绕某个具体话题，运用适当的交际策略，凭借语言要素的支持，不断互动与协商，从而实现交际目的、表达语言功能。如果不考虑交际参与者、交际过程等动态因素，那么交际情景、交际话题、交际目的（语言功能）以及语言要素就是任务不可或缺的构成要素。任何一个具体任务都可以从构成要素的角度进行解读，如表 4-1 中的“超市购物”与“面试时的自我介绍”两项任务。

表 4-1　具体任务的构成要素

任务 构成要素	超市购物	面试时的自我介绍
交际情景	超市	职场
交际话题	购物	个人情况
语言功能	询问（价格）、说明（价格）	介绍、说明
语言要素	有关数量、价格的词句	有关姓名、学历、工作经历的词句

总的来看，交际情景是任务赖以实现的环境或背景，交际话题是任务内容的归纳与提炼，语言功能是任务目的的抽象，而语言要素则是完成任务的素材或基础，它们之间的关系可由图 4-1 体现。该图显示，任务有机连接了各个构成要素，是各构成要素的集中体现。

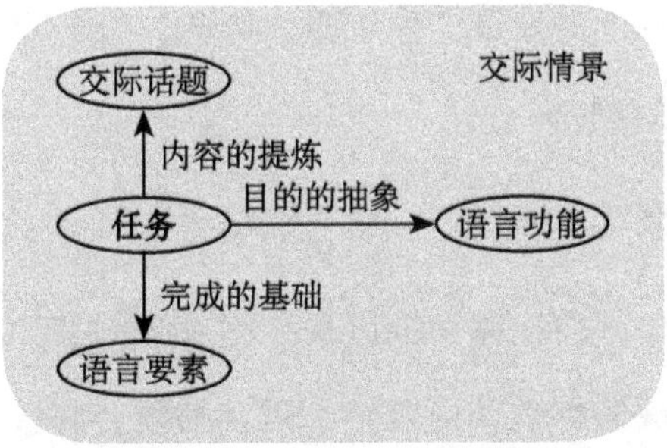

图 4-1　任务的构成要素及任务与构成要素的关系

对任务构成要素的剖析启示我们，作为交际活动的组成部分，交际情景、交际话题、语言功能与语言要素之间是有机统一的。割裂它们之间的联系，忽视任何一个要素，都将影响学习者语言交际能力的全面提高。作为语言要素的组成部分，语法同样也是任务不可或缺的构成要素。因此，将任务引入语法教学，在完成任务的过程中学习语法，是符合任务各构成要素之间的有机联系的。另外，通过任务开展教学，是将某个特定语法项目的学习置于情景、话题、功能与语言要素的统一体中，这将实现语法教学与任务设计、真实情景的紧密结合，大大促进语法项目与意义、语境的有机融合，规避语法教学有时对语言使用所涉及的情景、话题或语言功能关注不够的局限。

第二节 语言本质

现代语言学之父索绪尔严格区分了“语言”和“言语”，明确将“语言”这一抽象的符号系统作为语言学研究的对象。受此影响，结构主义语言学、生成语法以语言系统内部的结构或规则为研究对象，在语言形式的描写、分析与解释方面取得了卓越的成果。二十世纪六七十年代，现代语言学的研究范围开始从语言系统内部逐渐转向语言外部：起源于欧洲的系统功能语言学派将关注目光投向语言的社会功能和动态使用，试图从语言使用的角度诠释语言与意义的关系；在美国，新兴的认知语言学派尝试利用人脑认知世界的神经网络模式分析语言，以期从语言外部寻找对语言现象的解释。三四十年来，两大学派的研究从不同视角深化了对语言规则、语言本质的认识，对语言教学的发展产生了重大影响，在一定程度上冲击了以结构主义语言学为基础的语法教学模式。

2.1 系统功能语言学

二十世纪六七十年代，韩礼德（Halliday）在继承弗斯（Firth）理论的基础上创立了系统功能语言学。该语言学理论着眼于语言的社会属性，针对语言的使用展开研究。正如韩礼德所言，“设计（系统功能语言学）的目的是为了解释语言是如何被使用的”(Halliday，2000)。系统功能语言学派认为，作为人类重要的交际工具，语言承担着各种各样、千变万化的功能，将其抽象概括，可以归纳为概念功能、人际功能和语篇功能三个“元功能”(Halliday，1967，1973，1985)。

2.1.1 概念功能

概念功能是从语言所反映的内容角度对语言功能的提炼，包括经验功能和逻辑功能。一般来说，人们往往通过语言来表达在主客观世界中的经验，韩礼德将其概括为“经验功能”。经验功能“反映客观世界和主观世界中所发生的事、所牵涉的人和物以及与之相关的时间、地点等环境因素”(胡壮麟等，2005)。除了表达各种经验外，人们还需要通过语言体现多个经验之间的关系，如并列关系、主从关系等，这就是语言的“逻辑功能”，它指的是“语言所具备的反映两个或两个以上语言单位之间逻辑语义关系的功能”(胡壮麟等，2005)。

2.1.2 人际功能

现实交际中，人们不仅要通过语言表达自己的经验，还需要利用语言与他人交流，在互动的过程中，体现身份、地位、态度等。也就是说，语言不仅是表达工具，同样也是交际的手段，它体现人与人之间的关系。这项功能被称为“人际功能”。通过这一功能，说话者可以参与到某个具体的情景中，来表达自己的态度或推断，并试图影响别人的态度或行为。人际功能由语气、情态和语调体现。

2.1.3 语篇功能

概念功能、人际功能是从语言所反映的内容角度对语言形形色色的作用进行的概括。这些功能只有在语言的使用过程中才能实现。系统功能语言学派认为，语言在实际使用中的基本单位不是词语或句子这样的语法单位，而是在一定语境下表达相对完整意义的语篇。概念功能、人际功能最终都要依赖语篇实现，语篇是实现语言功能的载体。在真实的交际中，人们根据语境的要求，把要表达的语义内容通过主位结构、信息结构、衔接等方式组织成或长或短的语篇，以完成交际，这就是“语篇功能”。

总而言之，概念功能体现说话者对主客观世界的观察，人际功能反映说话者对社会交际活动的参与，它们都涉及语言表达的意义；语篇功能侧重语言使用的环境，是上述两种功能实现的途径，系统功能语言学将三大元功能视为语言的“普遍特征”(Halliday，1967)，就是强调语言是社会交际的产物，强调从语言社会属性的视角开展研究，强调将语言表达的意义与语言使用的环境紧密结合。这种对语言本质的认识，对语言教学的理论指导意义在于：语言教学不能忽视语言的社会属性，应该强调语言的使用以及所表达的意义。具体到语法教学层面，教学的重点不仅应在关注形式的基础上关注语法结构所表达的意义，更要关注语法结构的使用环境，培养学习者将对语言形式、意义的理解转化为具体的语言运用能力。这是从语言的社会属性角度对语法教学提出的要求。

第三章 1.3 指出：任务型语言教学主张在接近自然的习得环境中让学习者完成真实的任务，这符合系统功能语言学对语言使用环境的关注；任务型语言教学鼓励学习者在完成任务的过程中进行意义协商、交流互动，意在让学习者理解语言意义的同时，体验语言的人际功能。总之，任务型语言教学倡导学习者在做事情、使用语言的过程中学习语言、掌握语言，能够满足系统功能语言学从语言社会属性的角度对语法教学提出的要求。因此，将任务型语言教学理念融入语法教学中，在设计真实任务的同时结合语法结构的教学，在教学的过程中关注语法结构的意义和使用环境，遵循了系统功能语言学的基本主张。

2.2 认知语言学

认知语言学是一门研究语言普遍原则和人类认知规律之间关系的语言学派。它于二十世纪七十年代中期在美国萌芽（如：Talmy，1975），八十年代中期以后逐渐走向成熟并稳步发展（如：Lakoff，1987；Langacker，1987，1991；Talmy，2000a，2000b 等）。作为认知语言学的主要研究领域，认知语法的相关研究对于任务型语言教学与语法教学的融合、对于开展基于任务的语法教学具有理论指导意义。

在吸收与质疑生成语法理论的基础上，兰盖克（Langacker）从 1976 年开始研究认知语法。其著作《认知语法基础》第一卷（理论前提）和第二卷（描写应用）的相继问世，标志着认知语法理论的成熟。认知语法试图从人类认知的角度对语言现象进行解释，其理论建立在“语法的象征性”和“基于用法的模式”两个基本原则之上（Evans & Green，2006）。

2.2.1 语法的象征性

认知语法认为，语言本质上是象征性的（Language is symbolic in nature.）（Langacker，1987），任何一个语言表达式都是语义表征和语音表征的结合体。语言的单位仅限于三类：语音结构、语义结构和象征结构（symbolic structure），象征结构是“语义结构和语音结构的匹配”（Langacker，2005）。这意味着，传统语法分析中的各种语法单位在认知语法看来，都是象征结构，语义构成语法的一极，语音构成另外一极。换句话说，语法的本质在于它是语音和语义的结合。正因为如此，语法研究就无法独立于语音、语义等研究之外。

2.2.2 基于用法的模式

结构主义语言学、生成语法将研究内容限定在语言或语言能力（competence）的范围内，较少关注语言的运用，这样就割裂了语言结构与语言使用的有机联系。二十世纪六七十年代，系统功能语言学派开始从语言使用的角度研究语言结构（如 Hopper & Thompson，1980；Bybee，1985 等），而认知语法更是明确提出了一个动态的、基于用法的模式（a dynamic usage-based model）(Langacker，1987，1991，1999)。

在认知语法看来，语法是由约定俗成的语言单位组成的清单，其中有些语言单位可以概括出一般的规则或原则，而另一些语言单位可能难以抽象出普遍的原则。语言研究者可以寻找有概括力的规则，但是不能忽视那些看似例外的语言结构，不能忽视各种语法规则在实际使用中的引申及影响因素。因此，认知语法提出了“基于用法的模型”，主张研究具体的、实际使用的语言，从心理认知的角度分析、解释人们对约定俗成的语言单位的理解和掌握能力。

概括起来看，“语法的象征性”强调语法是语音、语义的结合体，割裂语音、语义与语法的关系，语法研究就无从谈起；“基于用法的模型”则坚持从现实使用的、具体的语言现象入手开展语法研究，换句话说，用法是认知语法研究的起点，只有全面关注语言单位的使用情况，才能完整地对语言现象进行分析。总而言之，以这两项原则为基础的认知语法，主张从实际使用的角度研究语法，同时兼顾语法与语音、语义的密切联系。这对语法教学具有一定的理论指导意义：一般的、抽象的语法规则并不是语法教学的全部内容，教师还应该有意识地引导学习者关注使用中的语言，关注语言规则之外的结构；同时，由于语法是语音、语义的结合，因此语法教学还需要强调语法与语音、语义之间的密切联系。这是从语言的心理认知角度对语法教学的要求。

任务型语言教学倡导在自然的情景中，学习者通过完成真实的任务习得语言，这体现了认知语法对语言用法的关注。另外，任务型语言教学倡导学习者在意义协商的基础上、在理解语言意义的前提下，运用语言进行互动，这符合认知语法有关语言结构与语义关系的看法。总之，任务型语言教学的理念与认知语法的基本原则是相互对应的。在语法教学中引入任务型语言教学的理念，在实际的使用中学习语法、关注语法与语义之间的关系，遵循了认知语法的基本原则。

2.3 语言本质与语法教学

系统功能语言学和认知语言学都是从语言外部对语言内部结构进行分析、讨论，但两大学派的研究视角有所差异：系统功能语言学尝试从社会属性的角度分析语言，重在讨论语言在实际使用中的功能、作用；认知语言学试图从人类认知规律的视角解释语言现象。两大学派的研究切入点相差甚远，但它们对语言本质的认识却基本相同，即语言离不开使用环境，语言形式离不开意义的解释。系统功能语言学将语言视为社会交际的产物，语言表达的意义与语言使用的环境密不可分；认知语法开宗明义地指出语法研究的两大原则——语法的象征性和基于用法的模型，前者突出了语法与意义的关系，后者强调了语言使用环境的重要性。语言学理论的发展，让我们更为深入地了解了语言的本质：语言形式离不开意义、离不开语言使用。这对第二语言语法教学的启示是：不仅要关注形式，更要关注意义、关注语言的功能；不仅要关注静态的语法结构，更要关注语法结构的使用环境。

第二章 5.1 提到，语法教学强调语言知识的学习，对语言的功能、语言的使用关注不够，造成了语法与意义、语境的脱离，影响了教学效率。任务型语言教学以“使用语言、表达意义、达到目的”的任务为基本单位，体现了对语言使用以及意义理解与产出的重视。将任务型语言教学理念融入语法教学中，将意义表达与语言使用融入语法教学过程，不仅能够克服语法教学中语法与意义、语境分离的不足，同时，它还符合了系统功能语言学和认知语法对语言本质的认识，得到了近几十年语言学研究成果的支持。

第三节　学习特点

人类习得语言的过程如何、具有哪些特点，可以从认知心理学的研究成果中找到答案。认知心理学是以人类心理现象中的认识过程为主要研究对象的一门科学，兴起于二十世纪五十年代中期，在七十年代成为西方心理学的一个主要研究方向。它对语言习得和外语教学研究产生了深刻影响。

3.1　陈述性知识与程序性知识

认知心理学把知识划分为陈述性知识（declarative knowledge）和程序性知识（procedural knowledge）两类。陈述性知识是关于事物及其关系的知识，或者说是关于“是什么”的知识；程序性知识是关于“怎样做”的知识，是可以操作和实践的知识。当学习者将学习到的陈述性知识自动化加工为程序性知识并应用于实践时，知识才能完整地习得。这一过程可以被抽象为“学习（learn）→表现（perform）”。

语言学习中，如何实现陈述性知识的自动化加工（automatic processing），以形成程序性知识？针对这个问题，学者们提出了不同的途径。Johnson（1996）提出，对语言特征进行准确的解释（explanation），同时为语言特征的陈述性知识提供实例（demonstration）可以帮助学习者建立陈述性知识，并为其转化为程序性知识奠定良好的基础。

另外也有学者指出，反复的练习（practice）是实现自动化加工的必要一环（Anderson，1993，2000）。听说法等语言教学流派设计了若干机械性的练习形式，如重复、模仿例子造句等（Richards & Rodgers，1986），就是希望通过反复的操练帮助学习者形成程序性的语言知识。Ellis，R.（1988）认为反复机械的操练并不是有效的自动化加工方式，因为无语境的练习不利于学习者的长期记忆，因此有必要为练习提供包含真实语境的交际活动。

除了解释、例示以及练习之外，Johnson（1988，1996）还提出了另一种促进自动化加工的方式——反馈（feedback）。他认为，反馈在学习过程中起着重要的作用：

在言语交际时，学习者往往会得到他人的反馈，不仅获得了大量的可理解输入，同时还使他们了解到自己在互动过程中出现的错误，从而修正语言表现，实现自身的语言发展。换言之，学习者在交际时得到的反馈，能够进一步促进他们的学习。鉴于此，Johnson（1996）将学习过程修正为“学习（learn）→表现（perform）→学习（learn）”。

总而言之，学者们提出的促进自动化加工的途径可以梳理为三点：第一，准确的解释、为语法结构提供实例，是促进陈述性知识转化为程序性知识的前提；第二，让学习者运用语法结构完成机械性练习与真实语境背景的交际活动，是学习者习得程序性知识的重要保证；第三，语法教学应该充分重视反馈对自动化加工的促进作用，在教学内容、教学环节的安排上为学习者获得反馈创造条件。

语法教学在准确解释、提供实例以及设计机械性练习方面积累了丰富的经验。任务型语言教学注重让学习者在与他人交流协商、完成真实任务的过程中，体验语言、学习语言。这不仅能够为语法结构提供真实的实例，为自动化加工奠定良好的基础；同时，通过设计具有真实情景的交际活动，引导任务参与者进行意义协商、交流反馈，也能够促进自动化加工进程。总之，将任务型语言教学理念融入语法教学中，能够全面地实施自动化加工的各个途径。开展基于任务的语法教学，遵循了认知心理学中有关陈述性知识和程序性知识的理论。

3.2 内隐学习与外显学习

1967年，美国心理学家罗伯（Reber）在人工语法的研究中将学习分为内隐学习（implicit learning）和外显学习（explicit learning）两种：内隐学习是学习者无意识地习得抽象、复杂知识的过程；外显学习指学习者必须有意识地付出努力，才能完成信息的搜索、制定与解决问题的过程（Reber，1967）。二十世纪中后期，内隐学习与外显学习逐渐成为认知心理学的热门研究之一。

Ellis，R.（1994）从理论上分析了外显学习对内隐学习的促进作用。他根据施密特（Schmidt）的“注意假说”指出，外显学习不仅可以提高学习者对输入中语言特征的注意（noticing），还可以帮助他们注意到输入与个人语言表达之间的不同，这些对语言特征的注意，有助于学习者对语言结构的内隐学习。郭秀艳、杨治良（2002）在实验的基础上证明了人工语法的内隐学习同样也会促进外显学习，由此推测其他领域的内隐学习和外显学习之间也应该紧密联系、相互影响。Mathews，et al.（1989）针对二者之间的关系也进行了实证研究，结果显示，内隐学习与外显学习两种方式共同结合，其学习效果显著好于单独进行内隐学习或外显学习。这些研究成果对语法教学的启示是，如果教师能够在课堂教学中合理安排语言实践以及语法知识的讲解或点拨，使语法的内隐学习与外显学习有机结合，将有效地推动语法学习的进程。

任务型语言教学旨在让学习者在真实的语言环境中接触语言、体验语言、了解语言、实践语言，即内隐地学习语言；而语法教学则强调教师对语法现象进行科学、简洁的说明，对语法规则进行适当、准确的讲解，即让学习者外显地学习语法知识。将任务型语言教学理念与语法教学融合，在学习者完成任务、接触语言的背景下，教师对语法项目进行必要的教学，既为学习者营造了内隐学习的环境，又引导他们进行必要的外显学习。两种学习方式有机结合，更有助于提高语法教学的效率、改善语法教学的质量。

3.3　学习特点与语法教学

本节从两个切入点出发，从认知心理学角度分析了任务型语言教学与语法教学融合的理据。第一个切入点是陈述性知识和程序性知识。陈述性知识自动化加工为程序性知识，不仅需要准确的解释与例示、大量的练习，还依赖学习者从练习的反馈中调整自己的输出。这一理论对语法教学的启示在于：

（1）培养学习者科学、准确的陈述性知识非常重要；

（2）真实语境中的交际活动有助于陈述性知识向程序性知识转化；

（3）针对交际活动的反馈可以促进学习者的自动化加工进程。

也就是说，语法知识的训练与交际活动（包括反馈）对语法学习而言都有重要的作用，前者侧重培养陈述性知识，而后者可以促进知识的自动化加工。语法教学以讲授语法知识为主，意在培养学习者准确的陈述性知识，但由于有时对语法的使用关注不够，影响了陈述性知识向程序性知识的转化。任务型语言教学强调运用语言，重视程序性知识的积累，但如果在教学实践中不特别关注陈述性知识的培养，也会制约学习者的语言发展。将任务型语言教学理念融入语法教学，既可以秉承语法教学对陈述性语法知识的系统、准确的教学，同时也可以为特定的语法项目选择真实的任务，让学习者在真实的交流互动中得到反馈，这符合认知心理学有关陈述性知识与程序性知识的理论。

本节研究的另一个切入点是内隐学习与外显学习。认知心理学的研究表明，两种学习方式紧密联系、相互结合，将推动学习的进程。在语法教学中，教师围绕某特定的语法项目开展适当的教学，保证了外显学习的科学性和准确性。任务型语言教学让学习者在利用目的语解决实际问题的过程中体验语言、掌握语言，即为他们提供了内隐学习的环境。将任务型语言教学融入语法教学，能够促进内隐学习与外显学习的有机融合，从而提高语法教学的效率。

总之，有关知识类型与学习方式的研究，为基于任务的语法教学提供了认知心理学领域的理据。

第四节　教学实践

任务构成、语言本质以及学习特点的相关研究说明，将任务型语言教学融入语法教学，能够实现任务各构成要素之间的有机融合、体现现代语言学对语言本质的认识、符合认知心理学对学习过程的分析。换句话说，它们从不同角度，为任务型语言教学与语法教学的融合提供了理论层面的支持。但是在课堂教学实践中，二者的融合是否具有可行性，还需要对具体的教学案例进行考察。为了较为全面地了解课堂实际，本节分别从任务型语言教学和语法教学两个角度考察汉语教学实例。

4.1　任务型汉语教学实例

为了解任务型汉语作为第二语言教学实践的相关内容，笔者考察了曾妙芬（2007）列举的教学案例。

曾妙芬（2007）的主要目的在于推动专业化的AP（Advanced Placement）中文教学。为实现这一目标，作者在其专著中不遗余力地推介了“沟通式教学法”。该法强调表达（expression）、诠释（interpretation）和语义协商（negotiation of meaning）三个要素，强调语言整体性的运用和沟通，着重语言功能的发挥和实践。沟通式教学法在教学理念上的突出之处在于：“在真实的语境中，以真实的语言材料，发挥学习者自主学习精神，做到以学生为中心，在掌握语言形式的同时，更重视的是语言功能的体现和语义协商的过程和价值，真实地使用所学语言”（赵金铭，2008）。这与任务型语言教学强调参与过程、强调真实情景、强调交际协商的特点相吻合，贯彻了“用中学”的教学原则。特别是作者列举的“沟通式小组互动活动”，其特点在于通过语义协商的过程，习得预期的目标语功能，进而完成某种特定的语言任务。这与任务型语言教学的理念完全一致，因此，笔者认为，曾妙芬（2007）针对“沟通式小组互动活动”列举的教学实例，能够说明任务型语言教学的实际操作过程。

曾妙芬（2007）将小组互动活动分为三个步骤，如例（1）所示。

例（1）：主题：我这个学期上的课

活动步骤

步骤一：上课前老师把讲义提前发给学生，请学生在家把星期一到星期五上什么课和什么时间上课的信息写下来。

说明：① 请把星期一到星期五上的课填在表格里[①]。

② 请填完表格以后，回答以下问题，尽可能用下面三个语法结构回答问题。

① 限于篇幅，表格从略。

问题：a. 你这个学期一共上了几门课？是什么课？几个学分？

b. 你每天都有课吗？分别是什么课？

c. 你哪一天的课最多？是什么课？说一说你那天上课的情况。

d. 你哪一天的课最少？是什么课？说一说你那天上课的情况。

e. 你星期一到星期五，哪几天上的课一样？有什么课？

f. 你最喜欢什么课？最不喜欢什么课？为什么？

语法结构：语法结构 1：……先……然后再……

语法结构 2：……以后……就……

语法结构 3：上完……课以后，就去……

步骤二：上课时老师将学生分成两人一组，并指出小组讨论的重点和步骤。

说明：① 你和同学轮流问以下的问题：A 先问第一题，B 回答问题；A 问完以后，B 再问 A 第一题，A 回答问题。然后跟第一题一样，再问其他的问题。

② 活动结束以后，请报告你们讨论的内容，报告的时候，得比较你们两个人的时间表，且必须用下面的语法结构。

问题：a. 你这个学期一共上了几门课？是什么课？几个学分？

b. 你每天都有课吗？分别是什么课？

c. 你哪一天的课最多？是什么课？说一说你那天上课的情况。

d. 你哪一天的课最少？是什么课？说一说你那天上课的情况。

e. 你星期一到星期五，哪几天上的课一样？有什么课？

f. 你最喜欢什么课？最不喜欢什么课？为什么？

g. 比较你们两个人的时间表，有什么不同？

语法结构：语法结构 1：……先……然后再……

语法结构 2：……以后……就……

语法结构 3：上完……课以后，就去……

语法结构 4：……跟……（不）一样……

语法结构 5：……比……+adjective

步骤三：后续活动

① 老师先请一组同学根据以上的问题做报告，同学报告的时候，其他同学注意听，并且做笔记。

② 听完一组同学报告以后，老师针对他们报告的内容提问，确定同学是否听懂，或者是否有问题，若以上语法结构使用不恰当，得趁此时加强练习。

③ 依此类推，再请其他组的同学做报告，重复以上步骤。

〔引自曾妙芬（2007）：148~150 页〕

这个教学实例包括三个步骤：步骤一是小组活动前的说明，教师通过提问的形式，引导学习者对谈论一周的上课情况进行内容与语法结构方面的准备；步骤二是小组活动的具体内容，学习者通过交流沟通，互相了解同伴的选课情况，并进行时间表的对比；步骤三的后续活动在于检查步骤二的成果，鼓励、指正学习者的表现，对语法结构的错误给予及时反馈。总的来说，这三个步骤与一般的任务型语言教学过程（任务前、任务中、任务后）是一一对应的。

值得注意的是，Willis（1996）、Skehan（1999）、Ellis，R.（2003）等研究只在任务后阶段关注学习者使用不当的语法结构，而在例（1）中，对语法的关注却遍及所有的教学过程。在步骤一中，教师引导学习者熟悉语言结构；在步骤二中，学习者必须针对教师锁定的语法结构进行语义协商，向自己既有的语言程度挑战；在步骤三的后续活动中，教师对重要的、学习者用错的语法结构给予反馈和协助，引导学习者进行有意识的学习和操练，强调对语法结构的正确掌握。

总的来看，尽管这个实例以学习者交流、沟通一周的上课内容为主要目标，但在完成活动的各步骤中，教师始终强调了语法结构对完成任务的作用。前两个步骤限定了学习者完成任务所需要的语法结构，促使学习者在完成任务的过程中运用、体验相关的语法结构；第三个步骤中的加强练习，重在强调学习者对重要语法结构的外显学习。该实例的操作流程，体现了语法教学在任务型汉语作为第二语言教学实践中的重要作用。

4.2 汉语语法教学实例

随着任务型语言教学的发展，已有汉语教师开始把任务引入具体的教学实践中，针对某个特定语法项目，设计一些鼓励学习者参与、以表达意义为主的任务。比如吴中伟（2007）提到的“把”字句教学实例，就编排了一个模拟搬家的任务，具体见例（2）。

例（2）:“把”字句

课文（略）

教学步骤

A. 导入语法点

a. 提出要求：把课文里的“把”字句找出来。(例句略)

根据学生回答板书：

带领学生一起朗读黑板上的句子。对句子做简单的分析，板书：

（1）先把房间打扫干净。

（2）然后再把家具搬进来。

（3）把新房布置得漂亮一些。

（4）把写字台放在窗户下面。

（5）把冰箱放到厨房里去。

S—把—O—V……

b. 说明“把”字句的意义:“把”字句表示通过某个动作、行为，让某个对象受到一种影响，发生一种变化，产生一种结果。

c. 结合语境说明“把”字句的意义。(具体内容略)

B. 说明结构特点，进行操练

使用“把”字句的时候，要特别注意下面几点：

a. “把”的宾语是确定的。我们可以说“把房间打扫干净”“把这个房间打扫干净”“把那个房间打扫干净”，但是不能说“把一个房间打扫干净”“把两个房间打扫干净”。

b.“把”字句中，动词的后面总是要有一些其他的成分。例如，结果补语、趋向补语、情态补语等等，来说明动作行为影响的结果。（联系黑板上的例句）让学生完成句子（口头练习，听后回答）。

（1）请把书打________。

（2）房间太脏了，我们把房间打扫________吧。

（3）昨天，我们忙了一天，把房间布置________。

（4）这张桌子没用，我们把它搬________吧。

（5）请你把词典递________。

（1）请把书打开。

（2）房间太脏了，我们把房间打扫一下吧。

（3）昨天，我们忙了一天，把房间布置得非常漂亮。

（4）这张桌子没用，我们把它搬出去吧。

（5）请你把词典递给我。

c.“把”字句中，下面的词语应该放在“把”的前面：时间词语、否定词语、能愿动词。

让学生组织句子（口头练习，然后回答）：

（1）他把我的照相机借走了＋昨天

（2）他把画儿挂上去＋没

（3）把写字台放在门旁边＋别

（4）你把洗衣机放到卫生间去＋应该

d. 改正错句。

（1）* 我把一本书买到了。

（2）* 他把房间没打扫干净。

（3）* 我把他打。

（4）* 我把饭吃得很满意。

C. 练习

a. 请学生根据课文内容，介绍一下田野打算怎么布置新房。

b. 假定学生 A 今天搬家，搬家公司已经把家具都搬到了新居的门口；学生 B 是搬运工人。A 应指挥 B 把这些家具搬进房间，放到事先计划好的地方。

学生 A 看插图 1 和插图 2，发出搬运指令。学生 B 看插图 2 和插图 3（不能看插图 1），根据 A 的指令，在平面图的相应位置上标上家具安放的位置。有不清楚的地方可随时询问 A。

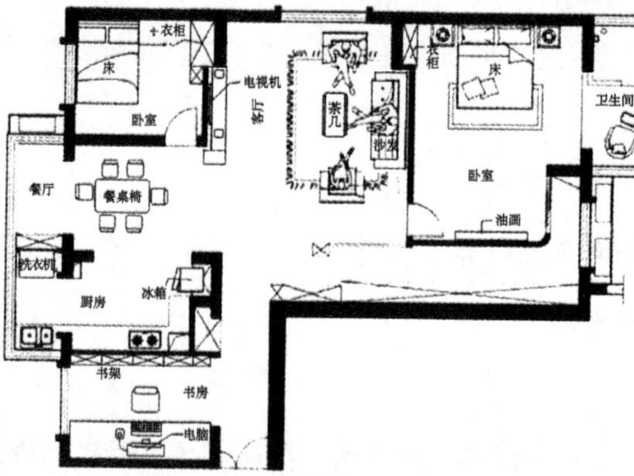

插图 1

插图 2

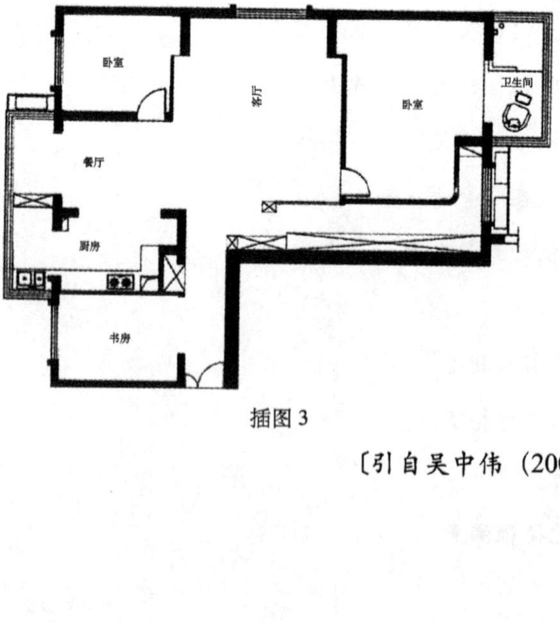

插图 3

〔引自吴中伟（2007）：185~188 页〕

这个"把"字句的教学实例步骤有三：一是导入语法点，教师既向学习者展示了"把"字句的形式，同时还结合语境，向学习者展示了"把"字句的意义；二是通过完成句子、改写句子以及改错三种练习形式，重点训练了学习者对"把"字句使用特点的掌握；步骤三意在让学习者运用"把"字句进行自由表达，为此教师专门设计了一个角色扮演活动，引导学习者使用"把"字句完成搬家任务。这三个步骤可以看作语法教学环节"展示—训练—表达"(详见第二章 4.3) 的一个具体表现形式。教师将任务引入表达阶段，引导学习者在真实的搬家情景中使用"把"字句，不仅加强了练习活动的交际性与参与性，拉近了语法学习与现实生活的距离，还为陈述性知识向程序性知识转化创设条件，有助于学习者第二语言的发展。

上例体现出受任务型语言教学理念的影响，一些教师已经开始了将任务融入语法教学环节的尝试。这一尝试说明，在语法教学实践中融入任务是可行、可操作的，能够在一定程度上提高学习者的参与热情、培养他们的语言交际能力。不过，从教学现状来看，目前将任务融入语法教学的做法还"不那么自觉、不那么明确、不那么彻底"(吴中伟，郭鹏，2009)，如何有意识地实现二者的有机融合，还需要我们不断研究与探索。

4.3 汉语教学实践中的语法教学

考察两个汉语教学实例，可以看出，在任务型课堂教学实践中，教师针对语法项目设计了专门的环节或步骤，促使学习者完成任务的同时，对语法项目进行有意识的学习和练习；而在语法教学环节中，汉语教学界也已经开始了将任务融入其中的尝试，通过设计具有一定交际情景的活动，鼓励学习者运用语法项目完成任务，从而提高语法教学的交际性。

无论是在任务型语言教学的背景下开展外显的语法学习，还是在语法教学的背景下融入任务，都说明了在第二语言教学实践中，任务与语法之间是可以紧密联系的。这也说明了任务型语言教学与语法教学的融合具有一定的实践依据。

本章尝试从任务构成、语言本质、学习特点以及教学实践四个角度，为任务型语言教学与语法教学的融合寻求理论与实践支持。

（1）任务构成

交际情景、交际话题、交际目的（语言功能）以及语言要素是任务重要的构成要素。作为语言要素重要组成部分的语法，同样也是任务不可或缺的一部分。将任务融入语法教学，使语法置于情景、话题、功能与语言要素的统一体中，实现语法与情景、话题、功能的有机融合，将有助于学习者建立语法与意义、语境的联系，提高语法教学的质量。

（2）语言本质

虽然系统功能语言学、认知语言学的具体研究视角不同，但它们对语言本质的认识却基本相同，即语言研究离不开语境，语言形式离不开意义的解释。这对于语法教学的启示是：语法教学不仅要关注语言的形式，更要关注意义和使用环境。任务型语言教学强调真实语境、意义协商，将该教学理念融入语法教学之中，有助于语言形式与意义、使用环境的有机结合，有助于从语法教学的角度实践语言学理论的新发展。换句话说，系统功能语言学、认知语言学对语言本质的认识，为基于任务的语法教学研究提供了语言学理论基础。

（3）学习特点

认知心理学将知识分为陈述性知识和程序性知识，将学习方式分为内隐学习和外显学习。无论是从知识的角度还是学习方式的角度，相关研究都对第二语言语法教学提出了要求：旨在培养学习者陈述性知识的外显学习在第二语言学习中必不可少，能够促进自动化加工、实现程序性知识转化的内隐学习同样重要。二者有机结合，将更为有效地提高教学的效率。语法教学重陈述性知识的培养，而任务型语言教学倡导对语言的应用，这一内隐的学习过程促进了程序性知识的形成。将任务型语言教学与语法教学融合起来，能够保证内隐学习与外显学习的结合，促进陈述性知识向程序性知识的转化。

（4）教学实践

两个具体的汉语教学实例表明，在任务型语言教学实践中，教师可以针对语法项目设计专门的环节或步骤，这一外显地学习语法的机会，为学习者完成任务搭建了必要的语言平台。而在语法教学中也能够融入任务，引导学习者在交际互动的过程中练习语法项目的使用。不管从哪个角度开展教学，都为任务型语言教学与语法教学的融合提供了教学实践的支持。

总之，四个角度的研究成果，为任务型语言教学理念融入语法教学提供了一定的理据，为基于任务的第二语言语法教学提供了较为合理的解释。从下一章开始，本书将围绕初级阶段的汉语教学，从实证研究的角度探讨任务与语法项目之间的关系，探索任务型语言教学与语法教学的有机融合，在一定程度上推动基于任务的第二语言语法教学实践。

第五章　初级阶段语法项目与任务的确定

从不同角度阐释任务型语言教学与语法教学融合的理据，为基于任务的语法教学奠定理论与实践支撑，是为了更好地指导教学实践。语法教学作为第二语言教学的一个过程，涉及的内容非常广泛，将任务融入其中，可以有不同的视角，例如怎样将语法项目的导入与任务结合？特定的语法项目应该出现在哪个具体任务中？设计什么样的任务活动，可以活跃课堂氛围？如何利用任务评估学习者的语法能力？等等。笔者认为，无论开展哪方面的研究，都首先需要明确语法项目与任务的对应关系。为语法项目选择典型、合适的任务，确定基于任务的语法教学内容，才有可能在语法教学实践的各个阶段（如展示、讲解、练习以及测试等）合理地融入任务。

有关语法项目与任务对应关系的已有研究（详见第三章 1.1.3），多是从理论层面展开论述，实证方面的相关证明尚不多见。为此，笔者将选用实证研究的方法，从汉语教学的角度，来验证 Loschky 和 Bley-Vroman（1993）、Ellis，R.（2003）等对语法与任务关系的理论概括。

一般来说，初级阶段语法教学的内容基本能够反映出汉语教学语法体系的整体概貌。因此，本书将初级阶段语法教学作为切入点，通过探讨特定汉语语法项目与具体任务之间的关系，以促进任务型教学理念与语法教学的融合。本章的主要内容在于确定初级阶段语法项目与任务的范围。

第一节　初级阶段语法项目的确定

为确定适合初级水平汉语学习者的语法项目[①]范围，本书选取了国家对外汉语教学领导小组办公室汉语水平考试部 1996 年公布的《汉语水平等级标准与语法等级大纲》作为研究对象。理由包括：

第一，该大纲是在参照汉语语法本体研究（如《现代汉语八百词》《语法问题发掘集》《现代汉语句型》《汉语句型频度表》《汉语口语》等）、汉语语法教学研究（如《对外汉语语法大纲》《对外汉语教学语法探索》《实用汉语语法》《实用现代汉语语法》等）以及众多汉语教材（如北京语言大学、北京大学、北京师范大学、南开大学、复旦大学、华东师范大学、上海外国语大学等先后出版的汉语教科书）的基础上研制、确定的，集中体现了学界对于汉语语法教学体系的研究成果，具有一定的科学性。

第二，该大纲在“前言”中指出，它是汉语教学“进行总体设计、教材编写、课堂教学和课程测试的主要依据”。笔者考察了《新汉语教程》(I)、《新实用汉语课本》(1、2、3)、《汉语教程》(第一册)、《体验汉语·基础教程》(上）与《发展汉语·初级综合》(第二版)(I）五部汉语教材中的语法内容，发现各部教材的语法项目与《汉语水平等级标准与语法等级大纲》重叠的比例均在 95% 以上[②]。这些数据从一个侧面验证了大纲对于确定具体的语法教学内容的指导作用，说明大纲在汉语作为第二语言语法教学领域具有一定的普适性。

《汉语水平等级标准与语法等级大纲》中的甲级语法大纲对应初级水平的汉语学习者，本书对其包含的 129 个语法项目进行了两方面的筛选。

---

① 在具体的对外汉语教材中，有关语法内容的例释常常以“语言点”的形式出现。这样的安排不仅关注语法的形式，还注重了词的用法，“体现了语义语法的特点，是很讲究实用的”（赵金铭，1996a）。但由于本书的立足点在语法教学，确定初级阶段语法教学内容的主要依据为《汉语水平等级标准与语法等级大纲》，不涉及大纲之外的词的用法，因此本书不采用“语言点”，而使用“语法项目”。

② 五本教材的语法教学内容与《汉语水平等级与语法等级大纲》的重叠比例分别为 95.15%、96.26%、97.06%、97.93% 和 95.65%。

1.1 归并相同或相近的内容

甲级语法大纲包括词类、词组、句子成分、句子的分类、几种特殊句型、提问的方法、数的表示法、强调的方法、动作的态、复句10个类别，其中有些相同或相互对应的内容出现在不同的类别中。例如，与动量补语相关的内容，既出现在"词类"的动量词中（【甲021】动量词"次、遍、回、下、口"），也出现在"句子成分"的动量补语中（【甲083】动量补语"看过两遍、等一下儿、找过他两次、喝一口试试"）。为避免教学内容的重复，笔者只保留了"动量补语"这个项目。再比如，【甲003】所列举的时间名词"年、月、日、星期"与【甲110】所列的"年、月、日、星期表示法"中的内容重叠，故而将这两项内容归并，只保留了"年、月、日、星期表示法"。

通过对甲级语法大纲中相同或相近的语法项目予以适当的归并，笔者共删除重叠的语法项目29个，具体归并情况见表5-1。

表5-1 甲级语法大纲相同（相近）内容的归并情况

序号	删除	保留
1	【甲003】时间名词	【甲110】年、月、日、星期表示法
2	【甲006】疑问代词	【甲099~109】提问的方法
3	【甲015】序数	【甲113】号码表示法（房间、汽车、电话等）
4	【甲021】动量词	【甲083】动量补语
5	【甲034】连词：连接分句	【甲121~129】复句
6	【甲041】联合词组	【甲033】连词：连接词或词组
7	【甲042】偏正词组	【甲066~069】定语、【甲070~075】状语
8	【甲043】动宾词组	【甲060~065】宾语
9	【甲044】动（形）补词组	【甲076~083】补语
10	【甲045】主谓词组	【甲051~055】主语、【甲056~059】谓语
11	【甲046】介宾词组	【甲027~032】介词
12	【甲048】名词或名词性词组	【甲066~069】定语
13	【甲049】动词词组	【甲060~065】宾语、【甲070~075】状语、 【甲076】结果补语、【甲077~079】趋向补语、 【甲081】可能补语、【甲082】时量补语、 【甲083】动量补语

（续表）

序号	删除	保留
14	【甲 050】形容词词组	【甲 070】副词做状语、【甲 080】程度补语
15	【甲 052】“的”字词组做主语	【甲 047】“的”字词组
16	【甲 061】“的”字词组做宾语	【甲 047】“的”字词组
17	【甲 068】动词、动词词组做定语	【甲 047】“的”字词组
18	【甲 069】主谓词组做定语	【甲 047】“的”字词组
19	【甲 071】形容词做状语	【甲 035】结构助词：地
20	【甲 073】介词词组做状语	【甲 027~032】介词
21	【甲 084】单句：主谓句	【甲 051~063】句子成分
22	【甲 085】单句：非主谓句	【甲 051~063】句子成分
23	【甲 086】陈述句	【甲 051~063】句子成分
24	【甲 087】疑问句	【甲 099~109】提问的方法
25	【甲 088】祈使句	【甲 051~063】句子成分
26	【甲 089】感叹句	【甲 037】语气助词
27	【甲 116】完成态：用动态助词“了”表示	【甲 036】动态助词
28	【甲 118】持续态：用动态助词“着”表示	【甲 036】动态助词
29	【甲 120】经历态：用动态助词“过”表示	【甲 036】动态助词

1.2　省略非教学难点的内容

赵金铭（1994）指出，“对外国人在学习汉语过程中进行的语法教学，不是语法体系方面的教学”。因此没有必要过于追求教学内容的全面与系统，将汉语语法体系全部呈现给学习者，而是应该针对他们的特点以及学习难点，确定合适的教学内容。

在参考杨德峰（2001）、张伟平（2007）的研究，以及《新汉语教程》(I)、《新实用汉语课本》(1、2、3)、《汉语教程》(第一册)、《体验汉语·基础教程》(上）与《发展汉语·初级综合》(第二版)(I）五部初级汉语教材中语法教学内容的基础上，笔者省略了 21 个不是初级语法教学难点的项目，见例（1）。

例（1）：略去不计的语法项目

【甲 001】一般名词，【甲 009】一般动词，【甲 012】一般形容词，【甲 014】基数，【甲 038】其他助词“等”，【甲 039】叹词，【甲 040】象声词，【甲 051】名词、代词、数词、名词词组做主语，【甲 053】动词、动词词组做主语，【甲 054】形容词、形容词词组做主语，【甲 055】主谓词组做主语，【甲 056】动词、动词词组做谓语，【甲 060】名词、代词、数词或名词词组做宾语，【甲 062】动词、动词词组做宾语，【甲 063】形容词、形容词词组做宾语，【甲 064】主谓词组做宾语，【甲 067】形容词、形容词词组做定语，【甲 070】副词做状语，【甲 074】动词、动词词组做状语，【甲 075】主谓词组做状语，【甲 128】(无标记的）紧缩复句

经过上述两步工作，本书最终确立了 79 个适于初级阶段汉语教学的语法项目，具体内容见本书附录 1。

第二节　初级阶段任务的确定

为了给 79 个初级语法项目选择、匹配最合适、恰当的任务，在明确任务表现形式的基础上，本节通过考察 10 部近年来在国内外出版的任务型第二语言教材，确定了初级汉语教学中的常见任务。

2.1　任务的表现形式

确定初级阶段汉语教学中的任务，首先需要明确这些任务的表现形式。目前的一些研究文献或者教材中，常常会出现具有不同表现形式的任务，如例（2）、例（3）、例（4）所示。

例（2）：介绍个人情况

例（3）：你刚搬到一个新的小区，请向你的邻居介绍你的姓名、职业以及住址等信息。

例（4）：

A. 表演到朋友家做客，和朋友的家人（胸前别着胸卡）互相问候。如："王先生，您好！""李小姐，你好！"

〔引自《国际汉语教学通用课程大纲》：73 页〕

B. 听一段 Kate 自我介绍的录音，然后与同伴完成下表。

【录 音】I'm Kate and I come from Greece. I've been in this country for three years and I really like being here. I'm twenty years old and I'm single. I share a house with two other girls. I am a student and I really like learning English.

Name	Where…?	How long…?	Age?	Married?	Like English…?

〔引自 Wajnryb（1990）：29~30 页〕

这三个例子都围绕"个人信息"话题展开，都表达了"介绍"的语言功能，但它们的具体表现形式却各具特点。

例（2）、例（3）是对真实交际活动的模拟，都以意义的交互与输出为主要目的。其中，例（2）是一个抽象、静态的交际活动，它概括性地蕴涵了任务的各构成要素：发生的情景（社交领域）、围绕的话题（个人信息）、表达的功能（介绍）以及涉及的语言要素（如"是"字句、名词谓语句等），但并没有对任务的完成过程进行过多限制。例（3）是例（2）的具体表现形式，不仅说明了完成任务应该涉及的具体内容（姓名、职业、住址等），还将例（2）置于特定的情景中（新搬到的一个小区），引入了交际活动的参与者（邻居、你自己），使静态的任务转化为具体、动态的交际活动。

本书将例（2）中抽象、静态的任务称为"主任务"(main task)，把例（3）中具体、动态的任务称为"子任务"(subtask)。一个主任务可以生成若干适合不同教学对象的子任务。例如，针对主任务"自我介绍"，教师可以为中学生设计一个"开学第一天，向新同学介绍你的姓名、国籍"的子任务。而对于商务人士，可以将这个主任务具体化为"在一家公司面试，请向面试官介绍你的教育背景、工作经历等"的子任务。

例（4）虽然也是以表达意义为目的的交际活动，在一些研究中也被称为“任务”(如 Nunan，2007)，但与前两例不同的是，这样的形式在现实交际中并不多见，而是教师为推进课堂教学专门设计的活动类型。为避免与例（2)、例（3）模拟现实交际的任务混淆，本书将这种形式称为“任务活动”。除例（4）显示的角色扮演（Nunan，2007)、合作听写[①]（Wajnryb，1990；Nunan，2007；卢易，2008）外，Nunan(2007）还列举了教学中其他常见的任务活动，如意识提升任务（consciousness-raising tasks)、信息差（information gap)、解决问题（problem-solving）等。

笔者认为，在任务型语言教学与语法教学融合的不同层面，牵涉的任务表现形式不尽相同。例如，在探讨教学总体设计、制定教学大纲时，教师可能首先考虑的是选择最合适、最能满足学习者需求的主任务；在针对语法项目设计、选择具体教学内容（如课文）时，需要教师根据学习者的特点，为主任务创设具体的情景、设定参与者的身份、明确周详的交际内容，使宏观的形式具体化，形成微观的子任务；而在组织课堂的教学环节、教学步骤时，则需要教材编写者或教师选用各种各样的任务活动，鼓励学习者参与。在训练他们语言交际能力的同时，活跃课堂气氛，提升学习者的学习积极性。本书着眼于为语法项目选择合适的任务，其实质是对语法教学内容进行总体筹划，笔者认为选择主任务形式最为合适。因此，在下文的任务考察、确定过程中，我们只关注较为抽象、静态的主任务，不考虑包含具体情景的、动态的子任务形式。

2.2　初级阶段教学任务的考察

Ellis，R.(2003）提出，确定语言教学的任务时应考虑三个因素：任务的熟悉程度（任务是否被学习者所熟悉)；任务的趣味性（任务是否能够引起学习者的兴趣)；

① 合作听写（dictogloss / grammar dictation）是二十世纪八十年代兴起的一种以学生为中心、以任务为基础的小组课堂教学活动形式。该活动的主要步骤是：教师以正常语速朗读短文，学生记下熟悉的单词或短语，然后分组讨论，小组成员共同合作，利用所记下的零散的言语片段重建短文或者完成某个具体的练习。

任务的相关性（任务是否与学习者日后的生活和工作有联系）。也就是说，第二语言课堂中的任务应该能够满足学习者未来的工作、生活需要，引起他们的关注与兴趣。为此，开展一定范围的需求分析，在充分调查学习者学习目的、目标语使用领域以及交际需求的基础上，选取学习者共同关心的任务，能够保证以学习者为中心确定教学内容，满足学习者学以致用的需求，从而提高教学效率。

考虑到汉语国际推广的新背景，以及汉语教学走出国门的新需求，汉语作为第二语言教学选用的任务应该具有国际视野，应该着眼于全球各地汉语学习者的需求。但是，实地征询不同国别、不同类型、不同年龄学习者的学习目的以及他们对任务的需求，从纷繁复杂的现实交际活动中确定合适的、典型的教学任务，是一个系统的研究课题，非一人一时可以实现。受时间与能力所限，本书还不具备开展大规模需求分析的条件。因此，笔者拟在梳理若干已有研究成果基础上，综合考虑教师对教学任务的共性认识，对初级阶段汉语教学任务的确定展开一点探讨。

国家对外汉语教学领导小组办公室 2002 年出版的《高等学校外国留学生汉语教学大纲（短期强化）》中，曾提供了一个“汉语交际任务项目表”。该表“主要通过对学习者学习需求的调查”[①]，将汉语的交际任务项目确定为 273 项，具体情况见表 5-2。

表 5-2 “汉语交际任务项目表”概况

包含内容		项目范围数量	项目数量
初级项目	基本交际类、生存类、社会活动类、个人信息类、综合信息类	26	100
中级项目	基本交际类、生存类、个人信息类、社会活动类、综合信息类	21	89
高级项目	基本交际类、社会信息类、文化信息类、媒体信息类	20	84
总计		67	273

根据教学对象汉语水平的不同，273 项交际项目可以分为初级、中级和高级三类。其中，初级项目数量最多，有五类 100 项；高级项目数量最少，包含四类 84 项。平均每个级别对应 91 项任务。这个涵盖不同汉语水平交际任务的列表，是迄今为止汉

① 参见该大纲的“汉语交际任务项目表”说明。

语教学界较为全面的有关任务确定的研究成果，为本节明确与语法项目对应的任务内容提供了很好的参考依据。不过，由于各级涉及的任务数量较多，鉴于实际课堂教学的限制，每个级别的学习者在一定的教学周期内完成90项左右的任务学习似乎并不现实。因此，我们应该更为凝练、简洁地选取最典型的教学任务，帮助学习者在最短的时间内掌握最急需、最重要的交际内容。为实现这个目标，本书考察了10部近年来国内外公开出版的任务型第二语言教材中的任务。每部教材的编写者都声明所选取的任务是依据学习者的特点及要求而确立的。因此，归纳、总结这些内容，能够从一个侧面反映第二语言学习者的学习需求。

2.2.1 汉语作为第二语言教材中的任务

任务型语言教学对汉语教学的影响始于二十一世纪初。在近十年的教学实践过程中，虽然一些教材已经开始吸收任务型语言教学的做法（如《当代中文》《拾级汉语》《BBC初级实用商务汉语》《汉语新闻在线阅读教程》等），但明确将该教学流派作为指导教材整体编写理念的还为数不多。面向来华成人汉语学习者的《体验汉语》系列教材、针对英国中学生的《快乐汉语》以及适用于美国公立学校的中学汉语系列教材可以看作其中的代表。

由于成人与青少年学习者的认知水平、汉语水平存在差异，笔者分别统计了针对不同教学对象的教材。

2.2.1.1 面向来华成人学习者的汉语教材中的任务

高等教育出版社2005年起陆续出版的《体验汉语》系列教材在其“编写说明”中，开宗明义地指出教材是根据“体验式教学理念和任务型教学思想”编写的。其中，长期汉语教材《体验汉语·基础教程》(以下简称“《基础教程》”）以及短期教材《体验汉语·生活篇》(以下简称“《生活篇》”）与《体验汉语·留学篇》以下简称“《留学篇》”）都适合初级学习者使用，笔者选取它们作为考察对象。

《基础教程》以培养学习者的语言技能和基本交际能力为目标。全套教材分为上下两册，主要供200课时的教学使用。每册包括24课，内容以学习者熟悉和需要的学校生活和相关社会生活为主。全套书48课共涉及42项任务，如“见面问候、介绍姓名与国籍、购买商品、点菜、谈论天气”等（详见附录2中的2.1）。

与《基础教程》相比，《生活篇》(40~50课时）与《留学篇》是专为留学生短期速成教学而编写的。《生活篇》根据外国学习者在中国生活的基本需要，选取最实用的任务，组成了全书的12个单元，涉及17项任务，如“购买商品、点菜、打电话、看病、家务活动”等（详见附录2中的2.1）。《留学篇》分“40~50课时”和“50~70课时”两个版本：前者包含12个单元、15个任务；后者在此基础上，增加了4个单元的内容，任务也增至19个。为较为全面地反映《留学篇》选取任务的全貌，本书考察了“50~70课时”版本中的19个任务。这些内容主要体现短期留学生的生存需求，如“询问并说明住址、请求帮助、办理银行业务、讲价、上网”等内容（详见附录2中的2.1）。

经统计，这三部针对成人学习者的任务型汉语教材一共出现了51项任务，其中10项任务在三部教材中均有出现，7项任务出现在两部教材里，它们体现了编写者对初级汉语教学所涉及任务的共识。参考“汉语交际任务项目表”的分类标准，可以将这17项任务归纳为五类（见表5-3），其中生存类和个人信息类数量最多，两类共占所有任务的64%以上；其次为综合信息类、社会活动类任务，二者约占所有任务数量的30%；基本交际类任务所占比例最少，仅有5.88%。

表5–3　面向成人学习者的初级汉语教材共现的任务

类别	任务	数量（项）	比例（%）
基本交际类	见面问候	1	5.88
生存类	办理银行业务、购买商品、点菜、看病、请求帮助、问路与指路	6	35.29
社会活动类	乘坐交通工具、打电话	2	11.76
个人信息类	介绍姓名与国籍、询问并说明住址、询问并介绍家庭情况、谈论汉语学习、谈论爱好	5	29.41
综合信息类	谈论天气、谈论时间、询问日期	3	17.65
总计		17	100

2.2.1.2　面向母语环境中学生的汉语教材中的任务

在《欧盟框架》指导下为英国中学生编写的《快乐汉语》系列教材已出版三册，

每册24课，包括8个单元。三册教材对应的等级①大概是：

第一册：汉字180个，生词171个，句型93个。

第二册：汉字206个，生词203个，句型123个。

第三册：汉字206个，生词280个，句型123个。

三册教材共包含任务43项（详见附录2中的2.2），主要涉及个人、公共、教育领域，牵涉的话题全部围绕《欧盟框架》提到的14个交际主题展开。这些任务除了包括学习者在母语环境学习、生活较为常见的汉语使用活动（如打招呼、问路与指路、购买商品）之外，还包括中学生常见的课堂内外活动（如谈论课外活动、谈论电视电影、新闻采访、谈周末生活）以及中国传统文化介绍（如谈论京剧）等。这样的安排与编写对象所处的学习环境密切相关。在母语背景中学习汉语，更多地依赖课堂所营造的环境，因此设置与校园、课堂内容有关的任务，更容易贴近学习者使用汉语的真实环境，引起他们学习的共鸣；同时，穿插与中国传统文化相关的内容，也有利于激发他们学习汉语的兴趣，提高汉语交际能力。

适用于美国公立学校AP中文课程（7~12年级）的中学汉语系列教材，包括《初中中文》1、2册和《高中中文》1~4册。这套教材依据美国《21世纪外语学习标准》进行了大量的前期研究，以实用的任务为编写线索，旨在培养学习者在完成任务的过程中使用语言的能力②。6册教材共包含58项任务（详见附录2中的2.2），除了日常交际常涉及的内容（如介绍个人信息、谈论天气、购买商品等）之外，还包括文化（如谈论中国诗歌、对联等）、贯连（如谈论人与自然等问题）、比较（如电影广告比较、中美家庭关系比较）、社区（如谈论邻居、社区活动）等内容，体现了对5C外语教育培养目标的贯彻。6册教材的词汇量分布大致如下：

初中1、2册：600~800个；

---

① 由于受学习者心理与认知特点的影响，中学汉语教材的编写者一般不将其难度与成人学习者的初级、中级和高级教材对应，而是选择从汉字、生词、句型的数量角度界定教材的等级。

② 参见《初中中文》“前言”。

高中 1、2 册：1100~1200 个；

高中 3、4 册：1700~1800 个。

虽然两部教材针对的国别不同，依据的语言教学纲领不同，但由于都遵循任务型语言教学编写的理念，都以培养学习者的语言使用能力为最终目标，因此编写者们在选取任务方面存在很多共识。两部教材共涉及任务 64 项，其中 37 项重合，重合率达 57.81%。根据"汉语交际任务项目表"的分类标准，笔者将这些共识概括为六类（见表 5-4），其中，个人信息类、综合信息类、社会活动类所占比例最高，共占所有任务的 70% 左右。

表 5–4　面向中学生的汉语教材共现的任务

类别	任务	数量（项）	比例（%）
基本交际类	见面问候、介绍他人、赠送礼物、网络沟通	4	10.81
生存类	购买商品、看病、谈论饮食、谈论饮食喜好	4	10.81
社会活动类	乘坐交通工具、谈论旅行、谈论健身、谈论课外活动、谈论周末生活、谈论音乐会	6	16.22
个人信息类	介绍个人信息、谈论个人经历、介绍日常生活、说明家居用品、介绍家庭成员、谈论宠物、谈论课程、谈论汉语学习、谈论职业、谈论工作打算、谈论爱好	11	29.73
综合信息类	谈论天气、谈论时间、描述房间布局、谈论公共场所、谈论服装（颜色）、谈论节日、谈论城市概况与特色、谈论中国传统艺术（京剧、诗歌、对联等）	8	21.62
媒体信息类	谈论时事新闻、新闻采访、谈论电视电影、谈论广告	4	10.81
总计		37	100

对比表 5-3 与 5-4，可以得出如下结论：

（1）教学对象的学习需求、学习环境与学习特点决定了任务的选取。对于初学汉语的来华留学生而言，他们迫切需要的是生存以及基本、简单的人际交流，因此有关生存类的任务（如购买商品、点菜、看病、办理银行业务等）和沟通个人信息的任务（如介绍姓名与国籍、询问并说明住址、询问与介绍家庭情况等）对他们而言最实用、最迫切。而对于在母语国家学习汉语的中学生而言，他们使用汉语的环境绝大部分集中在课堂，进行交际的对象也主要是老师与同学，因而如何与老师、同学沟通个人信息、交流共同关心的问题、谈论日常活动，更贴近他们使用汉语的自然环境，也是他们主要需要了解与实践的任务；另外，尽管在母语非汉语的国家，学习者有时也可能会使用汉语完成一些生存类任务（如购买商品、点菜），但这些内容与在中国的生存类任务也并非完全一致，如使用汉语办理银行业务对于在中国生活的学习者而言是常见、必要的，而对于生活在英美国家的学习者，特别是中学生而言并不实用，因此中学汉语教材的编写者并未选择此类任务。根据学习者需求选取任务，体现了任务型语言教学“以学习者为中心”的教学思想。

（2）虽然针对不同编写对象选取的任务各有特点，但仍有部分任务具有很高的普适性，如“见面问候（打招呼）、购买商品、点菜（谈论饮食）、看病、乘坐交通工具、介绍个人信息、介绍家庭情况、谈论汉语学习、谈论爱好、谈论天气、谈论时间”11 项任务均出现在不同类型的汉语教材中。这些任务不受教学对象（成人学习者、中学生）的限制，不受教学环境（汉语作为第二语言环境或汉语作为外语环境）的制约，笔者认为可以将其看作初级汉语教学的典型任务，它们反映了一定范围内的初学者最常见的汉语使用环境①。在此基础上，教师根据教学对象的学习环境、学习需求、认知特点，添加个性化的任务，就构成了丰富多样的汉语教学内容。

为了验证这 11 项任务是否能够反映初级汉语教学任务的全貌，笔者另外考察了五部外语第二语言教材，以期为确定初级汉语教学任务提供借鉴。

2.2.2　外语作为第二语言教材中的任务

本节共分析了五部任务型外语作为第二语言教材②，包括三部英语教材和两部法语教材。

---

① 尽管中学汉语教材与成人汉语教材在难度上不具备可比性，但由于本节考察的两部中学教材都针对零起点学习者编写，期望掌握的生词主要集中在《汉语词汇等级大纲》中的甲、乙级词，期望掌握的句型也主要集中在《汉语语法等级大纲》中的甲、乙级语法项目，因此本书将这两部教材的难度大致归入初级水平，将表 5-3 与表 5-4 重叠的内容视为初级阶段汉语教学中的常见任务。

② 笔者目前收集到的外语教材没有专门针对中学生编写的，为与本章 2.2.1 的结果相对应，本节考察的外语作为第二语言教材均针对初级水平的学习者。

2.2.2.1　英语作为第二语言教材中的任务

笔者考察了《剑桥国际英语教程（第 3 版）》(*Interchange Third Edition*，以下简称“《剑桥教程》”)、《朗文当代英语教程》(*Cutting Edge*，以下简称“《朗文教程》”)与《英语（新目标）》(*Go for it!*) 三部具有代表性的任务型英语作为第二语言教材。

《剑桥教程》是“世界上最受欢迎、最有影响的英语教程之一”，“全面地体现了国际上最新的英语教学方法”，“强调在‘有意义的交流’中培养语言的准确度和流利”，教材明确了教师与学习者的任务，引导学习者“将学习要点运用于语言交际实践，让语言变成一个交际工具”①。该套教材包括入门级、1 级、2 级、3 级四个级别。每级按照主题分类，包括 16 个单元（unit)，全部学完需要 70~120 学时。其中入门级、1 级主要针对英语初学者或具备初级英语水平的学习者，旨在培养学习者对词汇、语法和语言功能的运用；2 级、3 级针对中级英语水平的学习者，重在培养学习者运用比较复杂的语言结构，准确、流利地进行交流。为与初级汉语教材的难度水平相对应，本书仅考察了入门级和 1 级包含的 32 个单元。每个单元包含多项任务，如入门级第 5 单元“What are you doing?”涉及“谈论时间”“介绍日常生活”两项任务；1 级第 1 单元“Please call me Beth.”包含了“自我介绍”“介绍他人（朋友）”“介绍个人信息”“见面问候”4 项任务。经统计，两册教材共包含任务 61 项（详见附录 2 中的 2.3)。

《朗文教程》是一套“可以满足各类英语学习者个性需求”的英语教材，其活动内容与形式既适合青少年，也适合成人学习者。该套教程编写的一大特色是采用了“任务型教学”，“每单元都设计了一个交际任务板块，让学习者利用已学的词汇和语法进行交流，用英语解决现实生活中遇到的问题”，“重视培养学习者在课堂上的主动性，鼓励学习者练习使用语言，通过各种真实情景中的任务型活动逐步实现用英语自由交流的目标”②。该套教程共分 6 个级别，1、2 级适合初级英语水平的学习者，旨在奠定英语基础；3、4 级适合初级至中级英语水平的学习者，强调全面提高

① 参见《剑桥教程》之“教材简介”。

② 参见《朗文教程》之“教材简介”。

学习者的语言应用能力；5、6 级适合中级偏上英语水平的学习者，侧重中高级的书面表达和口头交流。为与初级汉语教材的难度水平相对应，笔者考察的范围限定在 1 级（starter）和 2 级（elementary）的内容。每级安排 120 课时，1 级包括 12 个单元（module），2 级包括 15 个单元。有些单元涉及的任务比较单一，如 1 级第 3 单元“In a different country”只关涉“点菜”任务，2 级第 2 单元“You and yours”只包括“谈论家庭成员”任务；有些单元涉及的任务较为丰富，如 1 级第 12 单元“Spending money”包括了“谈论计划、未来祝福”两项任务，2 级第 5 单元“Getting from A to B”关涉了“谈论旅行、乘坐交通工具、买火车票”等任务。概括起来看，两册教材 27 个单元共包含任务 31 项，如“描述动物、问路与指路、说明人生的不同阶段”等（详见附录 2 中的 2.3）。

《英语（新目标）》[①] 是任务型语言教学的倡导者纽南于二十世纪九十年代末主编的一套英语教程。它采用任务型语言教学模式，融汇话题、交际功能和语言结构，通过循序渐进地安排任务，逐步激发学习者流利、准确、创造性地使用语言。教程包括 4 册，分别适用于初学者（beginning）、初级英语水平的学习者（high beginning）、中级学习者（intermediate）以及中级以上学习者（high intermediate）。适合初级水平学习者的《英语（新目标）》1、2 册共包含 24 个单元，涉及任务 30 项，如“谈论天气、询问并说明房间布局、对活动给予建议”等（详见附录 2 中的 2.3）。

三部初级英语教材共出现了 84 项任务，其中 9 项任务出现在三部教材中，20 项任务出现在两部教材里，这些任务体现了针对初级水平学习者，英语作为第二语言教学界达成的共识，其中生存类、个人信息类的任务最多，分别占所有任务的 28% 左右；其次为社会活动类任务，约占所有任务数量的 17%；再次为基本社交类与综合信息类任务，所占比例均为 10.34%。具体情况见表 5-5。

---

① 《英语（新目标）》由人民教育出版社引进。经改编后，将原教材的 4 册分为 5 册：七年级上、七年级下、八年级上、八年级下、九年级，成为我国初中目前广泛使用的英语教材。其中，原教材的 1、2 册分别对应人民教育出版社的“七年级上”“七年级下”。由于这套教材的编写初衷并不局限在中学使用，因此本节并未将其归入中学教材范围，而是将其视为与《剑桥教程》《朗文教程》一样，适合各类学习者使用的任务型英语作为第二语言教材。

表 5–5　英语作为第二语言教材共现的任务

类别	任务	数量（项）	比例（%）
基本交际类	见面问候、介绍他人（朋友）、介绍个人信息	3	10.34
生存类	购买商品、谈论价格、询问并描述服装、讨论（不）喜欢的服装、点菜、谈论饮食喜好、谈论（不）健康的食物、问路与指路	8	27.59
社会活动类	乘坐交通工具、谈论旅行、描述某个城市或国家、谈论计划、打电话	5	17.24
个人信息类	自我介绍、谈论家庭成员、谈论爱好、描述日常习惯、介绍日常生活、询问过去经历、询问并说明工作信息、描述外貌	8	27.59
综合信息类	谈论天气、谈论时间、询问并说明房间布局	3	10.34
其他	确认领属关系、描述动物	2	6.90
总计		29	100

2.2.2.2　法语作为第二语言教材中的任务

考察法语作为第二语言教材中的常见任务，笔者分析了《走遍法国》(*Reflers*) 和《你好！法语》(*La nouveau taxi*) 两部教材。

《走遍法国》是外语教学与研究出版社从法国阿歇特图书出版集团（Hachette Livre）引进的一套原版法语教材，由法国外交部语言局郑重向母语为非法语的国家推荐使用。该教材以现代互动教学理论①为指导，以视听内容为基础，以“语法、文化、交际”为主线，重在培养学习者的听说能力。全套教材共有三个水平等级分册。笔者考察了适合法语初学者的第一册内容。第一册（上、下）以三个主人公工作和生活中的故事为主线，展示了当代法国人的日常生活。每课（episode）主要分为情景学习、剧情理解、语法学习和语言交际四大板块：学习者通过观看、分析录像，完成情景学习、剧情理解；通过相关语法练习，为进入语言交际板块奠定基础；语言交际板块重点培养学习者的口语表达能力，通过情景对话、角色扮演等活动全面

① 现代互动教学理论强调有意义的交流，强调师生、生生互动。这与任务型语言教学的理念一致。因此，本书将该教材视为任务型教材。

提高学习者的语言交际能力。每课内容围绕若干任务展开，如第1课“新房客”包含“见面问候、确定某人身份、介绍他人”等任务。经统计，第一册26课共涉及任务37项（详见附录2中的2.4）。

《你好！法语》是法国文化协会使用的法语多媒体教材，注重通过交际互动培养学习者的口语与写作能力①。教材包括三个等级（level），分别对应《欧盟框架》中A1（basic user）、A2（basic user）、B1（independent user）等级的学习者。每册教材包含若干单元（1、2级各有9个单元；3级有12个单元），每个单元由4篇课文组成。单元内容围绕特定的话题与交际目标展开，涉及若干任务。如第1册第3单元“在哪儿”包括“待租公寓”“从哪儿走”“旅途愉快”“马赛”4篇课文，涉及“问路、指路”“谈论交通工具”“描述公寓或房间”3项任务。据笔者统计，适于初学者的1、2两册教材共包含任务37项（详见附录2中的2.4）。

两部针对初级水平学习者编写的法语教材，共包含任务56项，其中18项任务在两部教材中重合，重合率为32.14%。这些任务以个人信息类为最多，约占所有任务的39%；其次为基本交际类和社会活动类，占比均为22%左右；再次为生存类任务，占比约为11%；综合信息类任务最少，仅占比5%左右（详见表5-6）。

表5–6 法语作为第二语言教材共现的任务

分类	任务	数量（项）	比例（%）
基本交际类	见面问候、询问与介绍个人信息、确定某人身份、介绍他人	4	22.22
生存类	询问价格、问路与指路	2	11.11
社会活动类	谈论交通工具、谈论计划、打电话、说明某项运动	4	22.22
个人信息类	自我介绍、介绍日常生活、谈论日常工作、谈论未来、谈论爱好、表达愿望、给予建议	7	38.89
综合信息类	谈论时间	1	5.56
总计		18	100

① 倡导交际互动，在本质上与任务型语言教学强调参与过程、强调语言交际是一致的。因此，本书将其视为任务型法语教材。

对比表 5-5 与表 5-6 可以看到，在英语、法语五部教材中，具有较高普遍性的教学任务有：见面问候、介绍他人、介绍个人信息、谈论（询问）价格、问路与指路、乘坐（谈论）交通工具、谈论计划、打电话、自我介绍、介绍日常生活、谈论爱好、谈论时间。这 12 项任务不受具体语言背景的影响，一定程度上体现了外语作为第二语言教学界对初级阶段教学任务的共识，为确立汉语第二语言教学的常见任务提供了参考。

2.3 初级阶段教学任务的确定

2.3.1 十部教材的任务共核

尽管不同学习背景、不同年龄层、不同学习目的的学习者存在迥异的个性，其最急需、最可能遇到的任务并不完全相同，但用语言完成基本的日常交际毕竟是人类共通的行为，因此对于不同类型的教学对象而言，一定存在若干相同或相似的、需要共同面对或解决的任务。这些任务，体现了不同背景学习者的需求，可以看作第二语言教学中的典型任务。通过考察 10 部较有代表性的初级阶段任务型语言教材，我们发现了一些具有较强普适性的教学任务。

综观表 5-3 至表 5-6 的归纳，英语、法语作为第二语言教学涉及的某些任务在一定程度上与汉语教材中的任务重叠。如在表 5-5、表 5-6 中共现的“见面问候”“介绍个人信息”“谈论爱好”“谈论时间”“乘坐交通工具”五项任务也出现在表 5-3、表 5-4 中，“问路与指路”“打电话”两项任务出现在表 5-3 中，“介绍日常生活”与汉语作为第二语言中学教材（表 5-4）的内容重合；表 5-5 中的“描述动物”“询问并描述服装”“询问过去经历”“询问并说明房间布局”“谈论旅行”五项任务与表 5-4 中的“谈论宠物”“谈论服装”“谈论个人经历”“描述房间布局”“谈论旅行”内容基本相当。这些任务不受目的语的影响，既可以出现在汉语作为第二语言教学中，又适于其他语种（英语、法语）的语言教学。笔者认为，将这些在不同语言背景下重合的任务融汇到汉语第二语言教学的典型任务中，不仅符合使用汉语交际的特点，更重要的是能够体现人类使用语言进行交际的共性，反映人类共同关注的交际内容。

在本章2.2.1归纳的11项初级阶段汉语教学常见任务的基础上，吸收不同语言背景下的任务交集，得到例（5）罗列的20项任务，这些任务是第二语言初学者需要共同面对的常见的任务。

例（5）：见面问候、介绍个人信息、介绍家庭情况、谈论宠物/动物、谈论服装、谈论爱好、介绍日常生活、谈论经历、谈论汉语学习、描述房间布局、问路与指路、购买商品、点菜（谈论饮食喜好）、看病、谈论时间、谈论天气、谈论计划、谈论旅行、乘坐交通工具、打电话

为了考察这十部教材的任务共核是否符合汉语教学的实际情况、能否满足汉语学习者的需求，本书参考了相关的实证研究结果，并进行了一定范围的问卷调查。

2.3.2 参考实证研究结果

鹿士义、王二平（2010）通过问卷调查的方式，对全球五大洲的1135名样本有关64项任务进行了需求分析，并采用描述性分析以及差异性检验方法，归纳了不同母语国家初级水平的汉语学习者和使用者认为最重要的汉语使用任务[①]。调查显示，这64项任务都是初级水平汉语学习者学习或工作中必要的任务，其中最急需、最可能遇到的内容有10项，如例（6）所示。

例（6）：本国情况：汉语学习、点菜、基本交际（如用汉语聊天）

中国情况：看病、交通工具、指路、问价、接受/拒绝邀请、打电话、请求帮助

对比例（5）与例（6），以下两点值得注意：

首先，例（5）中有13项任务出现在鹿士义、王二平（2010）罗列的64项必要任务的范围内，说明这些任务得到了实证研究数据的支持；但是"介绍家庭情

① 在本书收集到的参考文献中，用实证的方法调查汉语任务的研究不多，仅鹿士义、王二平（2010）一篇文章。

况”“介绍宠物 / 动物”“谈论服装”“谈论爱好”“谈论时间”“谈论天气”“谈论计划”7项内容不在此列。这 7 项在教材中高频出现的任务为何没有得到实证研究的支持？是受样本数量所限，还是体现了教材编写者的主观共识？还需要另外的专门研究。为慎重起见，本书暂不将其排除在初级阶段常见任务范围之外。待一定规模的调查之后，再做定论。

其次，例（6）所示的 10 项任务中，除“问价”“接受 / 拒绝邀请”“请求帮助”3项内容外，其余 7 项都出现在例（5）中。换句话说，10 部教材包含的任务共核基本体现了 1135 名调查样本的需求，能够反映目的语环境或母语环境中，初级水平汉语学习者常见的任务。对于“问价”“接受 / 拒绝邀请”“请求帮助”这 3 项任务，尽管它们不是教材中最典型的共核内容，但也具有一定程度的适用性，分别出现在不同的教材中。如“问价”出现在《体验汉语·留学篇》《快乐汉语》《剑桥教程》《英语（新目标）》《走遍法国》和《你好！法语》6 部教材中；与“接受 / 拒绝邀请”相关的内容，包括“请客”“做客”“接受 / 拒绝邀请”“赠送礼物”，出现在《体验汉语·基础教程》《快乐汉语》、美国中学系列汉语教程与《剑桥教程》4 部教材中；“请求帮助”也出现在《体验汉语·基础教程》《体验汉语·留学篇》2 部教材中。由于这 3 项任务既体现了实证研究中学习者最急切的学习需求，又在一定范围的教材中出现，为此本书将其补充至初级阶段常用的任务范围之内。

总之，借鉴实证研究的统计结果，本书在例（5）的基础上，又增加了“问价”“接受 / 拒绝邀请”“请求帮助”3 项任务。

2.3.3　调查专业人士意见

为进一步保证本节确立的教学任务能够体现初级阶段汉语教学的特点并满足学习者的实际需求，在借鉴实证研究成果的基础上，笔者又邀请了 30 位具有较为丰富的初级汉语教学经验的专业人士（包括 20 位一线汉语教师、10 位在读博士或硕士研究生，具体情况见附录 3），对本书所确定的 23 项任务进行评价。他们的人口学特征如表 5-7 所示。

表 5–7 被调查者的人口学特征统计

变量	类别	人数（人）	百分比（%）
性别	男	10	33.33
	女	20	66.67
年龄	21~30 岁	10	33.33
	31~40 岁	15	50.00
	41 岁以上（含 41 岁）	5	16.67
最高学历水平	博士	3	10.00
	硕士	25	83.33
	本科	2	6.67
从事职业	全职工作	20	66.67
	学生	10	33.33

被调查者中，全职进行第二语言教学的占有相当大的比例，为 66.67%，其中 19 位是从事汉语作为第二语言教学的一线教师，1 位从事英语作为外语教学工作；其余 33.33% 的被调查者为在读研究生（10 人）。从学历水平来看，获得硕士学位的最多，有 25 人，超过调查人数的 83%；另有 3 位被调查者获博士学位，比例为 10%。

综合他们的意见可以看出，被调查者基本认可在统计教材与借鉴实证研究基础上所确立的教学任务，对其中的 13 项任务（包括“见面问候、谈论爱好、介绍日常生活、谈论经历、谈论汉语学习、描述房间布局、问路与指路、购买商品、点菜、看病、谈论时间、谈论天气、乘坐交通工具”）都给予了肯定。而针对其他任务的意见，可以分为两类：一是对任务的增减分合提出看法，二是对任务的具体表述提出建议。

2.3.3.1 任务的增减分合

被调查者针对任务的增减分合意见较为分散，尚未形成统一的共识。

（1）任务的增加

有 8 位被调查者提出增加任务的建议，增加的内容包括“讨论考试、入学分班、拜见老师 / 朋友、修理电器、抱怨不满情绪、办理银行业务、租房、描述东西形状、借东西、理发、让对方稍等、表达歉意、表示感谢”13 项。其中，增加“办理银行业务”“表达歉意”与“租房”任务的意见在一定程度上达成共识，分别得到 4 位、3 位和 2 位专业人士的支持。

本章 2.2 提到，本书希望所确定的任务能够具有较强的普遍性，能够适应目的语环境或母语环境的汉语教学。而使用汉语“办理银行业务”或“租房”，虽然在目的语环境的语言学习中常常遇到，但对于在母语环境学习汉语的学习者来说，并不是最典型的任务，在国外使用的汉语教材以及外语第二语言教材中都未出现，因此本书不将其纳入研究范围。

对于“表达歉意”，虽然它体现了人类共通的情感，适用于不同环境、不同层次的语言学习者，但由于该内容较为抽象，很难从情景、话题等任务构成要素的角度进行解读，因此本书视其为语言的功能，不列入任务的范畴。

其他 10 项增加内容，由于每项内容只有 1 位支持者，被调查者未达成共识，因此本书不采纳。

（2）任务的删减

23 项任务中，只有“谈论宠物 / 动物”这项任务引起了被调查者一定程度的质疑。有 3 位被调查者认为它不是汉语学习中的常见任务。该任务确实在国内的汉语作为第二语言教材中不多见，本章 2.2.1 统计的《体验汉语》的三部系列中教材都没有出现相关内容。但不容忽视的是，在针对国外学习者编写的汉语教材以及英语第二语言教材中，它却是一个较为常见的任务，出现在 4 部教材中；同时，这个任务得到了其他 27 位被调查者的认可，占所有被调查者的 90%，因此本书仍将其保留在初级任务的范畴之内。

（3）任务的合并

对于任务的合并问题，有 10 位被调查者提出了自己的看法，其中有 6 位建议将“介绍家庭情况”归入“介绍个人信息”，意见最为集中。因为这两项任务从话题、功能到使用的语法项目，都基本相当，而且“介绍家庭成员”也属于“介绍个人信息”的一部分。鉴于此，本书将这两项任务合并，把“介绍家庭情况”归入“介绍个人信息”任务中。有关任务合并的其他意见较为分散，本书未予以考虑。

（4）任务的分解

有 9 位被调查者认为，与其他任务相比，“谈论旅行”所涵盖的内容相对丰富，既可以包括谈论旅行计划（这就与“谈论计划”任务重叠），也可以是订购机票/火车票或者入住宾馆等活动。因此，建议将“谈论计划”具体化为“谈论旅行计划”，将“谈论旅行”分解为“订购机票/火车票”与“入住宾馆”两项任务。

另外，还有6位被调查者提出可以从“谈论爱好”任务中分离出“谈论能力”这个任务，因为二者虽然在表达功能上比较接近，但就使用的语言要素而言，二者之间还存在一定的差别。

由于对任务分解的意见较为集中，且这些意见理由充分，本书予以接受。

2.3.3.2 任务的具体表述

被调查者对任务具体表述的建议包括：

（1）谈论服装：有1位被调查者认为，日常交际中，“谈论服装”常常与“描述人物体貌特征”联系在一起，如果将该任务更名为“描述人物”，可以使任务的内容更为完整。

（2）问价：有2位被调查者指出，“问价”只是交际活动中消费者的单方行为，没有涉及卖方说明价格的内容。另外，“问价”的最终目的并不在于知道价格，而是完成消费活动。因此建议将此任务命名为“结账”，这个名称可以囊括买卖双方的活动，同时体现出交际的目的。

（3）请求帮助：有4位被调查者认为，“请求帮助”的表述与语言功能更为接近，建议改为“寻求帮助”，可以更倾向于对语言交际活动的描述。

（4）打电话：有1位被调查者指出，“打电话”这个活动有时还可能是电话留言的形式，因此建议将名称调整为“打电话/电话留言”。

（5）接受/拒绝邀请：有5位被调查者提到，“接受/拒绝邀请”的内容较为抽象，交际情境也比较模糊，因此建议将其具体化为“请客/做客”活动。学习者在请客或做客的具体活动中，可以完成提出邀请、接受邀请、婉拒邀请等语言功能的表达。

上述有关任务表述的建议都很中肯，非常具有参考价值，本书均采纳。

2.3.4　初级阶段的常见任务

在统计 10 部教材任务共核的基础上，参考相关实证研究成果，调查 30 位专业人士的意见之后，本书最终确立了 24 项初级阶段汉语第二语言教学的常见任务。这些任务从内容上大致可以分为基本交际类、个人信息类、生存类、社会活动类等，见表 5-8 所示。

表 5–8　初级阶段汉语教学的常见任务

类别	任务
基本交际类	见面问候、请客 / 做客
个人信息类	介绍个人信息、谈论宠物 / 动物、描述人物、谈论爱好、谈论能力、介绍日常生活、谈论经历、谈论汉语学习
生存类	问路与指路、购买商品、结账、点菜、看病、寻求帮助
社会活动类	谈论旅行计划、乘坐交通工具、订购机票 / 火车票、入住宾馆、打电话 / 电话留言
其他	描述房间布局、谈论时间、谈论天气

考虑到 24 项任务具有较强的概括性，某些任务可能涉及多个具体内容，如“介绍个人信息”可以涉及“介绍姓名、介绍国籍、介绍年龄、介绍住址、介绍职业”等内容，“看病”包括“医生问诊、描述症状、医生建议”等，因此在汲取 30 位专业人士对任务内容建议的基础上，本书对各项任务所包含的具体内容也进行了相应的描述，详见表 5-9 所示。

表 5–9　初级阶段汉语教学常见任务内容[①]

序号	任务	任务内容
1	见面问候	打招呼
2	介绍个人信息	介绍姓名、介绍国籍、介绍年龄、介绍专业/职业、介绍联系方式、介绍家庭成员、互相介绍
3	谈论宠物 / 动物	介绍宠物 / 动物、描述外貌、介绍生活习性
4	描述人物	描述体貌特征、描述衣着

① 本书重在探讨语法项目的任务选择问题，不涉及任务的排序。表 5-9 中的任务序号只是进行调查时的随机顺序，不触及它们在具体教学中的先后次序。

（续表）

序号	任务	任务内容
5	谈论爱好	询问并说明兴趣爱好
6	谈论能力	询问并说明个人能力
7	介绍日常生活	询问并介绍日常生活
8	谈论经历	询问并说明个人（学习 / 工作 / 旅行）经历
9	谈论汉语学习	介绍学习情况、课堂学习、评价汉语水平
10	描述房间布局	描述房屋格局、描述房间摆设
11	问路与指路	问路、指路
12	购买商品	说明需求、评价商品
13	结账	询价、还价、付款
14	点菜	饭店点菜、评价味道
15	看病	医生问诊、描述症状、医生建议
16	寻求帮助	提出请求、表示同意、婉拒
17	谈论时间	询问并说明日期 / 时间
18	谈论天气	询问并说明天气状况
19	谈论旅行计划	谈论计划、提出建议
20	乘坐交通工具	乘坐公共汽车 / 地铁、乘坐出租车
21	订购机票 / 火车票	订购机票 / 火车票
22	入住宾馆	办理入住手续
23	打电话 / 电话留言	利用电话交流
24	请客 / 做客	提出邀请、接受邀请、赠送礼物、婉拒邀请、说明理由

上表中的 24 项任务具有以下特点：

（1）具有较强的普遍性，既适用于在华的留学生教学，也适于非汉语环境下的汉语教学；既适合初学汉语的成人学习者，也适合初级水平的中学生使用。

（2）贴近学习者真实的学习、生活环境，反映了他们在一般的教育、个人和公共领域中可能需要完成的、自然的交际活动，具有真实性的特点。

（3）是表达性的活动，涉及语言的使用。任务的完成需要交际各方运用汉语理解表达、相互交流、解决问题、合作完成。

（4）包含具体、明确的目标。完成这些任务都能获得一个集中在意义上的、现实的结果，也就是做成一件事情。如完成“介绍个人信息”之后，能使对方了解、明白介绍人的基本信息；完成“入住宾馆”任务，能够模拟完成入住宾馆的相关手续。

第六章　初级阶段任务与语法项目关系的实证研究

明确初级阶段语法项目与任务的范围之后，本章将采用实证研究的方法，力图较为客观地探讨初级汉语教学阶段汉语语法项目与任务之间的对应关系，从而促进任务型语言教学与语法教学的有机融合。其实，这方面的研究已经在近年出版的任务型汉语作为第二语言教材中取得了一些成果。

第一节　已有研究成果考察

任务型汉语教材的编写者根据教学对象的特点以及具体的教学目标，将语法项目安排在不同的任务中，在确立任务与语法项目的对应关系方面进行了积极的探索与实践。

1.1 《体验汉语·基础教程》中的任务与语法项目

第五章 2.2.1 提到，《体验汉语·基础教程》(以下简称“《基础教程》”）是一套适合初学汉语的各类来华外国人员的任务型汉语教材。在教材编写过程中，编写者特别注重任务与语法项目的结合。以上册为例，24 个任务中共编排了 88 个语法项目[①]（详见表 6-1)。其中，甲级语法项目 79 个，占所有语法总数的 89.77%；乙级语法项目 4 个（介词“替”、离合动词、越来越……、A 不如 B)，所占比例为 4.55%；另外

---

① 《体验汉语·基础教程》没有单设语法模块，而是把语法安排在课文注释中。本书所罗列的语法项目是从其课文注释中抽离出来的。

还有 5 个语法项目没有明确的分级[①]。从选取语法的难度来看，《基础教程》（上册）以甲级语法项目为主，适于初学汉语的学习者。

表 6-1 《基础教程》（上册）中的任务与语法项目

课	任务	语法项目	课	任务	语法项目
1	打招呼	1.“你”和“您” 2. 形容词谓语句	7	问日期	1. 11~99 的读法 2. 年、月、日、星期表示法 3. 名词谓语句 4. 吧
2	问候	1. 用“吗”的问句 2. 副词“很、也、都”	8	问时间	1. 时间词做状语 2. 钟点表示法
3	问姓名	1. 用“什么”的问句 2. 用“呢”的省略问句（1）	9	问路	1. 用“怎么”的问句（1） 2. 房间、层、楼的表示法 3. 介词“离、从、往” 4. 主谓词组做宾语
4	问国籍	1. 用“哪”的问句 2.“是”字句 3. 用“谁”的问句	10	买食品	1. 钱数的读法 2. 副词“还” 3. 数量词组 4. 给 / 找 + 双宾语
5	问住址	1. 用“哪儿”的问句 2. 数字的读法 3. 结构助词“的”	11	买学习用品	1. 能愿动词“想”和“要” 2. 用“怎么”的问句（2） 3. 正反疑问句 4.“多”表示概数
6	问家庭	1.“有”字句（1） 2.“几”和“多少” 3. 介词“在” 4. 没有疑问词的问句	12	买衣服	1.“有（一）点儿”和“一点儿” 2.“的”字结构 3.“多 +adj”的问句 4. 能愿动词“可以”和“能” 5. 选择问句“……还是……”

① 这 5 个语法项目分别是“别……了”、“死”做结果补语、“错”做结果补语、动词“到”做结果补语、“该……了”。它们都未出现在《汉语水平等级标准与语法等级大纲》中，因此本书未对其进行明确分级。

（续表）

课	任务	语法项目	课	任务	语法项目
13	去食堂	1. 用“呢”的省略问句（2） 2. 动词、动词短语做定语 3. 能愿动词“会” 4. 太……了	19	理发	1. 副词“再” 2. ……跟……一样 / 不一样 3. 别……了
14	去图书馆	1. 连动句 2. “几”表示概数 3. 能愿动词“得” 4. 介词“替”	20	谈论汉语学习	1. 状态补语 2. 这么、那么 3. “死”做结果补语 4. 越来越……
15	去银行	1. 动词 + 一下儿 2. 动词重叠（1） 3. “有”字句（2）	21	谈论学习生活	1. 表示方位的词“里” 2. 结果补语 3. “错”做结果补语 4. “好”做结果补语 5. 动词“到”做结果补语
16	去邮局	1. 动词 + 了 2. “第”表示序数 3. 什么样 4. “哪”+ 量词 +（名词）	22	谈论学习方法	1. 时量补语 2. 从……到…… 3. “就”和“才”
17	租房子	1. 反问句“不是……吗” 2. “是”表示存在 3. 动词重叠（2） 4. 方位词 +“边”	23	上课	1. 该……了 2. 简单趋向补语 3. 好好儿 4. 表示方位的词“上” 5. “上、在、给”做结果补语 6. “把”字句
18	看病	1. 语气助词“了” 2. 能愿动词“应该” 3. 离合动词 4. 主谓谓语句	24	考试	1. 一边……一边…… 2. “比”字句 3. A 有 B 这么 / 那么…… 4. A 不如 B 5. “比”字句中的补语

1.2 《快乐汉语》中的任务与语法项目

面向初级汉语学习者的《快乐汉语》（第一册）包含 24 个任务，为符合英国中学汉语课程大纲和考试大纲的规定，教材编写者从汉语自身特点出发，根据完成任务的需要，设置了 49 个语法项目。这些语法项目都在甲级语法大纲范围之内，适合初学汉语的中学生的认知水平。教材中任务与语法项目的对应关系如表 6-2 所示。

表 6-2 《快乐汉语》(第一册) 中的任务与语法项目

课	任务	语法项目	课	任务	语法项目
1	打招呼	1. 形容词做谓语 2. 带“吗”的疑问句	13	说明时间	1.“几”的用法 2. 时间的表达方法
2	介绍名字与国籍	1. 带“什么”的疑问句 2. 主语 +（不）是 + 宾语 3. 主语 + 叫 + 宾语	14	说明生日	1.“的”(我的生日、我爸爸) 2. 日期的表达
3	问住址	1. 带“哪儿”的疑问句 2. 主语 + 在 + 处所宾语	15	谈论天气	1. 名词 + 怎么样？ 2. 正反疑问句（形容词）
4	介绍家庭成员	1. 这 / 那 + 是 + 名词（词组） 2. 我爸爸 / 你哥哥	16	谈论职业	1. 正反疑问句（动词） 2. 用“吧”提问
5	谈论宠物	1.“有”字句（表示领有） 2. 量词（只）	17	谈论工作单位	主语 + 在 + 处所 + 动词
6	谈论房子	1.“有”字句（表示存在） 2. 不 + 形容词 3. 量词（个）	18	谈论工作打算	1. 主语 + 想 + 动词（词组） 2. 主语 + 打算 + 动词（词组）
7	谈论早餐	1. 人 +（不）吃 / 喝 + 食品 / 饮料 2. 每 + 数量词组 3. 主语 + 都 + 动词（词组）	19	谈论爱好	名词 / 名词词组 + 是什么？
8	谈论水果与饮料	1. 主语 + 动词 + 宾语 + 吗？ 2. 主语$_1$+动词+宾语，主语$_2$+呢？	20	谈论运动	能愿动词“会、能、可以”
9	谈论饮食喜好	1. 副词“也”的用法 2. 主语 + 喜欢 + 动词（词组）	21	谈论电视电影	1. 量词重叠 2. 好看、好听、好吃…… 3. 名词做定语
10	学习的课程	1. 汉语和英语表达时间词语的不同位置 2. 星期的表达方法	22	谈论公共场所	1. 指示代词“这、那” 2. 动词“在”
11	班级与同学	1. 数字的表达 2. 十以上的数字表达 3. 用“多少”提问数量	23	乘坐交通工具	1. 用“怎么”询问方式 2. 连动句
12	谈论课外活动	名词 + 去 + 处所词语	24	问路与指路	1. 方位词 2. 介词“往”

1.3 《环球汉语》中的任务与语法项目

2010年美国耶鲁大学出版社出版的《环球汉语》(*Encounters*: *Chinese Language and Culture*) 是一部多媒体教材。该教材采用了任务型语言教学编写理念（The comprehensive *Encounters* program employs a functional, task-based approach.①），适于母语为英语的汉语学习者使用。教材虽以交际任务为主线编排内容，但每个单元都专门设计了语法教学的内容。教材第1册适于汉语初学者，包含10项任务②，涉及语法项目41个③，其中95%的内容都属于甲级语法大纲的范畴④。该教材中任务与语法项目的对应关系如表6-3所示。

表6-3 《环球汉语》(第1册)中的任务与语法项目

单元	任务	语法项目	单元	任务	语法项目
1	介绍国籍、背景	1. 人称代词 2. 动词：是、叫、姓 3. 否定副词：不 4. 语气助词：吗 5. 疑问代词：哪儿、什么、谁 6. 表领属的助词：的	4	谈论国籍、背景	1. 动态助词：过 2. 副词：都
2	介绍年龄、联系方式及与他人的关系	1. 名词谓语句 2. 语气助词：了（1） 3. 是……的 4. 指示代词：这、那 5. 时间名词	5	谈论家庭与朋友	1. “有”字句（表示领有） 2. 否定词：没 3. 省略“的”的领属表达 4. 量词：个（2） 5. 动词重叠（1）
3	安排约会	1. 用“还是”提问 2. 表建议的语气助词：吧 3. 量词：个（1） 4. 指示代词：这里、那里	6	谈论学校、专业与职业	1. 动宾结构 2. 或者、还是

① 详见“教材介绍”(introduction)。

② 教材中有关任务、语法项目的介绍均采用英文形式，本书将其翻译成汉语。

③ 《环球汉语》每课专设Grammar Bits（语法点滴）部分，并在课后的Recap（重点）部分详细列出该课的语法重点。表6-3所罗列的语法项目是归纳这两部分内容的结果。

④ 41个语法项目中，只有“颜色词”与“介动词：坐、搭、骑”不在甲级语法大纲的范畴。

（续表）

单元	任务	语法项目	单元	任务	语法项目
7	谈论 个人需求	1.“的”字结构 2. 用疑问语调表示疑问 3. 语气助词：了（2） 4. 动词重叠（2） 5. 咱们、我们	9	购物与讲价	1. 比较句：A 比 B+adj+一点儿、A没有B那么…… 2. 颜色词 3. 钱数的表达
8	谈论 日常生活	1. 可能补语 2. 比较句：“比”字句、跟……一样 3. 动量词 4. 复数的表达：些	10	去商场	1. 动介词[①]：到（到……去 / 来……） 2. 名量词 3. 动词：在 4. 动介词：离 5. 动介词：坐、搭、骑

1.4 已有研究成果分析

分析、对比不同教材的研究结果可以看出，尽管在教材编写实践中，学者们对于任务与语法项目对应关系的研究已经取得了一些成果，但这些研究往往仁者见仁，智者见智。相同的语法项目在不同的教材中会出现在不同的任务里，如表 6-4 所示。

表 6–4 不同教材中语法项目与任务的对应关系

语法项目	《基础教程》(上)	《快乐汉语》(第一册)	《环球汉语》(第 1 册)
正反疑问句	买学习用品	谈论职业	/
能愿动词（可以、能）	买衣服	谈论运动	/
“有”字句（表领有）	/	谈论宠物	谈论家庭与朋友
名词做定语	/	谈论电视电影	谈论家庭与朋友
人称代词	打招呼	/	介绍国籍、背景
“比”字句	考试	/	谈论日常生活
结构助词“的”	买衣服	说明生日	介绍国籍、背景
副词“都”	问候	谈论早餐	谈论国籍、背景

比如正反疑问句，在《基础教程》出现在“买学习用品”任务里，在《快乐汉语》则出现在“谈论职业”任务中；例如“比”字句，《基础教程》将其编排至“考

① 教材使用 coverb 这个术语，笔者译为“动介词”。

试”任务中，而《环球汉语》则将其设计到“谈论日常生活”任务中；再如结构助词“的”，在三部教材中没有共现的任务环境，《基础教程》出现在“买衣服”任务中，《快乐汉语》出现在“说明生日”任务中，而在《环球汉语》中则被安排至“介绍国籍、背景”任务中。

根据表 6-4 的对比结果可以推测，在当前的汉语作为第二语言教学实践中，学者们对于语法项目与任务对应关系的探讨还主要依据个人语感以及丰富的教学经验，研究结果还没有形成普遍的共识。为了能够比较客观地为初级语法项目选择任务，尽量规避研究者主观因素的干扰，本研究借鉴《欧盟框架》）的直观法、定性法与定量法相结合的研究方法，来探讨任务与语法项目的对应关系。

第二节　研究方法及研究过程

2.1　研究方法

欧洲理事会在制定《欧盟框架》的能力量表时，为保证所确定的评估等级能够真实反映不同领域学习者的语言水平，避免制定者和使用者主观、机械地错评、误评，使用了三种实证研究方法：直观法、定性法与定量法。直观法指在分析现有研究成果的基础上，借助专家的个人经验对能力量表进行修改补充；定性法主要是邀请若干教师对直观法研究的结果进行比较、判别；定量法则是根据项目反应理论(item response theory)，对定性法研究的结果进行多维度 Rasch 分析。通过定性法与定量法对直观法研究的结果不断修订，从而实现研究结果的客观、科学。

为了能够客观地描写任务与语法项目的对应关系，笔者借鉴了上述三种研究方法，如表 6-5 所示。

所谓直观法，是指在分析任务型教材中任务与语法项目对应情况的基础上，根据笔者的语感及汉语教学经验，直观地将初级汉语教学中的常见任务与甲级语法项目进行对应。

定性法，即请若干位被调查者对直观法的研究结果进行评价、取舍。汇总他们对直观法研究结果的修正意见，形成定性法的研究成果。

定量法，是利用真实语料，对定性法的研究成果进行验证与再次调整。

表 6–5 初级语法项目的任务选择方法

研究方法	描 述
直观法	在分析已有研究的基础上，根据笔者语感、教学经验将任务与语法项目进行对应
定性法	请若干位被调查者对直观法的研究结果进行评价、取舍
定量法	利用语料数据，分析定性法研究的结果

2.2 直观法研究

直观法研究，笔者首先参考了 8 部初级任务型汉语教材[①]（共 11 册）中任务与语法项目的对应情况。这些教材为：

- 李晓琪，罗青松，刘晓雨，王淑红，宣雅（2003）《快乐汉语》（第一册、第二册、第三册），人民教育出版社。
- 田艳，陈作宏（2005）《体验汉语·留学篇》（40~50 课时），高等教育出版社。
- 陈作宏，田艳（2005）《体验汉语·留学篇》（50~70 课时），高等教育出版社。
- 姜丽萍主编（2006）《体验汉语·基础教程》（上、下），高等教育出版社。
- 朱晓星，岳建玲，吕宇红，褚佩如（2006）《体验汉语·生活篇》（40~50 课时），高等教育出版社。
- 任友梅，孟德儒（2010）《环球汉语》（第 1 册），Yale University Press。
- 李晓琪主编（2010）《初中中文》（1），人民教育出版社。
- 李晓琪主编（2011）《高中中文》（1），人民教育出版社。

本书在分析这些研究成果的基础上，依据研究者个人的汉语语感以及汉语教学的经验，直观地将 24 项任务与 79 个语法项目对应在一起，结果详见附录 4 中的 4.1。在对应的过程中，笔者发现：

① 教材详细信息见附录 7。所列教材中，《体验汉语·留学篇》（40~50 课时）与《体验汉语·留学篇》（50~70 课时）的编者信息略有差异，收录的内容与语法项目也不甚相同，故将其分列。

（1）有些语法项目对于任务的完成是必须使用的。如“形容词、形容词词组做谓语”是完成“见面问候”任务必用的语法项目，没有这个语法项目，此任务无法完成。从语法项目的角度来看，这个任务可以看作语法项目典型的使用环境，语法项目最常在这个语境中出现。对于某个特定任务而言，必用语法项目有时是唯一的(在附录 4 中用字体加粗表示)，如介绍姓名、国籍等个人信息时，“是”字句和“人称代词”是必用的语法项目；有时必用语法项目为若干语法项目组成的聚合（在附录 4 中用斜体字表示)，如谈论旅行计划时，必用语法项目可以是“好吗”、疑问代词“怎么样”或语气助词“吧”三种提问方式，真实交际时选用其一即可。

（2）有些语法虽然不是完成某项任务的必用结构，却较常出现在该任务情景中，它们能够提高、优化任务的完成质量。如介词“对”、否定副词“不”、连动句、“除了……还……”、“不但……而且……”等项目都属于完成“谈论爱好”的常用语法项目（在附录 4 中没有使用特殊格式标注)。学习者若在完成任务的过程中运用这些结构，将会使任务的完成更为丰富。从语法的角度来看，这类语法对应的任务可以看作是比较常用的、自然的使用环境，语法项目出现在这些环境中是符合汉语母语者习惯的。

（3）有些语法项目可以出现在多项任务中，如“程度副词”可以出现在“谈论宠物 / 动物、描述人物、谈论汉语学习、购买商品、点菜”等任务中。

为了反映语法项目的使用全貌，本书尽量如实地描述自然完成某任务所需要使用的全部语法项目，不会为了体现语法教学的系统性，人为地回避在其他任务中已经出现过的语法项目。另外，由于本书不涉及任务的排序，因此也没有为与之对应的语法项目设定先后次序。

2.3　定性法研究

进行任务与语法项目的定性法研究，笔者采用问卷调查的形式，继续邀请第五章 2.3.3 中提到的 30 位被试，根据自己的语感与教学经验，对直观法的研究结果提出意见。

为了让被试了解调查的基本情况及主要内容，在附录 4 中的 4.1 的基础上，笔者增加了背景说明和调查重点两个部分，形成了调查问卷。背景说明意在向被调查者介绍语法项目与任务确定的基本情况；调查重点阐释了问卷调查的主要目的在于请被调查者对直观法的研究结果进行把关，根据他们的语感与教学经验，调整、增补、删减 24 项任务所对应的必用、常用语法项目。

笔者认为，经过 30 名被试的人工干预，所得到的任务与语法项目的对应关系能够比较客观地反映现实生活中的语言使用情况。

2.3.1 调查意见分析

30 位专业人士的意见，从内容上看主要集中在语法项目与例句两个方面。由于例句方面的意见都是针对某个具体用词的准确性展开的，如有被调查者建议将“今天是几月几日？”换为“今天是几月几号？”，建议将“在哪儿倒车？”改为“在哪儿换车？”，并不直接影响任务与语法项目的对应结果，因此本书暂不统计这方面的建议。

被调查者对语法项目的意见主要有两类：一是从数量上，建议增加或删减某些任务所对应的语法项目；二是从性质上，对直观法确认的必用、常用语法项目提出调整意见。其中第一类反馈意见最多。

2.3.1.1 语法项目的增减

（1）语法项目的增补

被调查者根据个人的语感与教学经验，对直观法的研究成果进行了补充。30 位被调查者共提出 88 条增补建议。概括、归纳这些建议，将能够较为全面地反映任务所对应的语法项目。如在“谈论能力”任务中，除了笔者附录 4 中的 4.1 所罗列的 4 个语法项目之外，还有被调查者提出可以增加重动句结构（如“做饭做得很好”“打篮球打得很厉害”）；再比如，在“描述房间布局”任务中，还可以使用“在”字句（如“桌子在房间左边，床在桌子旁边”）；另外，在“谈论宠物 / 动物”任务中，有被调查者建议可以增加动态助词“过”(如“我养过一只小猫”)、形容词或形容词词组做谓语（如“我的猫很漂亮”）。这些意见对于全面总结某个特定任务所对应的语法项目而言，具有非常重要的意义。但本节是否采纳，还需要具体分析。

在第一个例子中，尽管使用重动句结构有助于完成“谈论能力”的任务，但由于该格式属于丙级语法项目[①]，不在本文选定的语法项目范围内，因此定性法研究不予考虑。

第二个例子中，“在”确实属于甲级语法的范畴，但是大纲中并没有使用“在”字句这一术语，而是用引出处所的介词“在”表示了这个结构。因此，本书虽然吸收了被调查者的增补意见，但根据甲级语法大纲，调整了被调查者对语法项目的描述，更名为引出处所的介词“在”。

第三个例子中，被调查者所增补的语法项目无论是内容还是表述上，都在本书确立的 79 个语法项目范畴之内，本书直接予以采纳。

关于语法项目的增补建议较多，除上述 3 个例子外，表 6-6 还列举了对其他一些增补意见的处理情况。

表 6–6　对定性法增补语法项目意见的处理

任务	增补意见	本书的处理方式
介绍个人信息	介宾词组做补语	属丙级语法点，暂不考虑
谈论爱好	疑问代词的虚指用法	属乙级语法点，暂不考虑
点菜	意愿表达	改为：助动词“想要”
乘坐交通工具	从……到……	改为：引出时间、处所、起点的介词“从”
描述人物	名词做谓语	直接采纳
介绍日常生活	紧缩复句：一……就……	直接采纳

（2）语法项目的删减

赵元任先生曾说过“说有易、说无难”，同样适用于对待被调查者删减语法项目的意见。在特定的任务背景下，增补某个语法项目，只要能举出真实、自然的例句，笔者就考虑纳入定性法研究的结果中，因为它体现了汉语母语者对任务完成情况的描述。但是，对于某个可能要删减的语法项目，由于语感差异，被调查者存在不同意见。例如在“谈论爱好”中，几乎所有的被调查者（29 位）都认为可以使用程度

① 重动句结构出现在丙级语法大纲的“情态补语”例子中，如“他们看电视看得忘了吃晚饭”“他写稿写得手疼”。

补语（如“我篮球打得不错”），但 1 位被调查者却指出，程度补语在这一环境中使用非常别扭。仅根据 1 人的意见就删除该语法项目，未免有些草率。但如果要求所有被调查者对某一个具体语法项目的删减达成共识，又不太现实。因此，笔者认定，如果就删除某一语法项目有 3 人或 3 人以上达成了共识，则采纳该意见[①]。依据这一标准，我们共删减了 6 条内容，具体情况如表 6-7 所示。

表 6–7　对直观法结果的删减

任务	删减的语法项目	支持人数
谈论爱好	连动句	3
谈论经历	连……也……	4
谈论汉语学习	名量词重叠	6
结账	分数、百分数	7
谈论天气	倍数、小数	9
订购机票 / 火车票	从……到……	5

2.3.1.2　对必用、常用语法项目的重新判定

除了增补、删减语法项目之外，被调查者的意见还有一部分集中在对必用、常用语法项目的判定上。本章 2.2 提到，在进行直观法研究时，笔者区分了必用与常用语法项目两类。被调查者对这两类语法项目也给予了相当的关注。

例如，1 位被调查者建议，在“问路与指路”任务中，应该将常用语法介词“在”改为必用项目；2 位被调查者指出，可以将“订购机票 / 火车票”任务中的常用项目“用语气助词‘吗’提问”改为必用语法；另有 3 位被调查者提议，助动词“想 / 要”在“入住宾馆”任务中，应属于必用项目，而不是直观法确定的常用语法。

依据“(2) 语法项目的删减”中提到的采纳标准，针对必用、常用语法的判定，本节同样吸取 3 人或 3 人以上提出的共同意见，表 6-8 列举了一些调整内容。

---

① 选择 3 人意见作为参考标准，是受到语言测试主观试题评分实践的启发。在主观试题评分过程中，为保证评估结果的客观、科学，通常都由 3 位评分员判定考生成绩，因为语言测试理论认为，3 人测评后的结果能够既经济又有效地规避评分员个人的主观性。本书借鉴这样的理念，认为如果 3 位或 3 位以上被调查者对删减某项语法项目达成共识，说明该观点具有较强的客观性，故为本研究所采纳。

表 6–8　对直观法必用、常用语法项目的调整

任务	语法项目	支持人数	调整意见
购买商品	程度副词	4	必用语法→常用语法
谈论汉语学习	兼语句：请	3	必用语法→常用语法
订购机票 / 火车票	用疑问代词“什么、几、哪”提问	7	常用语法→必用语法
入住宾馆	助动词：要、想	3	常用语法→必用语法

2.3.2　定性法研究结果

在整理 30 位被调查者意见和建议的基础上，笔者对附录 4 中的 4.1 的直观法研究进行了补充与修正，形成了定性法的研究结果（参见附录 4 中的 4.2）。与 4.1 相比，4.2 的结果综合反映了 30 位被调查者的意见，具有一定的客观性，大大减少了直观法研究的主观因素。为确保更加客观地反映任务与语法项目的对应关系，定性法的研究结果还需要经过定量法研究的验证。

2.4　定量法研究

对定性法进行定量研究，最理想的做法是依次检索 24 项任务的真实语料，对其中的语法项目逐一统计，根据使用频次区分必用与常用语法项目，以验证定性法对任务与语法项目对应关系的判断。但是，目前常见的汉语语料库主要依据语料的出处而非任务或交际内容存放文本。如北京大学中国语言学研究中心（简称“CCL”）语料库中的现代汉语语料按照“口语、史传、应用文、报刊、文学、电视电影、相声小品、网络语料、翻译作品、戏剧”编排语料目录①；国家语言文字工作委员会现代汉语通用平衡语料库按照“教材、人文与社会科学语料、自然科学语料、报刊、应用文”对语料进行分类②。汉语语料库当前的编排体例、发展情况尚不支持定性法研究的理想做法。

如果对现实的交际活动进行文本采集、自建任务型汉语语料库，不仅需要长期、大量的录音文本整理，还需要综合考虑语言使用者的方言与话语风格、交际场合等

① 参见《语料库文件目录》，http://ccl.pku.edu.cn:8080/ccl_corpus/corpus_info.pdf。

② 引自《国家语委现代汉语通用平衡语料库标注语料库数据及使用说明》，网址为：http://www.cncorpus.org/Resources /cccorpusintro.htm。

因素对任务完成的影响。这种系统的工程，非一人之力可以完成。鉴于此，笔者选择了若干部近年来公开出版的汉语教材，将其中的课文整理为语料，对定性法结果进行定量分析。

2.4.1 语料的基本情况

作为定量研究任务与语法项目对应关系的语料，我们选择了近年来出版的 10 部初级阶段的汉语教材[①]，包括：

- John C. Jamieson & Lin Tao（2002）《功夫》(一)，中文大学出版社。
- 李晓琪主编（2004）《博雅汉语·初级起步篇》(I)，北京大学出版社。
  （2005）《博雅汉语·初级起步篇》(II)，北京大学出版社。
- 张黎主编（2005）《商务汉语入门·日常交际篇》，北京大学出版社。
- 周健主编（2005）《基础华语》(第一册)，北京大学出版社。
- 吴中伟主编（2005）《当代中文》(1)，北京大学出版社。
  （2007）《当代中文》(2)，北京大学出版社。
- 肖奚强，朱敏主编（2008）《汉语初级强化教程·综合课本》(I、II)，北京大学出版社。
- 李晓琪主编（2009）《新丝路初级速成商务汉语》(I)，北京大学出版社。
  （2010）《新丝路初级速成商务汉语》(II)，北京大学出版社。
- 张晓慧总主编（2009）《经理人汉语·生活篇》(上、下)，外语教学与研究出版社。
- 刘川平主编（2010）《目标汉语·基础篇》(1、2、3)，北京大学出版社。
- 李晓琪主编（2017）《新丝路初级商务汉语综合教程》(I)，北京大学出版社。

其中 6 部教材为综合汉语教材，包括 4 部适合长期汉语教学使用的教材（《功夫》《博雅汉语·初级起步篇》《当代中文》《基础华语》），1 部专门针对短期强化训练的教材（《汉语初级强化教程》），还有 1 部既适合长期进修生也可供短期生使用的教材

---

① 此处我们仅将同一套教材出版时间不同的分列。教材详细信息见附录 7。

(《目标汉语·基础篇》)；4 部商务汉语教材（《商务汉语入门·日常交际篇》《新丝路初级速成商务汉语》《新丝路初级商务汉语综合教程》与《经理人汉语·生活篇》）。之所以选择适用于不同教学对象的教材，主要是为了更为广泛地收集语料。分析不同使用领域的语料中任务与语法项目的对应关系，以验证本书的定性研究结果是否反映了任务与语法项目之间的一般关系，是否具有普适性、客观性的特点。

尽管这 10 部教材并不全都是以任务型语言教学理念编写的，但并不影响它们成为定量法研究的语料。理由如下：

(1) 从语料的真实性来看，这 10 部教材都是 2002 年以后出版的，受当前汉语作为第二语言教学理念的影响，编写者对课文的处理已经脱离了《汉语教科书》等传统汉语教材根据语法设计课文内容的模式，而是追求教学内容的真实性与实用性，以有效地帮助学习者进行日常交际。例如《博雅汉语·初级起步篇》的编写说明指出"(教材) 在内容的编写与选取方面，突出实用性，力求场景的真实自然"；《经理人汉语·生活篇)》"序 1" 指出，"这套教材里有真实的商务场景……具有很强的针对性和实用性"；《目标汉语·基础篇》的"前言"中明确，"(教材的) 话题选择尽量做到贴近现实生活和学习者的关注点"。也就是说，这些教材的编写理念都突出了实用性的特点，都希望满足学习者学以致用的需求，因此教材中的语言都尽量贴近真实的情景与语言使用情况，可以看作是真实的语料。

(2) 从教材的内容来看，虽然有些教材并没有直接借鉴任务型语言教学的编写理念，但是其所涉及的话题基本都是围绕学习者真实的日常生活选取的。即使是商务汉语教材，由于本书选择的均为初级阶段的内容，其话题也主要以日常生活为主(参见各部教材的编写说明)。第四章第一节提到，交际话题是任务内容的归纳与概括，而本文所确定的 24 项任务体现了初级学习者最常见的交际活动，因此每部教材中的话题都或多或少与本书确定的任务在内容上具有一定的联系，存在一定程度的重叠。另外，从教材选用的语言来看，这 10 部教材都是针对汉语初学者编写的，适用于基础汉语教学阶段，因此难度水平上与本书确定的任务、语法项目基本相当。

(3) 从操作层面来看，对教材中语法项目的考察，本节主要着眼于具体课文中的语法项目使用情况，而不是各部教材设置的语法讲解情况。前者能够较为客观、真实地反映在某个特定交际内容下，语法项目的使用情况；而后者主要受到教材编写总体设计的影响，体现了编写者对语法教学重点的主观认识。因此，选择初级汉语教材中的课文作为定量法分析的语料，可以从一个侧面验证定性法所得到的语法项目与任务之间的对应关系。

由于每部教材的编写对象不同，涉及的话题范围也不尽相同，不可能与本书确定的任务内容完全重合，因此本书只能选取出现在这些教材中的任务进行验证。为保证语料具有一定的规模，笔者选取了在 6 部（含）以上教材中共现的任务作为定量法的研究内容。它们分别是：介绍个人信息（家庭成员）、问路与指路、点菜、谈论时间、谈论天气、订购机票 / 火车票，具体情况如表 6-9 所示。

表 6–9　定量法研究选取的任务与语料出处

语料出处	任务					
	介绍个人信息（家庭成员）	问路与指路	点菜	谈论时间	谈论天气	订购机票 / 火车票
《功夫》	✓	✓	✓	✓	✓	
《博雅汉语·初级起步篇》	✓	✓	✓	✓	✓	✓
《当代中文》	✓	✓	✓		✓	✓
《商务汉语入门·日常交际篇》		✓	✓	✓		✓
《基础华语》	✓	✓	✓		✓	
《汉语初级强化教程》		✓	✓	✓		✓
《新丝路初级速成商务汉语》	✓		✓	✓	✓	
《经理人汉语·生活篇》	✓	✓	✓	✓	✓	✓
《目标汉语·基础篇》		✓	✓		✓	
《新丝路初级商务汉语综合教程》	✓	✓	✓	✓	✓	✓

2.4.2 定量法研究的结果

（1）介绍个人信息（家庭成员）

共有 7 部教材涉及了“介绍个人信息（家庭成员）”任务。为完成这项交际活动，语料中共有32个甲级语法项目出现，总的使用频次[①]为356次。每个语法项目的使用情况见表6-10。

表6–10　“介绍个人信息（家庭成员）”语料中甲级语法项目的使用情况

序号	语法项目	使用频次	使用频率[②]（%）	序号	语法项目	使用频次	使用频率（%）
1	人称代词	106	29.78	17	介词：在	4	1.12
2	名量词（口、个）	42	11.80	18	“的”字结构	4	1.12
3	“有”字句	33	9.27	19	程度副词	4	1.12
4	代词做定语	28	7.87	20	用疑问语调提问	2	0.56
5	“是”字句	26	7.30	21	进行态	2	0.56
6	用疑问代词“几、谁”提问	16	4.49	22	兼语句	2	0.56
7	否定副词：没、不	15	4.21	23	存现句	2	0.56
8	连词：和	15	4.21	24	时间副词：已经	2	0.56
9	用语气助词“吗”提问	8	2.25	25	动词重叠	1	0.28
10	频率副词：也、还	7	1.97	26	用肯定否定形式相叠提问	1	0.28
11	范围副词：只、一共	7	1.97	27	用“肯定形式+没有”提问	1	0.28
12	用语气助词“呢”提问	5	1.40	28	转折复句：可是	1	0.28
13	语气助词：啊、呢、了	5	1.40	29	动量补语	1	0.28
14	动态助词：了	5	1.40	30	用“……还是……”提问	1	0.28
15	用语气助词“吧”提问	4	1.12	31	比较句：跟……一样	1	0.28
16	指示代词	4	1.12	32	用疑问副词“多”提问	1	0.28

从语法项目的使用频次来看，完成“介绍家庭成员”这个任务内容时，各部教材使用的语法项目较为分散，比如有8个语法项目在语料中仅出现了1次，体现了不同编写者在语言使用中的个性差异。但即使这样，编写者们对于“介绍家庭成员”这个任务也还是集中选用了一些语法项目，如人称代词、名量词、“有”字句、代词

① “使用频次”指语法项目在语料中的出现次数。

② “使用频率”在本书中指的是某语法项目的使用频次占语料总频次的比例。

等做定语、“是”字句、用疑问代词提问、否定副词以及连词“和”等。这 8 个语法项目的使用频次均在 15 次以上，使用频率总和约为 80%。这一比例说明，它们可以被视为“介绍家庭成员”任务所对应的较常使用的语法内容。其中，人称代词、名量词以及“有”字句的使用最为频繁，使用频率超过所有语法项目的 50% 以上，可见它们是完成该任务不可或缺的语言要素。

根据上述统计数据，我们可以将人称代词、名量词、“有”字句看作完成“介绍个人信息（家庭成员）”任务时的必用语法项目。而代词做定语、“是”字句、用疑问代词提问、否定副词以及连词“和”5 个语法项目为完成任务的常用语法项目。这一结果同附录 4 中 4.2 的“介绍家庭成员”任务内容与语法项目的对应情况高度一致。换句话说，该任务内容的定性法研究成果得到了定量法的证明。

（2）问路与指路

“问路与指路”任务出现在 9 部教材中：有关“问路”的语料共涉及甲级语法项目 12 个，它们的使用频次总和为 84 次；在“指路”任务的语料中，出现了 18 个甲级语法项目，总的使用频次为 190 次。这 30 个语法项目的具体使用情况如表 6-11 所示。

表 6-11 “问路与指路”语料中甲级语法项目的使用情况

任务内容	序号	语法项目	使用频次	使用频率（%）
问路	1	用疑问代词“怎么、哪儿”等提问	34	40.48
	2	引出处所的介词：在	13	15.48
	3	用语气助词“吗”提问	12	14.29
	4	用肯定否定形式相叠提问	7	8.33
	5	“有”字句	5	5.95
	6	指示代词	3	3.57
	7	“是”字句	3	3.57
	8	频率副词：也、再	2	2.38
	9	动量补语	2	2.38
	10	用语气助词“呢”提问	1	1.19
	11	用疑问副词“多”提问	1	1.19
	12	助动词：应该	1	1.19
总计			84	100

（续表）

任务内容	序号	语法项目	使用频次	使用频率（%）
指路	1	方位名词	47	24.74
	2	引出方向的介词：往	34	17.89
	3	时间副词：就	19	10.00
	4	引出处所的介词：在	18	9.47
	5	承接复句	16	8.42
	6	引出处所的介词：从	10	5.26
	7	语气助词：了、吧	6	3.16
	8	指示代词	6	3.16
	9	楼层表示法	5	2.63
	10	名量词	5	2.63
	11	助动词	4	2.11
	12	频率副词：再、也	4	2.11
	13	“有”字句	4	2.11
	14	动态助词：了、着	3	1.58
	15	概数	3	1.58
	16	“是”字句	2	1.05
	17	动量补语	2	1.05
	18	程度副词：挺、太	2	1.05
总计			190	100

从表 6-11 可以看出，在完成“问路”任务内容时，各部教材语料中使用最为频繁的是用疑问代词提问，共出现 34 次，使用频率超过 40%。该语法项目不仅可以表达询问的功能，同时用“怎么、哪儿”等具体疑问词也可以实现询问路线的交际目的。除此之外，引出处所的介词“在”、用语气助词“吗”提问、用肯定否定形式相叠提问、“有”字句 4 个语法项目也是完成此任务比较常用的语言要素，它们总的使用频次为 37，使用频率之和约为 45%。根据这些数据可以推测，在完成“问路”任务时，必用的语法项目为用疑问代词提问，而引出处所的介词“在”、用语气助词“吗”提问、用肯定否定形式相叠提问、“有”字句等 4 个语法项目则是完成任务的常用语法项目。

对比定性法的研究发现，以上 5 个语法都出现在附录 4 中的 4.2 的研究中，而且每个语法项目在完成“问路”时的作用（必用或者常用）也与语料的数据一一对应。不过，附录 4 中的 4.2 还有 2 个常用语法：用语气助词“呢”提问、用疑问副词“多”提问，这两个项目在定量法的语料中使用频次很低，均为 1 次，没有体现出不同语言使用者选用语法项目的共识。因此根据定量法的统计数据，笔者修正了定性法的研究结果，不将其纳入完成“问路”的常用语法项目。

对于“指路”的完成情况，语料显示，在涉及的 18 个语法项目中，方位名词与引出方向的介词“往”使用频次最高，分别为 47 和 34，两个使用频率之和超过“指路”对应的语法项目的 42%。另外，时间副词“就”、引出处所的介词“在、从”以及承接复句的使用也相对较频繁，使用频次均在 10 次以上，频率总和超过“指路”对应的语法项目的 33%。其余 12 个语法项目的使用频率总和仅为 24.2%，由于使用频次相对较低，本书不将其视为完成该任务的常用语法项目。将定量法的研究结果与附录 4 中的 4.2 的研究相比较，发现二者的结果完全对应，这证明了定性法研究结果的可靠性。

总之，在“问路与指路”任务中，无论任务内容是问路还是指路，定量法的统计数据都基本支持了定性法的研究成果。在“问路”任务中，定性法确定的 2 个常用语法项目（用语气助词“呢”提问、用疑问副词“多”提问），由于在语料中的使用频次较低，根据定量法的数据，笔者不将其列入完成任务的常用语法项目范围。

（3）点菜

10 部初级汉语教材都设计了有关“点菜”的交际内容，其中包含的甲级语法项目有 31 个，使用总频次为 302 次。从内容上看，对应“饭店点菜”这个具体内容的语法项目有 26 个，占所有语法项目的 83.87%，这些语法在 10 部教材中出现 265 次；关于“评价味道”的内容，使用的语法项目较为集中，仅有 5 个，仅占“点菜”对应的所有语法项目的 16% 左右，共出现 37 次。具体内容见表 6-12。

表 6-12　"点菜"语料中甲级语法项目的使用情况

任务内容	序号	语法项目	使用频次	使用频率（%）
饭店点菜	1	名量词（位、个、碗、盘、瓶）	54	20.38
	2	助动词：想、要	35	13.21
	3	用疑问代词"什么、几"提问	33	12.45
	4	语气助词：吧	20	7.55
	5	用语气助词"吗"提问	15	5.66
	6	"的"字词组	14	5.28
	7	频率副词：再、还	12	4.53
	8	"有"字句	11	4.15
	9	否定副词：不、没、别	11	4.15
	10	用"(是)……还是……"提问	8	3.02
	11	"是"字句	7	2.64
	12	用肯定否定形式相叠提问	7	2.64
	13	语气助词：了、呢	5	1.89
	14	连词：和	5	1.89
	15	动态助词：了	4	1.51
	16	范围副词：一共	4	1.51
	17	承接复句	3	1.13
	18	动词重叠	3	1.13
	19	双宾语	2	0.75
	20	动量补语	2	0.75
	21	程度副词	2	0.75
	22	结果补语	2	0.75
	23	双宾语	2	0.75
	24	时间副词	2	0.75
	25	用"对吗"提问	1	0.38
	26	用语气助词"呢"提问	1	0.38
总计			265	100
评价味道	1	程度副词	24	64.86
	2	并列复句	8	21.62
	3	转折复句	2	5.41
	4	程度补语	2	5.41
	5	范围副词：都	1	2.70
总计			37	100

根据表 6-12 的统计数据，完成“饭店点菜”这个交际活动时，名量词、助动词以及用疑问代词提问 3 个语法项目最为重要、最为常用，它们的使用频次都超过了 30 次，使用频率均在 10% 以上，可以看作完成该任务的必用语法项目。常用的语法项目有 6 个：语气助词“吧”、用语气助词“吗”提问、“的”字词组、频率副词“再、还”、“有”字句与否定副词“不、没、别”，它们在语料中都出现 10 次以上，使用频率总和超过“饭店点菜”语法项目的 31%；其余 18 个语法项目的使用频次均不是很高，因而不纳入完成“饭店点菜”的常用语法范畴。这一结果与附录 4 中的 4.2 的定性法研究相比，可以发现：

首先，在必用语法项目中，定性法的研究还包含了“用语气助词‘吗’提问”这个语法项目。而在具体的语料中，用“吗”提问的使用频次为 15，频率为 5.66%，属于常用的语法项目；但由于其与必用语法项目用疑问代词提问的语法意义以及功能基本相近，将二者都列入必用语法范畴，形成“饭店点菜”时表示提问的聚合，从汉语母语者的角度来看，也是可以的。因此，综合考虑被调查者在定性法研究中的意见，以及语料的统计数据，本书将用语气助词“吗”确定为完成“饭店点菜”的必用语法项目。

其次，在常用语法项目中，定性法的研究成果基本得到了语料的验证。“‘用（是）……还是……’提问”和“动量补语”也是定性研究中的常见语法项目，前者使用频次接近 10，而后者仅出现 2 次。鉴于此，笔者根据定量法的数据，在常用语法项目中保留了前者，排除后者。

另外，“评价味道”虽然不是“点菜”的主要内容，涉及的语法项目较少，但从绝对数量上看，程度副词和并列复句的使用频次较高，分别为 24 次与 8 次。因此定性法将其列入较常使用的语法范畴是较为合适的。

总之，综观“点菜”任务的具体内容，语料的统计数据基本验证了定性法研究的结果，说明 30 位被调查者所确立的任务与语法项目之间的对应关系是比较客观的。

（4）谈论时间

谈论时间的内容出现在 7 部教材中，完成该任务的语法项目较为集中，在语料中只出现了 15 个甲级语法项目，具体情况如表 6-13 所示。

表 6–13　“谈论时间”语料中甲级语法项目的使用情况

序号	语法项目	使用频次	使用频率（%）
1	用疑问代词“几、什么”提问	30	27.03
2	“是”字句	19	17.12
3	年、月、日、星期表示法	17	15.32
4	钟点表示法	14	12.61
5	名词、名词词组等做谓语	13	11.71
6	“有”字句	4	3.60
7	用语气助词“呢”提问	3	2.70
8	指示代词	3	2.70
9	语气助词：了	2	1.80
10	动态助词：了	1	0.90
11	时间副词：已经	1	0.90
12	程度副词	1	0.90
13	名词、名词词组等做状语	1	0.90
14	连词：和	1	0.90
15	助动词：得	1	0.90
总计		111	100

按照使用频次排列，用疑问代词“几、什么”提问、“是”字句、年、月、日、星期表示法、钟点表示法以及名词、名词词组等做谓语 5 个语法项目最为常用，总的使用频率近 84%，可以视为完成“谈论时间”的必用语法项目。而其他 10 个语法使用频率相对较低，不适于归入常用的语法项目中。

对比定量法与定性法的研究可以看出，定性法有关必用语法项目的确定完全契合了定量法的研究数据，用疑问代词“几、什么”提问、年、月、日、星期表示法、钟点表示法以及名词、名词词组等做谓语 4 个语法项目在语料中的使用都非常频繁，确实是完成该任务的必用语法项目。不过，定性法的结果也有一些与定量法不同：

第一，定性法认为“是”字句较为常用，而根据语料数据，该语法项目甚至比年、月、日、星期表示法和钟点表示法的使用频率还要高，因此根据定量法的研究，将其归入必用语法项目。

第二，定性法将语气助词“了”归入较为常用的语法项目，但从使用频率来看，该项目在语料中仅出现了2次，使用频率不到2%，因此笔者对定性法的研究结果予以调整，不将其纳入常用语法范畴。

（5）谈论天气

与谈论天气相关的内容出现在8部教材的语料中，完成该任务涉及了27个语法项目，它们总的使用频次为163次。

从具体的使用情况来看，每个语法项目的使用频率都不算很高，使用最频繁的语法项目也只出现了28次，使用频率为17%左右。另外，还有17个语法项目的使用频次都低于5，体现了不同教材编写者使用语言的个体差异（详见表6-14）。语法项目使用较为零散，究其原因，可能与不同教材侧重的不同内容有关。比如，有些教材主要谈论的是中国与自己国家的天气、气候差异（如《功夫》《当代中文》《基础华语》），有些教材则围绕最近几天的天气状况进行讨论（如《新丝路初级商务汉语综合教程》）。具体交际内容重点的差异，可能造成了在“谈论天气”语料中语法项目的分布不甚集中。

表6–14 “谈论天气”语料中甲级语法项目的使用情况

序号	语法项目	使用频次	使用频率（%）
1	形容词、形容词词组做谓语	28	17.18
2	程度副词	15	9.20
3	用疑问代词“怎么样、多少”提问	14	8.59
4	用语气助词“吗”提问	12	7.36
5	比较句	11	6.75
6	否定副词：不、没	10	6.13
7	时间副词	10	6.13
8	“是”字句	9	5.52
9	“有”字句	8	4.91
10	主谓词组做谓语	7	4.29

（续表）

序号	语法项目	使用频次	使用频率（%）
11	语气助词：了、啊	4	2.45
12	频率副词	4	2.45
13	动态助词：了、着	4	2.45
14	用语气助词“呢”提问	4	2.45
15	用肯定否定形式相叠提问	3	1.84
16	用语气助词“吧”提问	2	1.23
17	助动词：会	2	1.23
18	引出处所的介词：在	2	1.23
19	因果复句	2	1.23
20	连词：和	2	1.23
21	范围副词	2	1.23
22	用疑问语调提问	2	1.23
23	程度补语	2	1.23
24	方位名词	1	0.61
25	快……了	1	0.61
26	转折复句	1	0.61
27	用“肯定形式＋没有”提问	1	0.61
总计		163	100

在表 6-14 罗列的语法项目中，使用最为频繁的是形容词、形容词词组做谓语，使用频率为 17.18%；其次是程度副词、用疑问代词“怎么样、多少”提问、用语气助词“吗”提问、比较句、否定副词“不、没”、时间副词、“是”字句、“有”字句、主谓词组做谓语 9 个语法项目，它们总的使用频率接近 60%。根据这些数据，可以将形容词、形容词词组做谓语视为完成“谈论天气”的必用语法项目，而其他 9 个是较为常用的语法项目。但是，考虑到“谈论天气”任务不仅涉及天气情况的说明，还应该包括如何询问天气状况，因此，笔者认为从提问的角度，用疑问代词提问与用语气助词“吗”提问两个语法项目是完成该任务不可或缺的，因此尽管这两项内容的使用频率相对略低，但仍可归入必用语法项目。

上述 10 个语法项目均出现在附录 4 中的 4.2“谈论天气”任务所对应的语法项目范围中。定性研究中的必用语法项目与定量法的研究结果完全吻合；而常用语法项目中只有助动词在语料中的使用频率较低，仅为 1.23%。根据定量法的语料，将其排除在常用语法项目范围之外。

总之，定性法研究的结果基本得到了定量研究的肯定，对于定性法中较为常用的语法项目内容，本书根据语料情况进行了略微的调整。

（6）订购机票 / 火车票

有关“订购机票 / 火车票”的内容，在 6 部汉语教材中都曾出现。在这些语料中，共使用了 26 个甲级语法项目，它们出现的总频次为 118 次（见表 6-15）。完成该任务所需的语法项目较为丰富，分布比较分散，使用频次超过 10 的语法项目仅有 4 个，分别为助动词“要、想、可以、能”、名量词、“的”字词组与钟点表示法。另外，用疑问代词“什么、几、哪”提问的出现频次也接近于 10。由于它们的使用频率约占完成该任务所有语法项目的 55%，笔者将其视为完成“订购机票 / 火车票”任务的必用语法项目。

表 6–15 “订购机票 / 火车票”语料中甲级语法项目的使用情况

序号	语法项目	使用频次	使用频率（%）
1	助动词：要、想、可以、能	23	19.49
2	名量词：张	12	10.17
3	“的”字词组	10	8.47
4	钟点表示法	10	8.47
5	用疑问代词“什么、几、哪”提问	9	7.63
6	用语气助词“吗”提问	5	4.24
7	结果补语	5	4.24
8	年、月、日、星期表示法	5	4.24
9	概数	4	3.39
10	用肯定否定形式相叠提问	4	3.39
11	“有”字句	4	3.39
12	被动句	4	3.39
13	用“行吗、可以吗”提问	4	3.39
14	否定副词：没	3	2.54
15	用疑问副词“多”提问	3	2.54

（续表）

序号	语法项目	使用频次	使用频率（%）
16	动态助词、语气助词：了	3	2.54
17	程度副词	1	0.85
18	“是”字句	1	0.85
19	用“（是）……还是……”提问	1	0.85
20	范围副词：只	1	0.85
21	假设复句	1	0.85
22	用语气助词“吧”提问	1	0.85
23	“比”字句	1	0.85
24	引出处所、起点的介词：从	1	0.85
25	双宾语	1	0.85
26	连词：和	1	0.85
总计		118	100

除必用语法项目外，使用频次超过3（含）的语法项目还有11个，虽然使用频次的绝对数量不是很多，但其使用频率的总和接近所有语法项目的40%。因此，根据这一指标，笔者认为可以将其看作完成“订购机票/火车票”任务的常用语法项目，包括用语气助词“吗”提问、结果补语、年、月、日、星期表示法、概数、用肯定否定形式相叠提问、“有”字句、被动句、用“行吗、可以吗”提问、否定副词“没”、用疑问副词“多”提问以及动态助词、语气助词“了”。另外，其余10个语法项目仅在语料中出现1次，本书不将其纳入常用语法项目范围。

对比定量法与定性法的研究，可以看出，表6-15中的必用语法、常用语法项目与定性法的研究结果是完全对应的。换句话说，定性法分析的“订购机票/火车票”与初级语法项目的对应关系得到了定量法的支持，符合语言使用的真实情况。

第三节　任务与语法项目的对应关系

本节在借鉴《欧盟框架》研究方法的基础上，确立了直观法、定性法与定量法的研究方法，分三步探讨任务与语法项目的对应关系。

第一步，运用直观法进行研究，即在分析、梳理已有研究成果的基础上，根据笔者个人的母语语感以及教学经验，直观地将任务与语法项目对应在一起（附录 4 中的 4.1）。

第二步，为了规避研究者个人在直观法中的主观判断，本书进行了定性法研究。请 30 在位汉语教学领域经验丰富的教师或在读研究生，就直观法的研究结果提出意见或建议，在汇总被调查者各种观点的基础上，对直观法研究结果进行调整，形成了定性法的研究成果（附录 4 中的 4.2）。

第三步，利用 10 部近年来出版的汉语教材语料，对定性法研究中任务与语法项目的对应结果进行了抽样分析。为保证语料规模，笔者选取了在 6 部（含）以上教材中共现的任务作为定量研究的对象。通过对比这些任务在语料中的完成情况以及定性法的研究结果，可以发现，在 30 位被调查者的意见或建议基础上形成的定性研究结果，基本符合语料的情况，特别是对必用语法项目的把握，没有出现偏差。对于常用语法项目的选择，也基本与语料呈现出一致的状态。对于那些与定量研究存在细微差异的定性法成果，笔者进行了局部调整（调整结果见附录 4 中的 4.3）。这些小的调整将进一步促进任务与初级语法项目对应关系的完善。

总之，立足直观法、定性法、定量法，笔者确定了 24 项初级阶段常见任务与 79 个甲级语法项目之间的对应关系（见附录 5）。为了说明任务的具体使用环境，根据研究者的个人语感与汉语教学经验，添加了“建议情景”一栏。

尽管不同方法对任务完成所需的具体语法项目有不同的看法或建议，但是三种实证方法在任务与语法项目关系的问题上却达成了共识，即语法项目在任务的完成过程中充当着两种不同的角色：必用语法项目和常用语法项目（见附录 5）。“必用语法项目”是完成特定任务必不可少的语言要素，没有这个语法项目，任务难以完成。换句话说，必用语法项目的使用也离不开任务为其提供的最为典型的语言环境，因此可将此任务看作语法项目的典型任务。而“常用语法项目”较常出现在对应任务的情境中，它能够自然、有效地完成任务；而与之相对应的任务，则为语法项目的使用提供了常见、真实的语境，是使用该语法项目的常见任务。

经过实证方法的层层深入，笔者将任务与语法项目的关系归纳为两类："典型任务—必用语法项目"和"常见任务—常用语法项目"。第一类关系中，典型任务与必用语法项目的关联更为紧密，这与 Loschky & Bley-Vroman（1993）提到的"任务必需"(task-essentialness）内涵一致，即语法是任务完成的基础，典型任务可看作 Ellis, R. (2003）提到的"结构集中型任务"(focused task）；而在第二类关系中，常见任务可视为 Ellis，R. (2003）提到的"结构松散型任务"(unfocused task)，它与常见语法项目的对应关系则是 Loschky & Bley-Vroman（1993）总结的"任务自然"(task-naturalness）与"任务有效"(task-utility）的综合，即语法能够自然、有效地实现任务的完成。简言之，Ellis，R. (2003）将任务与语法的关系分为两类，这与本节的实证研究更为吻合。而对每种关系的内涵解释，Loschky & Bley-Vroman（1993）的概括则更为直观。

第七章　任务与语法项目对应关系的教学应用

确定语法项目与任务的对应关系，是实现任务型语言教学与语法教学融合的基础性研究。在教材编写、课堂实践、多媒体网络教学等具体的教学实践中借鉴、参考该研究成果，将促进汉语作为第二语言教学的发展。

第一节　教材编写实践

任务与语法项目的对应研究，对于教材编写实践具有一定的参考作用：它既可以为编写者在设计任务的过程中兼顾语法教学的系统性提供借鉴，还可以为编写者在设计语法教学项目时提供任务选择的参考。

1.1　任务内容设计

随着任务型语言教学的不断发展，越来越多的汉语教材开始尝试将任务融入语言教学的过程中，通过任务开展汉语教学（如《体验汉语》系列教材、《快乐汉语》《初中中文》《高中中文》《目标汉语·基础篇》等）。但是，由于怎样选择任务、如何确定任务难度以编排任务顺序还没有一个客观、统一的标准，单纯依据任务编排教学内容，将无法兼顾语言要素的系统性，难以保证语法项目的复杂程度。因此，魏永红（2004）指出，不同教师根据个人对任务内容与难度的理解确定教学内容、安排教学顺序，将导致任务型语言教学整体操作上的混乱。例如，若将“谈论汉语学习”任务置于“谈论爱好”之前，学习者极有可能先接触到较难的“把”字句，然后再学习相对容易的用疑问代词“什么、怎么样”提问、程度副词、否定副词等语法项目。颠倒语法项目的难易次序，将影响学习者的习得顺序，增加学习难度，影响教学效率。

为了避免因任务编排而打乱语法教学顺序的现象，教材编写者在设计任务的过程中，应该综合考虑任务与语法项目的关系，在确保任务内容“由近及远”[①]的同时，保证语法教学的循序渐进，尽量做到任务与语法项目科学、有效地融合。

分析附录 5 中的内容可以发现，任务与语法项目多呈现一对多的关系，即完成某个特定的任务，往往需要交际参与者综合使用若干必用或常用的语法项目。根据这样的情况，在进行任务内容的总体规划时，教材编写者可以借鉴本书的研究成果，通盘考虑任务与语法项目的顺序，在以任务为纲的同时，兼顾必用或常用语法项目的难易顺序，保证语法教学的系统性。

需要说明的是：

（1）附录 5 所罗列的“建议情景”内容为笔者对 24 项初级阶段汉语教学任务使用环境的主观认识，主要目的在于为教材编写者设计任务提供一点参考。具体教材中为任务设定什么样的情景，还需要调研学习者的学习需求，考虑具体的教学目标。

（2）第六章第二节指出，对于完成任务的必用语法项目，根据其数量是否唯一，可以分为两类。如果必用语法项目是唯一的，附录 5 用字体加粗表示；如果必用语法不唯一，而是若干语法意义或功能相近的语法项目的聚合，附录 5 中用斜体字表示。对于不唯一的必用语法项目，编写者可以根据教材总体设计的要求、语法教学内容的整体安排以及语法项目的难易程度，从必用语法项目的聚合中选取与特定任务对应的最合适部分。

---

① 任务的顺序安排目前通常采用“由近及远”的原则，即以学习者为中心，首先安排与学习者本身关系密切的内容，最后安排与学习者本身关系不太密切或者没有直接联系的内容。详见 Ellis, R.（2003）和程晓堂（2004）。

总之，将任务引入汉语教材，确保任务的真实、实用，不能以牺牲语法教学的循序渐进与系统性为代价，而是要积极探索如何将任务与语法教学最佳地结合起来，让学习者在完成任务的过程中学习到必备的语法项目，从而发展他们的语言能力。前文在实证研究的基础上，探求任务与初级语法项目的对应关系，为初级汉语教材设计任务内容提供了一定的参考。基于这一研究结果，教材编写者在设计任务内容时，适时、恰当地编排语法教学的内容，将在一定程度上促进任务与语法项目有机、有效地融合，改善任务型语言教学面临的发展局限，推动任务型语言教学的可持续发展。

1.2 语法教学内容设计

第三章第三节从宏观、理论的层面分析了任务型语言教学对语法教学的启示：如果语法教学能够与任务有机融合，将从教学内容上实现语法项目与意义、语境的紧密结合，从而克服语法教学的局限，提高语法教学的效率。但是在具体的教材编写中，将任务融入语法教学过程中，需要解决更为细致的问题。比如，是不是所有的语法项目都适合与任务融合？适合任务化的语法项目应该与哪些任务融合更能反映语言的实际？附录 5 为回答这些问题提供了参考。该表从教学任务的角度，展示了任务与语法项目的对应关系。而对于设计语法教学内容而言，为语法项目选择典型或常用的任务，可能更具参考价值。为此，笔者对附录 5 的研究成果进行了重新梳理。立足语法，为 79 个语法项目进行了任务选择。具体内容见附录 6。

1.2.1 能够任务化的语法项目

分析附录 6 中语法项目选择任务的具体情况，可以看出，有些语法项目可以对应典型的任务，有些只能对应较常见的任务，还有个别语法项目没有选择到合适的任务。根据这三种不同情况，可以将附录 6 中的 79 个初级语法项目分为 A、B、C 三类，具体内容如表 7-1 所示。

表 7–1 三类语法项目的具体内容

类别		数量（个）	具体内容
A	比较适合任务化的初级语法项目	42	方位名词；人称代词；指示代词；动词重叠；助动词；形容词重叠；名量词；时间副词；范围副词；程度副词；介词：引出方向；动态助词；语气助词；“的”字词组；形容词、形容词词组做谓语；名词、代词、数词或名词词组做谓语；主谓词组做谓语；双宾语；结果补语；程度补语；可能补语；时量补语；动量补语；“是”字句；“有”字句；兼语句；用语气助词“吗”提问；用“好吗、行吗、可以吗”提问；用语气助词“吧”提问；用疑问语调表示提问；用疑问代词提问；用“疑问代词的问句＋呢”提问；用肯定否定形式相叠提问；用“肯定形式＋没有”提问；用疑问副词“多”提问；用“（是）……还是……”提问；年、月、日、星期表示法；钟点表示法；钱数表示法；号码表示法；因果复句；选择复句
B	可以任务化的初级语法项目	34	名词重叠；其他代词；概数；否定副词；频率副词；介词：引出时间、处所、起点；介词：引出对象；介词：引出目的、原因；介词：引出施事或受事；介词：表示排除和加合；连词：连接词或词组；结构助词；名词、代词、数词或名词词组做定语；名词、代词、数词或名词词组做状语；趋向补语：来、去；趋向补语：上、下、进、出……；复合趋向补语；存现句；连动句；是……的；被动句；比较句；“把”字句；用语气助词“呢”提问；反问句；连……也（都）……；变化态：将要发生变化；进行态；并列复句；承接复句；递进复句；转折复句；假设复句；紧缩复句
C	不适合在初级阶段任务化的语法项目	3	分数、百分数；倍数、小数；名量词重叠

其中，A 类语法项目（42 个）能够对应典型的任务，比较适合任务化，占本书确定的初级语法项目总数的 53.16%；B 类语法项目（34 个）只能对应较常见任务，即可以任务化，在初级语法项目中占 43.04%；C 类语法项目未匹配到合适的初级任务，不太适合在初级阶段任务化，这类语法项目有 3 个，所占比例为 3.80%[①]。（见图 7-1）

① 这三个语法项目是否可以匹配到合适的任务，或者适合在什么阶段进行任务化，还需要在更大规模的任务范围内进行考察。限于本书确定的初级阶段常见任务范围，暂不详细分析。

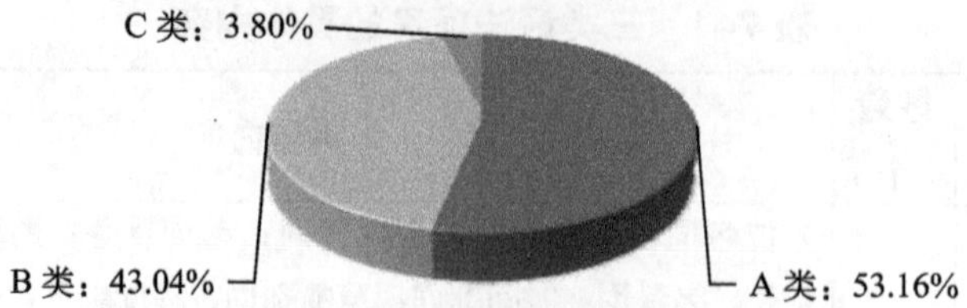

图 7–1 三类语法项目的比例分布

综合起来看，A 类和 B 类语法项目都可以与任务对应，都是能够进行任务化的语法项目。它们占初级语法项目的比例超过 96%。这一数据不仅印证了语法与任务之间确实存在着某种客观的联系，更说明了在初级阶段语法教学中，基本可以实现语法项目与任务设计的紧密结合。

在初级汉语教材的编写实践中，如果教材编写者能够借鉴附录 6 的研究成果，在设计 A、B 两类语法项目的教学内容时融入相应的典型或常见任务，不仅可以实现语法项目与真实情景的紧密联系，使教学内容贴近学习者的日常生活；更有助于使机械的语法教学转变为鲜活、生动的任务完成，使静态、封闭的课堂教学转变为动态、开放的用语言做事的过程。同时，由于本书的研究结果经过了三种实证主义研究方法的层层深入，因此可以在一定程度避免不同教材编写者选择任务的主观性。

1.2.2 A 类、B 类语法项目的教学内容设计

传统汉语教材对于语法项目的设计往往更关注讲解的内容是否准确、科学，有时会忽视语法项目常见的情景，以及语法项目所体现的语言功能。以“范围副词：都”为例，在《汉语教科书》中，教材编写者将该语法项目与副词“也”并列，讲解的内容主要是描写“都”的意义、语法位置，以及与表示复数的主语、动词的连用等。所举例句并没有从导入“都”最常用的语言环境角度出发，而是为了使抽象的语法规则具体化，便于学习者理解语法知识。因此，编写者专门设计了一些不含较难生词的例句。如例（1）所示。

例（1）：“都”和“也”

我们知道“不”是表示否定的副词，“很”是表示程度的副词，“只”是表示范围

的副词。现在要学的“都”也是一个表示范围的副词。在意义上它所总括的人或事物都是在它的前面提到过的，在句法上它的位置一般在主语之后，谓语之前。例如：

a. 先生都是中国人。

b. 她的书都是俄文的。

值得注意的是，汉语里当名词做主语是复数的时候，这个复数常用副词“都”来表述。a例虽然也可以说成“先生们都是中国人”，但要说成“先生们是中国人”就不合乎汉语习惯。b例里“书”的复数当然更是非由“都”来表示不可了。

“也”也是副词，和“都”一样，要用在谓语之前。例如：

c. 这本书好，那本书也好。

d. 我看报，他也看报。

我们不能说“也那本书”“也他”，就和不能说“都先生”“都她的书”一样。

一般副词，特别是单音副词不能做谓语，因此也不能单独回答问题（否定副词“不”比较特殊，是个例外）。必须带着动词或形容词构成的谓语。“都”和“也”也是如此。例如：

A：你的朋友都来吗？

B：都来。

A：黑板很干净，桌子也很干净吗？

B：也很干净。

“都”和“也”并用的时候，一般是“也”在前、“都”在后。例如：

e. 我们是学生，他们也都是学生。

〔引自《汉语教科书》(上册) 第17课〕

从例（1）可以看出，以《汉语教科书》为代表的传统汉语教材在设计语法项目的教学内容时，主要着眼于语言知识的展示，对语法项目的使用关注不够，讲解中没有融合真实、常见的使用环境，这样的处理会导致学习者虽然掌握了语法知识，却不知道什么情况下使用、如何去使用的局面，制约他们对语法项目的使用。

随着交际法的不断发展，语法教学的目标从教授语言知识逐步转向培养学习者的语言交际能力。这一变化也体现在汉语教材对语法教学内容的设计上。《新汉语教程》是一部情景、功能与结构有机融合的教材，编写者在设计范围副词“都”的教学内容时，已经开始有意识地将该语法项目的使用环境融入其中，如例（2）所示。

例（2）：“都”和“也”

汉语的副词“都”和“也”只能出现在动词或形容词前。这和英语不同。比较：

爸爸和爷爷都是中国人。	Both my father and grandfather are Chinese.
奶奶也是中国人。	My grandmother is also Chinese.
我们都很好。	We are all very well.
他也很好。	He's well, too.

〔引自《新汉语教程》(Ⅰ) 第3课〕

虽然《新汉语教程》也将“都”与“也”放在一起讲解，但与例（1）不同的是，例（2）并没有对“都”的意义以及与动词、表示复数的主语连用等情况进行详细的说明，而是采用汉英互译的方式，间接地介绍了“都”的意义，并通过例句展示了副词“都”在句中的位置。《新汉语教程》不仅简化了副词“都”的语法知识介绍，更重要的是，其中所选的例句不只是对“都”的句法位置的说明，还蕴涵了教材编写者对该语法项目表达功能的认识。四个例句涉及了介绍（家人）与问候两项功能，也就是说，教材尝试通过例句引导学习者将副词“都、也”与它们所能表达的语言功能联系起来，促进学习者在完成介绍（家人）或问候的交际活动时，使用所学的语法项目。

在任务型语言教学理念的影响下，《体验汉语·基础教程》(上) 对于范围副词“都”的解释进一步简化，为该语法项目所匹配的语言使用环境也进一步集中。这部教材将副词“很、也、都”作为一个语言点处理，利用表格的形式，不仅展示了副词在例句中的位置：主语后、形容词前，而且还清楚地说明了这三个副词连用的情况，详细如例（3）。

例(3)：副词“很”“也”“都”

Subject（S）	Predicate（Adj.）
你	好！
我	很好！
她	也很好！
我们	都很好！
他们	也都很好！

〔引自《体验汉语·基础教程》(上) 第2课《你好吗？》〕

例（3）中的五个例句都具有相同的功能（问候），都可以出现在相同的交际活动（如见面问候、打招呼）中。这样的安排，更明确地将范围副词“都”与现实的交际活动连接起来，有助于为语法项目营造真实的使用场景，帮助学习者在自然的情景中学以致用。

综观例（1）、例（2）和例（3）对范围副词“都”的处理，可以看出，教材编写者在设计语法项目的教学内容时，越来越重视语法项目所对应的使用环境、所表达的语言功能。将语法项目置于某个具体的交际活动中，实现语法项目与真实情景的结合，对培养学习者的语言交际能力具有积极的推动作用。

现实生活中，语法项目的使用情况纷繁复杂，其对应的交际活动丰富多样，因此在教材编写实践中，将其置于什么样的交际情景往往见仁见智〔如例（2）将“都”与“介绍家人、问候”联系起来；例（3）只将“都”置于“见面问候”的情景〕。但是如果能够从一个客观的角度，为语法项目选择最典型、常见的交际活动，为它们提供最真实、自然的使用范例，将有助于学习者举一反三，处理现实生活中的类似任务，使语法教学达到事半功倍的效果。

本书采用实证研究的方法，得到的语法项目与典型任务、常见任务的对应关系（附录6）为教材编写者设计语法教学的内容提供了一个较为客观的参考。根据附录6的研究，A类语法项目“范围副词：都”对应的典型任务并不是“见面问候”和“介绍家人”，而是“介绍日常生活”。在设计该语法项目的教学内容时，可以借鉴这一结论，把这个典型的主任务具体化为子任务“介绍我的一天”[①]。通过描述“我的一天”的安排，为学习者创设范围副词“都”最为典型、常见的使用环境，如例（4）所示。

例（4）：看图连线。

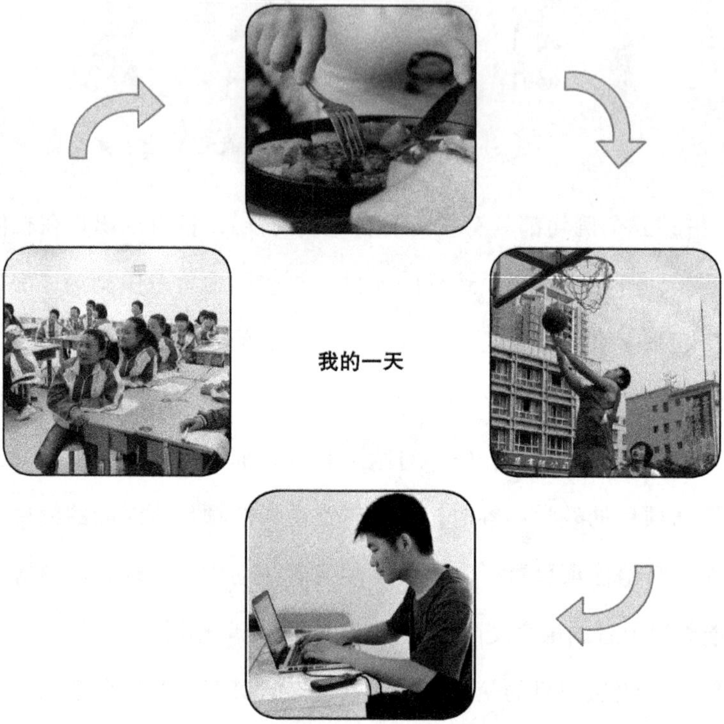

我	每天上午	都	打篮球。
	每天中午		有汉语课。
	每天下午		和朋友吃饭。
	每天晚上		上网。

再如，A类语法项目“用肯定否定形式相叠提问”，在《体验汉语·基础教程》中出现在“买学习用品”任务中，而在《快乐汉语》中则对应了“谈论职业”任务。参考附录6的研究结果可以发现，这两项任务都不是该语法项目对应的典型或常见任务，如果将“用肯定与否定形式相叠提问”与“介绍国籍、谈论爱好、谈论能力、

① 主任务、子任务的内涵详见第五章第二节。

谈论经历”等任务融合在一起，将可以为这个语法项目提供更加真实、自然的使用环境，使语法项目与真实情景更为有机地联系在一起。

又如B类语法项目“比较句”,《体验汉语·基础教程》将其置于“考试”任务中，《环球汉语》则把它设计到了“谈论日常生活”任务里。本书认为，这些交际活动虽然都可以为比较句提供使用情景，但基于实证研究的结果，本书建议将其放在“评价商品”或“谈论天气”的任务中，可能更有助于为学习者提供较为常见、自然的范例。

总之，在综合教材编写实践中，科学、合理、有效地设计语法教学内容一直是教材编写者坚持的目标。附录6为初级语法项目选择主任务的研究结果，可以为编写者在设计语法教学项目时，客观地确定任务内容提供参考。但是，怎样根据A、B两类语法项目对应的主任务，为学习者设计具体、合适的子任务，还需要不同的编写者根据教学对象的需求、具体的教学目标，不断摸索、不断探究。

第二节　课堂教学实践

有关初级阶段教学任务与语法项目的对应关系研究成果，除了可以应用到教材编写实践中，为设计语法教学内容、任务内容提供参考之外，还可以应用到课堂教学实践中，为一线教师在教授某个具体语法项目时，设计或选择恰当的任务活动提供借鉴。

语法课堂教学，教师多采用机械性的操练方式，强化学习者对语法规则的记忆。但由于练习内容与真实语境脱节、练习步骤机械单调，难以激发学习者持续参与的热情。而将强调语言交际、真实情景与学习者参与的任务融入语法教学的课堂实践，有助于改变学习者过去死记硬背的学习方式，使语言学习由被动听讲转为主动运用，有助于学习者在实际使用中巩固、掌握语法项目，从而优化学习方式。

第五章第二节2.1曾指出，在任务型语言教学与语法教学融合的不同层面，关涉的任务表现形式不尽相同。在为语法项目选择合适的任务时，本书采用了较为抽象、宏观的主任务形式；而在组织、推进具体的课堂教学时，笔者主张着眼于任务活动的形式。在讲授某个具体语法项目时，教师可以借鉴本书为语法项目选择主任务的研究成果，根据学习者的特点，将主任务形式具体化为形式多样、生动活泼的任务活动，以吸引学习者参与课堂的热情、活跃课堂教学的氛围，让枯燥的语言学习转变为生动的完成活动的过程。

当然，如何将主任务具体化为任务活动还处于不断探索的阶段，没有统一的做法或模式。本节撷取、展示一些已有的成果，希望能够为一线教师针对语法项目设计任务活动提供一些思路。

2.1 紧缩复句：一……就……

紧缩复句"一……就……"是初级汉语语法教学中一个常见的语法项目，在汉语课堂中，教师一般采用替换练习的形式，引导学习者掌握该语法结构的用法，如例（5）所示。

例（5）：一……就……

A. 用"一……就……"替换练习[①]

到星期天	跟爱好集邮的人换邮票
喝咖啡	不能睡觉
写东西	得抽烟
放假	回家
……	

〔引自《新汉语教程》(I) 第 28 课〕

B. 句型替换

你打算什么时候给他寄旅游介绍？

他一打来电话，我就给他寄旅游介绍。

① 限于篇幅，本章只节选部分内容。

回国	学校	放假
买汽车	银行	贷款
出国留学	这儿学习	结业

〔引自《新实用汉语课本》(3) 第36课《北京热起来了》〕

这样的替换练习，虽然有助于帮助学习者建立“一……就……”格式与动词词组连用的“刺激—反应”联系，但是由于练习事先确定了每句话的替换内容，学习者只要将替换的部分插入该格式即可，并不需要理解话语内容，即这个形式割裂了语法与意义之间的联系。鉴于此，《功夫》(一) 将替换练习演变为如下的课堂活动〔例 (6)〕，意在让学习者在理解意义的基础上，使用该语法格式完成句子。

例 (6)：老师准备a、b两套卡片，分给学生。进行首轮练习时，先将b套卡片发给所有学生，然后由老师做“一……”的句子，让学生看看自己所拿到的卡片中的各项，如果是能够与老师的句子连起来的，就做一个“就……”的句子。进行第二轮练习时，先将a套卡片发给所有学生，并由老师做“就……”的句子，让学生做能相配的“一……”的句子。(注意：“一”和“就”都要用在主语之后)

例如：有A、B、C、D、E五个学生，所拿到的b套卡片上的短句分别是：

A. 去看电影　　B. 很高兴　　C. 考不好　　D. 紧张　　E. 去图书馆

老师做的句子是“大卫一考完……”，A、B、E三人所拿到的短句都能跟老师的句子连起来，他们三人应举手造句。

a套卡片内容：“一……”的句子

上课　下课　喝茶　觉得饿　考完　开夜车　喝酒　头疼　没钱

到冬天　说中文　看电视　下雨　毕业　考试　放假　高兴

b套卡片内容：“就……”的句子

想睡觉　去图书馆　睡不着　去食堂　去看电影　头疼　考不好

跟朋友借钱　不舒服　下雪　刮风　问问题　暖和　凉快

找工作　　紧张　　担心　　觉得累　　着急　　打电话　唱歌儿
很高兴　　不想吃饭

〔引自《功夫》(一) 第20课《学期快结束了》〕

从内容上看，例（6）设计的两套卡片都与介绍学习者的日常生活相关。附录6显示，“介绍日常生活”属于紧缩复句“一……就……”格式对应的较常见任务。参考这一结论，可以肯定学习者运用卡片中的短语完成的“一……就……”句子是真实、自然，符合汉语使用习惯的。

从活动形式上看，例（6）中的活动虽然与传统的“完成句子”练习类似，不过教师在这个练习中增加了师生意义互动的内容。完成活动至少需要三个步骤：学习者必须首先理解教师提供的前半句或后半句内容；然后分析手中的卡片是否与之存在意义上的联系；最后才能运用“一……就……”格式完成句子。教师的每一次输入，都将引发学习者完成活动的前两个步骤，如果卡片内容能够与输入内容匹配，则进行第三个步骤：完成句子。剖析例（6）所包含的步骤，可以看出，学习者运用“一……就……”格式造句并不是该活动的唯一目的，活动还要引导学习者理解意义，并与教师进行意义互动、协商。这个以意义为目的的交流过程，就构成了课堂上师生之间的真实交际。在真实的交际中使用“一……就……”格式，有助于提高学习者参与课堂的程度，帮助他们建立语法格式与意义的联系，促进该语法项目的习得。

2.2 方位名词

甲级语法项目“方位名词”是汉语语法中的一个重要组成部分（储泽祥，1997），也是汉语教学中的难点内容（叶盼云，吴中伟，1999）。在汉语课堂中，教师对该语法项目的处理方法，一般是在讲解方位名词的意义与用法的基础上，引导学习者完成替换、翻译、造句等形式的练习，如例（7）所示。

例（7）：方位名词

A. 句型替换

卫生间在里边吗？

卫生间不在里边，在外边。

阳台	东边	北边
饭馆	上边	下边
客厅	前边	那儿
卧室	左边	右边

〔引自《新实用汉语课本》(2) 第21课《我们的队员是从不同国家来的》〕

B. 读后翻译

前面那个大学就是北京大学。

学校里（边）有一个银行和一个邮局。

厕所在马路旁边。

银行对面是邮局。

〔引自《新汉语教程》(I) 第5课〕

C. 用下面的词语做一个句子

在……旁边儿

〔引自《汉语教科书》(上册) 第23课〕

例（7）A中的句型替换练习，重在强调学习者对方位名词形式的掌握；学习者进行4次机械性的替换，有助于记忆"在＋方位名词"的格式。例（7）B着眼于学习者对方位名词意义的理解，旨在引导学习者建立汉语与母语之间有关方位名词的对应关系，从而帮助他们理解较为常见的汉语方位名词的含义。例（7）C的造句练习，意在让学习者运用所提供的语法格式进行简短的自由表达，或者说为学习者自由使用该语法项目创造机会。以上三个练习形式虽然分别关注了方位名词的形式、意义与使用，但仔细分析可以发现，这些练习主要注重学习者对语言知识的熟练掌握，与实现学习者自觉使用还存在一定的距离：练习A并不需要学习者理解对话的内容即可完成；练习B则将方位名词的语法意义简单地对应于学习者母语中的某个单词或结构，忽略了汉语语法自身的特点，也忽略了语法项目的意义与语境之间的密切联系；练习C虽着眼于自由表达，但由于没有对表达的内容进行任何限制，没有为学习者自由表达提供真实的情景、话题，难以引起学习者参与的积极性。概括起来看，上述三个练习虽然能够帮助学习者巩固方位名词的语法形式，并在一定程度上理解该语法项目的意义，但是由于没有兼顾语法项目与意义、语境的关系，未强调语法项目与真实生活的联系，因此这些练习还不能有效地提高学习者的语言交际能力。

借鉴任务型语言教学的理念，在语法教学的课堂中引入以表达意义为目的的任务活动，将有助于解决语法教学中遇到的问题。根据附录6的分析，方位名词对应的一个典型任务内容为“指路”。教师可以将这个主任务形式具体化为例（8）中的任务活动。

例（8）：双人练习

林华邀请马修、乔丹和莎莎到他家做客。请仔细看看林华家的方位图。从图上标出的3个位置出发，都能到林华家。和同伴商量一下你们想从哪里出发，怎么走。然后，和别的组比较一下。（翻译略）

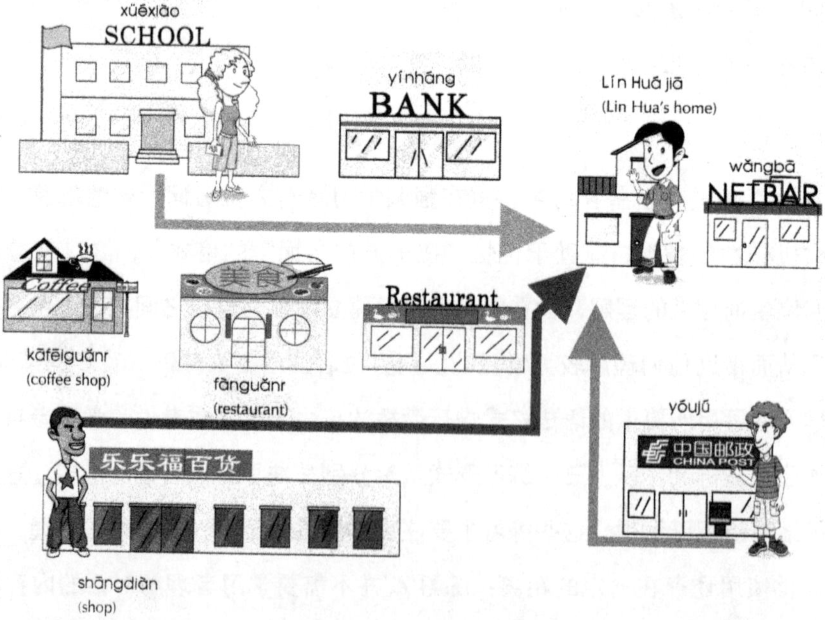

〔引自《体验汉语·留学篇》(50~70课时）第8单元《请问，去银行怎么走》〕

例（8）将指路任务转化为一个确定出发路线的任务活动。这个活动包含了具体的背景：应林华的邀请去他家做客；明确的要求——从三条路线中选择最合适的。这就为学习者确定出发路线设计了一个身临其境的交际情景。完成该活动需要学习者与同伴通过讨论，就图中的三种方案做出选择。让学习者自己对教学活动的内容提出观点与意见，容易引发他们参与的兴趣。

另一方面，指路是方位名词对应的典型任务，尽管例（8）中没有对学习者需要使用的语法项目进行限定，但可以肯定，学习者无论是讨论三种路线的优劣、确定自己的行走路线，还是在与其他小组比较选择结果时，都无法回避使用方位名词这个语法项目。总之，例（8）设计的任务活动将方位名词与其对应的典型任务及真实的交际情景融合在一起，可以引导学习者在选择、决定路线的同时，使用、巩固方位名词的意义与用法。

2.3 钟点表示法

介绍、谈论时间是人类交际的共通内容，如何掌握汉语中的钟点表达也是初级汉语教学中的一个常见内容。从《汉语教科书》开始，钟点的表达就被列入语法教学的范围，教学的重点也主要集中在训练学习者正确掌握钟点的读法，如例（9）所示。

例（9）：钟点表示法

A. 句型替换

现在几点？

现在七点四十。

8:30	9:58
10:05	12:15
3:28	5:45

〔引自《新实用汉语课本》(1) 第 11 课《我会说一点儿汉语》〕

B. 读下列时间

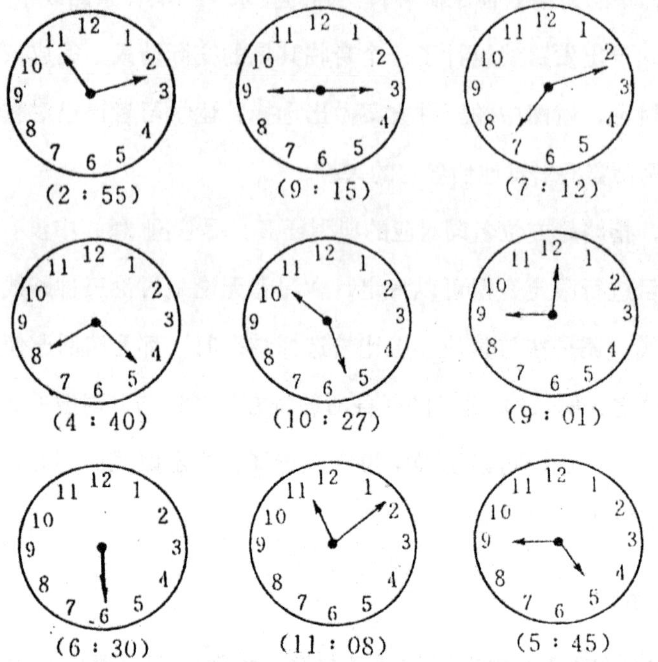

〔引自《新汉语教程》(I) 第6课〕

C. 说说你一天的作息时间

起床、洗澡、吃早饭、去学校、游泳、吃午饭、去邮局、散步、吃晚饭、睡觉

〔引自《新汉语教程》(I) 第6课〕

例 (9) 中无论 A、B 哪种形式，其目的都只在于巩固学习者对钟点的正确读法，没有将时间的表达与真实的交际需要联系在一起。例 (9) C 开始尝试将语法项目与学习者的实际生活融合在一起，但由于没有预设的交际对象以及具体的交际情景，单向的表达还不算是真正意义上的交际活动。附录6显示，“钟点表示法”对应的常见任务正是“介绍日常生活”，因此可以在例 (9) C 的基础上设计一个“信息差 (information gap) 活动”，明确交际环境与对象，营造学习者参与的氛围，让单向的语言练习演变为双向、互动的真实交际，如例 (10) 所示。

例（10）：信息差活动

教师事先根据本班学生的真实情况，设计一张某学生一天的日程安排。将该日程表分为A、B两个部分（如下所示）。每部分各有一半信息。课上让学生两人一组，分别拿日程表A和日程表B。两人需要通过互相问答，才能完成手中日程表缺失的信息。

日程表 A

	起床
6:45	
7:00	
	去学校
	上听力课
	上口语课
12:00	
	去图书馆
15:45	
	回家
	吃晚饭
19:30	
21:00	
	睡觉

日程表 B

6:40	
	洗澡
	吃早饭
7:30	
8:00	
10:00	
	吃午饭
13:30	
	打篮球
17:00	
18:30	
	写作业
	看电视
23:00	

虽然例（10）中的任务活动与例（9）C都是引导学习者运用钟点表示法描述个人的日常生活安排，在内容上都尽量做到了贴近学习者真实的生活场景。但是信息差活动至少在以下几个方面与传统的练习形式有所不同：

练习目的：例（9）C的主要目的在于复习和巩固钟点的读法，同时操练“主语＋钟点＋……”句型；而信息差活动的主要目的在于让学习者通过交际传递信息，补充完成日程表，同时也为他们提供实践钟点表示法的机会。

练习内容：例（9）C主要训练学习者钟点的读法，以及运用句型“主语＋钟点＋……”表达自己的日常生活安排；在信息差活动中，学习者除了要完成这两方面的内容之外，还需要对钟点进行提问（如“他几点吃早饭？他什么时候去图书馆？”），以了解对方日程表中的信息。

练习形式：例（9）C 的练习形式为个人独白，由学习者独立完成；而信息差活动属于小组活动，需要交际双方进行意义协商、双向互动，合作完成。

练习结果：例（9）C 是个口语表达练习，只有语言形式的结果；信息差活动除了语言形式结果之外，还有非语言形式的结果——填写完整的日程表。根据日程表的填写内容，教师可以监控该活动的完成情况，以便对学习者的表现给予及时反馈。

概括起来看，有关钟点读法的训练〔如例（9）A、B〕对于夯实学习者的语言基础是必要的。在此基础上，例（9）C 其实已经开始了拉近语法学习与现实生活的实践，开始尝试为学习者营造贴近生活的交际场景，这对于促进学习者掌握语法项目的使用有积极的作用。但是，如果立足于任务型语言教学的理念，为语法项目选择合适的任务活动，不仅可以保证语法项目融入真实的交际情景中，而且能够极大限度地引导、鼓励学习者参与课堂活动，使语言知识的学习转变为主动地、自觉地做事情的过程，激发学习者的主观能动性，启发他们不断学习的内在动力，切实发展语言运用的能力。

2.4 助动词

助动词，也叫能愿动词，是表示可能、能力、愿望、要求和意志等意义的动词，如“会、能、可以、应该、愿意”等。它是外国人学习汉语的难点之一（叶盼云，吴中伟，1999），是初级语法教学中的一个重要内容。

在以往的语法教学中，由于受到《汉语教科书》的影响，教师更多地关注每个助动词的意义讲解以及用法说明，如《新汉语教程》《新实用汉语课本》都在若干课文中逐一讲解了不同助动词表示的意义，同时强调了助动词与否定词连用的情况。根据这样的教学重点，有关助动词的练习设计也多为机械重复或者词语辨析等形式，如例（11）。

例（11）：助动词

A. 熟读下列词组

愿意参加	愿意写汉字	愿意学习汉语
不愿意喝酒	不愿意住院	不愿意起床

〔引自《新实用汉语课本》(1) 第 12 课《我全身都不舒服》〕

B. 选词填空并翻译①

想　　应该　　可以

我（　　）喝咖啡，不（　　）喝茶。

现在不忙，（　　）休息休息。

自己的事情（　　）自己干。

〔引自《新汉语教程》(Ⅰ) 第 8 课〕

这样的练习，对于加深学习者对每个助动词的理解，巩固其与其他语法成分连用的特点有很大的帮助。但是如果仅将教学目的设定在这一层面，就降低了语法教学作为培养学习者语言交际能力工具的意义。笔者认为，在夯实学习者对单个助动词意义、用法掌握的基础上，可以结合该语法项目对应的常见或典型任务，让学习者在真实的交际活动中尝试运用助动词，实现具体的交际目的。附录 6 的研究结果说明，谈论旅行计划是助动词对应的一个典型任务。教师可以根据学习者的实际情况，将这个主任务形式具体化为安排游览顺序的任务活动，如例（12）所示。

例（12）：

你的朋友要在北京旅游两天，请帮他 / 她安排下列景点的游览顺序，并向他 / 她说明具体旅游计划。

这些词语或格式可以帮助你：想、要、可能、先……再……、要是……就……

① 限于篇幅，此处只节选部分内容。

故宫

鸟巢

三里屯

长城

例（12）有关谈论旅行计划的活动，需要一线教师根据学习者的实际情况具体选定他们熟悉的游览地点，以使活动内容贴近他们的真实生活。本书假设学习者为在北京的留学生，因此选取了在京学习者比较了解的 4 个景点。这些地点为制订旅游计划提供了素材，每个学习者可以根据个人的喜好与生活习惯，自由安排游览顺序。将学习者的个人经历、体验作为课堂学习的一部分，把语言学习与学习者的社会生活结合起来，让学习者触景生情，在生活的体验中学习语言，有利于激发他们的学习动机。

另外，该活动的目的不仅在于安排游览顺序，更重要的是引导学习者运用汉语进行交际，向同伴介绍具体的旅行安排。为降低任务难度，适合汉语初学者的语言水平，在活动设计上，教师提供了若干可供参考的语言要素。这些内容，有些是谈论旅游计划的必用语法项目，如助动词“想、要、可能”；还有一部分是完成该任务较常用的语法内容，如承接复句“先……再……”、假设复句“要是……就……”。这些语法项目充当了学习者完成任务的“脚手架”(scaffolding)，为他们独立介绍旅游计划提供帮助。谈论旅行计划的活动，不仅为学习者综合使用助动词“想、要、可能”提供场景，还可以伴随性地训练他们对承接复句、假设复句的掌握。同时，也可以启发学习者举一反三，在现实的谈论计划任务中，综合运用助动词以及承接、假设复句，有效完成交际任务。

以上展示的针对四个具体的语法项目（紧缩复句“一……就……”、方位名词、钟点表示法、助动词）设计任务活动的实例，意在说明：在课堂教学中，教师应该关注语法项目与任务的对应关系，将语法教学与任务设计、真实情景、学习者参与紧密结合，以活跃课堂气氛，缩短语言教学与学习者真实生活的距离，从而提高课堂教学效率。

这些任务活动的互动方式各有不同，分别对应了 Pica & Falodum（1993）提到的几种任务类型①。

（1）拼图式任务（jigsaw tasks）

拼图式任务要求参与者各持部分信息，同伴之间需要经过言语交流、合作将所有的信息组合成一个整体。针对紧缩复句“一……就……”设计的活动即属于这个类型，教师与学习者共同合作才能运用该语法项目完成句子。

（2）信息差型任务（information-gap tasks）

信息差型任务一般要求两人一组完成。交际双方各持有对方不知道的信息，如针对“钟点表示法”而设计的信息差活动，一个学习者持有日程表 A，另一个持有日程表 B。他们运用所学语言进行交流，通过信息交换得到对方掌握的情况，才能将日程表的内容补充完整。

（3）解决问题型任务（problem-solving tasks）

教师一般给学习者分配一个尚未解决的问题，并提供一些相关信息，学习者需

---

① Pica & Falodum（1993）的研究将任务分为五种类型。除本节提到的四类任务外，还有一类“交换观点型任务”(opinion exchange tasks)。这类任务指学习者就某个话题进行讨论、辩论。由于辩论的活动形式在中高级汉语教学更为常见，因此针对初级语法项目的课堂教学，本书没有设计专门的内容。

要找出解决问题的方法。例如针对助动词，本书设计了一个制订并说明旅游计划的活动，如何安排游览景点的顺序，什么时候去、怎么去等都需要学习者提出具体的解决方案。

（4）选择决定型任务（decision-making tasks）

选择决定型任务是给学习者提供解决某问题的若干选择，由学习者经过讨论，选择其中一个决定。比如，针对方位名词设计的任务活动，教师提供了三条路线，学习者根据自己的情况，选择最合适的路线。

无论是哪一类型的任务活动，其目的都在于为学习者营造在做事情、完成任务的过程中使用语言、学习语言的氛围，吸引学习者参与，鼓励学习者互动，从而加强语言交际能力的培养。事实上，为语法教学创设任务活动的空间是非常广泛的，针对同一个语法项目可以设计出适合不同情境、不同交际对象、不同类型的任务活动。只要这些任务能够符合语法项目的使用环境，能够贴近学习者的生活，能够激发学习者的参与热情，能够引导学习者在做事情的过程中学习语法、使用语法，就有助于改善语法教学脱离意义、脱离语境的局限，就有助于发展学习者的自主学习能力，提高学习者运用语言交际的能力。

力求客观地为初级语法项目确定对应的主任务形式，可以为教师设计具体的任务活动提供参考与借鉴。尽管任务的设计是对教师的一个挑战，但只要广大一线教师树立了语法项目与任务有机融合的理念，充分发挥主观能动性，展开想象，拓展思路，不断探索实践，就能针对不同的教学对象，设计出丰富多彩、生动有趣的任务活动。

第三节　多媒体网络教学实践

现代教育信息技术的不断发展，促进了纸质教材面授为主的课堂教学向多媒体网络等多样化教学的转变。互联网的普及和计算机、移动化终端在教育领域的广泛应用，实现了课堂教学与移动学习、泛在学习[①]（ubiquitous learning）、碎片化学习等

① “泛在学习”指无处不在的学习，是一种任何人可以在任何地方、任何时刻获取所需的任何信息的方式，详见庞春红、郦晓宁（2010）。

理念的整合，使翻转课堂（flipped classroom / inverted classroom）教学模式变得可行与现实，成为影响课堂教学的重大技术变革（张金磊等，2012）。

3.1　翻转课堂教学模式

翻转课堂实践起源于美国科罗拉多州落基山林地公园高中的两位化学老师，指的是在信息技术的辅助下，学习者在课前自主学习教学视频等资源，在课堂上完成师生答疑解惑、协作探究和互动交流等活动的一种教学模式。它秉持"以学生为中心"的教学理念，对传统课堂中的知识传授和课后的知识内化过程进行了翻转，重新调整了课堂内外的时间分配，使知识传授通过信息技术的辅助在课前完成，知识内化则在课堂中经老师的帮助与同学的协助、互动来完成，促进了学习者的探究式学习能力、沟通能力，激发了学习者的学习兴趣，提高了学习效果。近年来，翻转课堂受到美国很多学校的欢迎，取得了令人瞩目的发展（张金磊等，2012）。

美国富兰克林学院（Franklin College）的罗伯特·塔尔伯特（Robert Talbert）教授在总结其所授"线性代数"翻转课堂教学经验的基础上，概括出了翻转课堂的结构（inverted classroom structure），包括：观看教学视频；针对性的课前练习；快速少量的测评；解决问题、促进知识内化；总结、反馈（图 7-2）。这五个环节中，前两个环节在课前完成，后三个在课堂上进行。

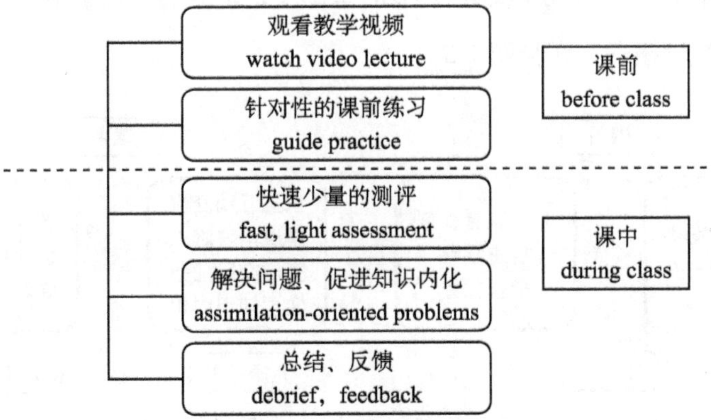

图 7–2　翻转课堂的结构[①]

① 本图源自 Robert Talbert 2011 年 9 月 21 日发表的课件 *Inverting the Linear Algebra Classroom*（网址为 https:// prezi. com/ dz0rbkpy6tam / inverting-the-linear-algebra-classroom）。图中汉语为笔者翻译。

3.2 翻转课堂与任务型语言教学

分析翻转课堂的教学环节可以发现，从顺序和内容上看，它们都与任务型语言教学过程（参见第三章第一节 1.3）存在相互对应的关系，如表 7-2 所示。

表 7–2 翻转课堂与任务型教学环节

翻转课堂		任务型语言教学	
课前	观看教学视频	准备	任务前
	针对性的课前练习		
课堂	快速少量的测评	完成任务	任务中
	解决问题、促进知识内化		
	总结、反馈	讲评	任务后

翻转课堂教学模式中，学习者课前观看视频、完成针对性练习，就是在为完成某个特定任务进行必要的准备；课堂上，在师生交流、生生合作的过程中，学习者完成任务、解决问题，实现对语言知识、语言使用规则的构建；随后教师对课堂活动的总结反馈，则是任务后阶段的主要工作。简言之，尽管翻转课堂与任务型语言教学侧重的角度不同（前者重教育技术，后者重语言教学方法），但它们主张的教学环节相互匹配，教学顺序基本相同，“以学生为中心”的理念一致。因此，将翻转课堂教学模式引入任务型语言教学实践是完全可行的。

在分析翻转课堂与任务型教学环节的基础上，笔者将二者融合，设计了任务型汉语翻转课堂教学模式，详见图 7-3。

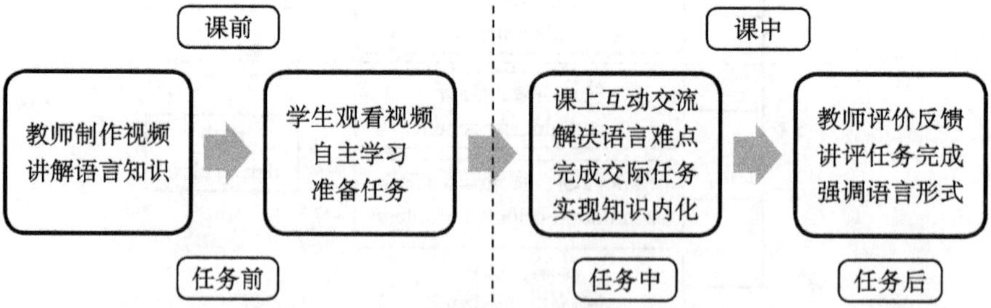

图 7–3 任务型汉语翻转课堂教学模式

这一模式主要由课前学习和课堂学习两部分组成。课前学习过程即任务前阶段，教师利用现代化信息手段，通过教学视频完成知识传授，既增强了学习者预习的自主性，为完成课堂任务夯实了基础，同时也延长了学习的时间，一定程度上突破了汉语教学，特别是海外汉语教学的课时局限；课堂学习过程包括任务中与任务后两个环节，丰富多彩、生动有趣的任务活动，可以引导学习者在相互协作的学习环境中完成交际任务、解决语言难点，实现知识内化，从而提高运用语言交际的能力。

3.3　任务型汉语翻转课堂教学模式中的语法教学

在任务型汉语翻转课堂教学模式中开展语法教学，就是要在课前学习和课堂学习两个阶段为语法教学创设适当、合理的环境，保证语法教学顺利进行。

3.3.1　课前设计模块

与一般的任务型课堂不同的是，翻转课堂的任务前阶段不仅要在课外完成，更需要信息技术的支持，由教师提供教学视频来完成语言知识的传授。为此，视频能否与教学任务有机衔接、能否科学地提供语言范例、能否吸引学习者的兴趣，成为影响翻转课堂教学效果的关键。附录5的研究成果可以为初级汉语翻转课堂的教学视频制作提供参考。

首先，附录5确定的任务综合考虑了不同语种第二语言教材对教学任务的共性认识，既适于成人学习者，也可用于中学汉语教学。不仅可用于目的语环境的汉语教学，同样也可用于母语环境的汉语教学。换句话说，这些任务能够贴合不同国别、不同类型、不同年龄学习者的学习需求，引起他们的学习兴趣，完全可以纳入翻转课堂的视频设计之中。在制作具体的任务视频时，主讲教师可以参考“任务内容”与“建议情景”，设计自然的使用场合，将完成某一具体任务的真实过程展示给学习者，为他们在课上互动完成教学活动提供范例。例如，可以将“描述人物”的任务具体化为“请朋友帮忙去机场接人”；设置安排某人参加某公司的应聘面试，来体现“谈论能力”任务的完成过程。

其次，利用附录5展示的任务与语法项目之间的对应关系，在规划视频内容“由近及远”的同时，通盘考虑语法项目的难易程度及系统性，将合适的语法项目编排在对应的任务中，一方面可以充实、规范某一任务的视频内容，避免教师的个人偏好、语言风格差异等因素对相同教学任务内容的影响；另一方面可以顾及学习者的习得顺序，保证语言知识教学的循序渐进，符合学习者的汉语水平。举例来说，编写“描述人物”视频内容时，可以融入程度副词、主谓词组做谓语、动态助词“着”等语法项目；设计“谈论爱好”视频内容时，可以安排“有”字句、用疑问代词“什么、怎么样”提问、“除了……还……”等语法项目。

3.3.2 课堂活动设计模块

翻转课堂的另一个特点是在最大化地开展课前预习的基础上，不断延长课堂学习时间、提高学习效率，通过课堂活动设计完成知识内化的最大化（张金磊等，2012）。互动理论、建构主义都认为，在与他人交往的环境中进行意义协商，能够有效地促进语言学习，实现语言知识的内化。因此，教师在为某个特定语法项目设计课堂活动时，应参考附录6的研究成果，充分利用该语法项目对应的典型或常见任务情景，在真实的语言使用环境中，为学习者提供互动、交流的机会，引导学习者通过观察、对比、分析、归纳，进而模仿、自觉操练语法规则，自主获得语言知识。

例如，助词“着”是“描述人物外貌”任务必须使用的语法结构，除了在教学视频中安排“请朋友帮忙去机场接人”的内容、为学习者提供使用范例之外，还可以设计如下活动，让学习者在模仿范例格式的基础上学会正确的表达。

例（13）：

A. 选择合适的词语描写图片。

戴　穿　留　拿　背　眼镜　长发　大衣　书包　行李

他________着________。　她________着________。　她________着________。

他________着________。 他________着________。

B. 猜一猜：甲描述一位班上的同学，请乙猜猜他 / 她是谁。

C. 你下午有事，不能去机场接父母。你请朋友帮忙，请他 / 她接一下你的父母。你需要：

a. 说明你为什么不能去机场；

b. 描述父母的外貌；

c. 告诉朋友接到父母之后做什么。

例（13）A 是让学习者根据图片内容选词填空。学习者在看图的过程中寻找合适的词语，借助助词“着”来完成描述人物的练习。这个活动与传统课堂常见的替换练习或完成句子练习的不同之处在于，它不是脱离语境的、机械性的重复，而是营造了具体的使用环境，将句子意义与图片内容紧密结合，是在具体语境下的有意义练习。同时，这一课堂活动的每个句子都体现了“描述人物外貌”的交际目的，为之后真实的交际任务奠定了语言基础。

例（13）B 是对练习 A 的提升，引导学习者在掌握描述人物外貌的句型“V 着……”之后，进行简单的成段表达。表达的内容与学习者朝夕相处的同学有关，贴近学习者的生活，既能够引起他们的兴趣，也是学习者日常交际中可能会遇到的真实情景。

熟悉描述人物外貌的句型，完成简单的成段表达，这两项课堂活动可以帮助学生巩固助词“着”的语法意义、使用规则，为其自如地使用这一语言点夯实基础。随后，例（13）C 设计了更加接近真实情景的交际任务：请朋友帮忙去机场接父母。学习者要圆满地完成这个任务活动，不仅需要模拟教学视频中的范例语言，同时也必须熟练掌握助词“着”的用法。这样的课堂活动，一方面落实了复习教学视频内容、操练语法项目的教学目的；另一方面，也训练、指导了学习者完成“描述人物外貌”的任务。

无论是哪种课堂活动，其目的都在于鼓励学习者参与互动，为他们营造在完成任务的过程中学习语言、使用语言的氛围，从而实现语言交际能力的提高。

总之，作为新的教学理念与教学模式，任务型教学法和翻转课堂教学模式都还处于方兴未艾的发展阶段。在汉语作为第二语言教学实践中，借鉴二者的教学理念、教学环节，参考任务与语法项目对应关系的研究成果，将有助于培养学习者运用语言进行交际的能力，促进汉语电化教学的发展。当然，有关翻转课堂技术路线开发、实施方案规划、详细的视频编辑、具体的课堂活动设计等内容，还需要学界进一步地深入研究，以开拓汉语作为第二语言多媒体网络教育的新局面。

概括起来看，从教材编写、课堂教学、多媒体网络教学三个角度，分析任务与语法项目对应关系的教学应用，可以发现：

首先，如果站在任务的视角，讨论“以任务为纲”的教学内容设计、编排等问题，可以参考附录5的研究成果，为常见的教学任务选择必用或常用的语法项目，这样可以在保证任务内容贴近学习者生活、满足学习者学习需求的同时，兼顾语法项目的难易顺序以及语法教学的系统性。

其次，如果站在语法教学的角度，意在改善传统语法教学脱离语言使用环境、脱离真实情景、强调机械性练习的局面，教师可以借鉴附录6的研究成果，为语法项目选择典型或常见的任务、设计不同互动类型的任务活动，为学习者提供自然的使用范例，使语法教学与真实的交际情境融合，最大限度地调动学习者的参与热情，增加语言实践机会，促使机械的课堂学习转变为鲜活的用语言做事的过程，从而提高语法课堂教学的效率。

需要说明的是，应用任务与语法项目对应关系的研究成果，还需要教师合理安排任务的繁简程度，科学分配完成任务的时间，适时对任务活动过程进行监控，对学习者的表现予以反馈等。

第八章　结　　语

第一节　本书的主要结论

在充分继承语法教学成就的基础上，本书借鉴任务型语言教学理念，以初级语法项目与常见教学任务的对应关系为切入点，探讨了任务型语言教学与语法教学的融合问题。主要工作包括如下方面。

（1）概述汉语作为第二语言语法教学的发展历程

在收集、整理汉语作为第二语言语法教学研究成果的基础上，概述了半个多世纪以来学界对于语法教学地位、语法体系、语法教学原则与方法、语法教学环节等领域的研究情况。从这些成果中可以看出，无论受到什么教学法的影响，语法教学在汉语作为第二语言教学中始终占有极其重要的地位。以《汉语教科书》所构建的语法体系为内容，学者们从教学实践的角度出发，积极探索科学、合理的语法教学原则与方法，以有效指导语法教学各个环节的实践。可以说，学界在语法教学研究领域的辛勤耕耘，为培养学习者清晰的语法概念，奠定扎实的语法基础，促进他们的语言能力发展做出了积极的贡献。这些令人瞩目的成果，是我们进一步深入研究的起点。

随着汉语国际教育事业的蓬勃发展，为满足学习者学以致用的需求，提高语法教学的效率，使语法教学真正成为提高学习者语言交际能力的工具，汉语教师不仅应在内容的安排上做到语法与意义、真实语境紧密结合，还应在教学环节的设计上注重以学习者为中心，激发学习者的课堂参与热情，从而有效地培养学习者的语言交际能力，提升汉语作为第二语言语法教学的质量，这是新的形势对语法教学提出的新要求。

（2）分析任务型语言教学对语法教学的启示

第三章首先简述了任务型语言教学的基本内容与发展情况。“任务”是任务型语言教学的核心内容，指的是以表达意义为交际目的的语言使用活动。以任务为教学单位的任务型语言教学，得到了来自学习领域、教学领域等相关理论的支持，具有强调语言交际、强调真实情景、强调参与过程的鲜明特点。这些特点决定了该教学流派有利于培养学习者运用目的语进行交际的能力，有利于实现学习者学以致用的目标，有利于激发学习者的学习热情。因此，吸引了越来越多的语言教学实践者，引起了国内外第二语言教学研究者的关注，在理论探讨、教学实践以及教师发展等方面取得了较为丰硕的研究成果。

但需要看到，作为一个发展中的教学流派，任务型语言教学客观上还存在一些局限，为了实现该教学流派的可持续发展，笔者认为，在评估任务难度以及厘清任务与语言技能教学、语言要素教学关系等方面的深入研究必不可少。客观了解任务型语言教学的基本情况，是为了更清醒地看待任务型语言教学对于语法教学的启示作用。在立足原有教法的基础上，借鉴用语言做事的教学理念，将语法教学与任务设计、真实情景、学习者参与紧密结合，让学习者在完成任务的过程中学习语法、使用语法，将有助于提高他们运用语言进行交际的能力，提高语法教学的效率。

（3）论证任务型语言教学与语法教学融合的理据

为考察任务型语言教学与语法教学融合的可行性，本书第四章从四个角度展开了讨论：

第一个角度是任务构成。作为人类的交际活动，任务与交际情景、交际话题、语言功能以及语言要素之间存在着密切的联系，或者说，任务就是这四个要素的有机统一。强调某个构成要素而忽视其他内容，将影响交际活动的顺利进行，影响任务的有效完成。语法是语言要素的重要组成部分，语法与任务之间也必然存在不可分割的联系。二者应该有机结合。

第二个角度是语言本质。系统功能语言学、认知语言学对语言本质的研究结果显示，语言形式离不开意义的解释以及具体的使用环境。这对语法教学的启示在于，应该将语法教学与真实的使用情景、意义交流融合在一起。而真实情景、表达意义正是任务型语言教学所积极倡导的理念。从语言本质的角度来看，语法教学应该与任务型语言教学理念融合。

第三个角度是学习特点。根据认知心理学针对陈述性知识与程序性知识、内隐学习与外显学习的相关研究成果，可以得出：第二语言教学中不仅需要培养学习者陈述性知识的外显学习，同样也应该重视能促进自动化加工、实现程序性知识转化的内隐学习。语法教学在促进学习者外显学习方面积累了丰富的经验，任务型语言教学为学习者的内隐学习提供机会。因此，二者的融合符合人类学习的基本特点。

以上三个角度从理论方面阐释了任务型语言教学与语法教学融合的理据，而第四个角度则从教学实践出发，通过分析汉语教学的两个实例，说明无论是在任务型课堂，还是在语法教学实践中，任务与语法的融合都已得到了践行，具有可操作性。

总之，从不同角度论证任务型语言教学与语法教学融合的理据，为开展基于任务的语法教学奠定了一定的理论与实践基础。

（4）确定初级语法项目与任务的范围

本书以初级语法项目的任务选择为切入点，来探讨如何开展基于任务的语法教学。在为语法项目选择合适的任务之前，首先需要确定初级语法项目与任务包含哪些内容。《汉语水平等级标准与语法等级大纲》作为“对外汉语教学进行总体设计、教材编写、课堂教学和课程测试的主要依据”[①]，具有一定的科学性与普适性。本书选择了其中适于初级水平学习者的甲级语法大纲作为研究对象，在归并相同或相近的内容、略去不是教学重点的内容之后，从129个甲级语法项目中选定了79个语法项目。

为了保证这些语法项目对应的任务能够体现学习者日常生活中最典型、最常见的交际内容，满足学习者的需求，在明确任务表现形式的基础上，笔者首先概括了10部近年来国内外公开出版的任务型第二语言教材（5部汉语教材和5部外语教材）的任务共核；其次，参考了学界实证研究的相关成果，并邀请30位汉语教学的专业人士（20位经验丰富的一线教师、10位汉语教学方向的在读博士或硕士研究生）对这些任务共核进行人工干预，最终确定了24项初级阶段汉语教学的常见任务。

① 参见《汉语水平等级标准与语法等级大纲》“前言”。

（5）进行初级语法项目的任务选择研究

为了能够尽量规避研究者的主观因素，更客观地揭示任务与语法项目的对应关系，笔者在研究方法上借鉴了《欧盟框架》中直观法、定性法、定量法相结合的方法。

所谓直观法，就是指在分析现有研究成果的基础上，根据笔者的母语语感与教学经验，直观地将79个初级语法项目与24项任务进行对应。定性法是请（4）中30位被调查者对直观法的研究进行评价、取舍，概括他们对直观法研究成果的修正意见，并形成定性法的研究成果。在直观法、定性法的基础上，本书又利用了10部近年来出版的汉语教材作为语料，对定性法中6项任务的完成情况进行了验证与调整。

经过三种研究方法的层层深入，笔者对研究结果不断修正与完善，确定了任务与语法项目的对应关系，以及语法项目在完成任务中承担的不同角色（必用语法项目、常用语法项目）。

（6）讨论任务与语法项目对应关系在教学实践中的应用

笔者认为任务与语法项目对应关系的研究成果，可以在教材编写、课堂教学、多媒体网络教学等方面推动教学实践的发展。

在教材编写过程中，设计任务内容时，明确任务与语法项目的对应关系，有助于在以任务为纲的同时，兼顾语法项目的难易顺序，保证语法教学的系统性；另一方面，设计语法教学的内容，可以参考本书研究成果，为能够任务化的语法项目匹配典型或常见的任务，为学习者提供自然的使用范例，使语法教学与真实的交际情境融合。

在课堂教学实践中，语法项目的任务选择结果还可以为一线教师围绕某个语法项目设计恰当的任务活动提供借鉴。通过为紧缩复句“一……就……”、方位名词、钟点表示法以及助动词4个语法项目设计具体的任务活动，笔者举例性地展示了该研究在课堂教学中的应用。当然，针对语法项目设计任务活动并没有固定的做法与模式，只要教师能够有意识地将贴近学习者生活、具有真实情景、形式多样丰富的任务活动与语法项目有机融合，就有助于使静态的、封闭的课堂学习转变为动态的、开放的用语言做事的过程。

在多媒体网络教学中，任务型语言教学与翻转课堂教学模式的教学理念、教学环节相互匹配，因此，开展任务型汉语翻转课堂教学模式是完全可行的。具体到语法教学，在课前设计模块与课堂活动设计模块，参考任务与语法项目对应关系的研究成果，将有助于培养学习者运用语言进行交际的能力，促进汉语电化教学的发展。

总之，本书的研究初衷是立足语法教学，借鉴任务型语言教学理念，科学、客观地为语法项目选择合适、恰当的任务，从而促进语法教学与任务型语言教学的有机融合，为有效地开展基于任务的语法教学，培养学习者的语言交际能力，推动汉语作为第二语言语法教学研究的深入发展做出一点努力。这项研究的主要结论包括：

（1）为开展基于任务的语法教学提供理据

为促进任务型语言教学与语法教学的融合研究更深入地发展，更有效地指导语言教学实践，首先必须从理论上为二者的融合提供合理的解释。目前这方面的相关研究较少，本书尝试从任务构成、语言本质、学习特点以及教学实践四个角度展开讨论。

通过分析任务各构成要素之间的有机联系，分析系统功能语言学、认知语言学对语言本质的认识，分析认知心理学对知识类型、学习方式的讨论，分析任务型汉语教学以及语法教学的实例，为开展基于任务的语法教学探寻理据。其中，前三个角度是从理论层面剖析二者融合的依据，第四个角度是从教学实践入手考察二者融合的可行性。不同领域的研究为开展语法教学提供了新的视角：语法教学不仅可以从语义、结构、语用等角度展开，同时也可以融入任务，引导学习者在完成真实交际活动的过程中学习语法、使用语法。

（2）明确了任务与语法项目的对应关系

经过实证方法的层层深入，本书将任务与语法项目的关系归纳为两类："典型任务—必用语法"和"常见任务—常用语法"。第一类关系中，典型任务与必用语法项目的关联更为紧密，这与 Loschky & Bley-Vroman（1993）提到的"任务必需"内涵一致，即语法是任务完成的基础，典型任务可看作 Ellis，R.（2003）提到的"结构集中型任务"；而在第二类关系中，常见任务可视为 Ellis，R.（2003）提到的"结构松散型任务”，它与常见语法项目的对应关系则是 Loschky & Bley-Vroman（1993）总结的“任务自然”与“任务有效”的综合，即语法能够自然、有效地实现任务的完成。简言之，Ellis，R.（2003）将任务与语法的关系分为两类，这与本书的实证研究更为吻合。而对每种关系的内涵解释，Loschky & Bley-Vroman（1993）的概括则更为直观。

（3）初步探讨任务与语法项目的对应关系在语言教学中的应用

只有将任务与语法项目的对应结果运用到实际的语言教学中，才能真正实现任务型语言教学与语法教学的融合，才能真正促使机械、静态的语言学习向真实、生动的语言使用转变。本书从教材编写、课堂教学、多媒体网络教学三个角度，初步探讨了初级语法项目的任务选择研究在教学实践中的应用。

概括起来看，如果站在任务的视角，讨论“以任务为纲”的教学内容设计、编排等问题，可以参考附录 5“初级阶段任务与甲级语法项目的对应关系”研究成果，为常见的教学任务选择必用或常用的语法项目，这样可以在保证任务内容贴近学习者生活、满足学习者学习需求的同时，兼顾语法项目的难易顺序以及语法教学的系统性。

如果站在语法教学的角度，意在改善传统语法教学脱离语言使用环境、脱离真实情景、强调机械性练习的局面，教师可以借鉴附录 6“初级语法项目的任务选择”，为语法项目选择常见或典型的任务，设计不同互动类型的任务活动，为学习者提供自然的使用范例，使语法教学与真实的交际情境融合，最大限度地调动学习者的参与热情，增加语言实践机会，促使机械的课堂学习转变为鲜活的用语言做事的过程，从而提高语法课堂教学的效率。

第二节　需要进一步研究的问题

本书立足语法教学，为实现任务型语言教学与语法教学的融合进行了尝试与创新工作。但由于受到任务型语言教学整体研究现状的影响，不可避免地存在一些局限。目前有学者指出，任务型语言教学比较适于商务、旅游等特殊目的的语言教学

(如李青，张晓慧，2006；杜欣，2007；顾伟列，方颖，2009)；也有学者认为，该教学理念在语言技能教学方面更为适用（如孔燕平，2004；吴中伟，2004；邓杰，邓颖玲，2007；姚敏，2010）。不过从教学实践的角度来看，近年来既有适于特殊目的或语言技能的专门教材出版（如《经理人汉语》《汉语新闻在线阅读教程》），也有适于综合课教学的系列教材（如《体验汉语·基础教程》《目标汉语》）、适于中小学汉语教学的任务型教材（如《初中中文》《高中中文》）问世。可见，该教学理念在语言教学中的适用性仍在不断探索之中。在这样的背景下，如何认识任务型语言教学与语法教学的融合，还需要学界进一步地深入研究。具体包括：

（1）进一步开展任务型语言教学与语法教学融合的理据研究

任务型语言教学与语法教学的融合是一个新的研究课题。本书尝试从任务构成、语言本质、学习特点、教学实践四个方面论述了二者融合的理据。但要为该研究奠定坚实的理论基础、进行全方位的可行性分析，还需要从更广泛的角度，更深入地进行理论剖析与阐释。

（2）进一步扩大语法项目的任务选择研究范围

本书只围绕初级语法项目的任务选择进行了研究，若要实现任务与语法项目的有机融合，还需要进一步扩大研究范围。对于一般目的、普及型的汉语教学，中高级的语法教学要不要结合任务？如何为这些语法项目确定任务？中高级阶段的教学任务是在初级任务难度的基础上螺旋式上升，还是需要扩大范围，增加新的任务？另一方面，对于特殊目的的汉语教学，如商务汉语、旅游汉语教学，如何实现语法项目与商务任务、旅游任务的结合？在不同目的的教学中，语法项目与任务的前后排序是否一致？这些问题都需要进一步研究。

（3）进一步加强语法项目与任务融合的应用研究

本书第七章初步探讨了初级语法项目的任务选择结果在教材编写、课堂教学、多媒体网络教学中的应用。但实事求是地讲，这只是一个开始，只是笔者对二者融合的应用研究的一个简单尝试，还缺乏对教学效果的实证研究检验。为加强语法项目与任务融合的应用研究，需要在课堂教学环境中，不断深入分析、探索具体的教学方法、教学环节以及测评手段，避免语法项目与任务的融合成为空洞的理论，而应使其真正成为提高学习者语言交际能力，提高语言教学效率的鲜活、有效的手段。

以上所谈到的这些内容，受篇幅、时间与个人能力所限，还未在书中展开，它们将是今后笔者进一步努力研究的方向。

参考文献

[1] 蔡兰珍（2001）“任务教学法”在大学英语写作中的应用，《外语界》第4期。

[2] 常心平（2012）任务型教学法在对外汉语语法教学中的应用，郑州大学硕士学位论文。

[3] 陈慧媛，吴旭东（1998）任务难度与任务条件对EFL写作的影响，《现代外语》第2期。

[4] 陈积峰（2012）任务型对外汉语词汇教学的探索与实践，浙江大学硕士学位论文。

[5] 陈建民（1984）《汉语口语》，北京：北京出版社。

[6] 陈 璐（2006）对外汉语语法教学的理论性和实用性原则，《青岛职业技术学院学报》第3期。

[7] 陈亚轩（2006）任务型教学法在大学英语词汇教学中的应用，上海外国语大学硕士学位论文。

[8] 陈银花（2008）任务型词汇教学初探，苏州大学硕士学位论文。

[9] 陈 钰（2006）对外汉语中级听力课堂任务的设计研究，华东师范大学硕士学位论文。

[10] 陈作宏（2012）基于“任务”的汉语语言形式教学探讨，《民族教育研究》第4期。

[11] 程 棠（1996）关于“结构－功能－文化相结合”的教学原则的思考，《世界汉语教学》第4期。

[12] 程 棠（2000）《对外汉语教学目的原则方法》，北京：华语教学出版社。

[13] 程晓堂（2004）《任务型语言教学》，北京：高等教育出版社。

[14] 储泽祥（1997）《现代汉语方所系统研究》，武汉：华中师范大学出版社。

[15] 崔永华（1990）关于对外汉语教学语法体系的思考，胡盛仑，《语言学与汉语教学》，北京：北京语言学院出版社。

[16] 崔永华，杨寄洲（1997）《对外汉语课堂教学技巧》，北京：北京语言文化大学出版社。

[17] 戴炜栋，任庆梅（2006）语法教学的新视角：外显意识增强式任务模式，《外语界》第1期。

[18] 党晨华（2008）任务教学法在高职英语听说教学中应用之研究，中国海洋大学硕士学位论文。

[19] 邓 杰，邓颖玲（2007）网络环境下英语视听说任务型教学研究——英语视听说国家精品课程建设例析，《外语教学》第5期。

[20] 杜 欣（2007）谈商务汉语口语培训中任务型教学方法的运用，“第五届全国语言文字应用学术研讨会”论文。

[21] 段 沫（2010）基于需求分析的任务型教学研究，上海师范大学博士学位论文。

[22] 方文礼（2003）外语任务型教学法纵横谈，《外语与外语教学》第9期。

[23] 方文礼（2005）意义协商与外语焦点式任务型教学，《外语与外语教学》第1期。

[24] 房玉清（1992）《实用汉语语法》，北京：北京语言学院出版社。

[25] 丰玉芳，唐晓岩（2004）任务型语言教学法在英语教学中的运用，《外语与外语教学》第6期。
[26] 甘 阳（2006）任务型教学模式在中国学生英语虚拟语气教学中的应用，西南大学硕士学位论文。
[27] 龚亚夫，罗少茜（2006）《任务型语言教学》（修订版），北京：人民教育出版社。
[28] 顾伟列，方 颖（2009）商务汉语任务型语言教学法初探，《云南师范大学学报》（对外汉语教学与研究版）第2期。
[29] 关道雄，费 飞（2010）商务汉语教学中的任务类型及设计，《国际汉语教育》（第一辑），北京：外语教学与研究出版社。
[30] 郭秀艳，杨治良（2002）内隐学习与外显学习的相互关系，《心理学报》第4期。
[31] 国家对外汉语教学领导小组办公室（2002a）《高等学校外国留学生汉语教学大纲》（长期进修），北京：北京语言文化大学出版社。
[32] 国家对外汉语教学领导小组办公室（2002b）《高等学校外国留学生汉语教学大纲》（短期强化），北京：北京语言文化大学出版社。
[33] 国家对外汉语教学领导小组办公室汉语水平考试部（1996）《汉语水平等级标准与语法等级大纲》，北京：高等教育出版社。
[34] 国家汉语国际推广领导小组办公室（2008）《国际汉语教学通用课程大纲》，北京：外语教学与研究出版社。
[35] 侯松山（1998）任务和性别对外语交际策略的影响，《解放军外国语学院学报》第6期。
[36] 胡壮麟，朱永生，张德禄等（2005）《系统功能语言学概论》，北京：北京大学出版社。
[37] 华维芬（2010）我国高校英语专业综合英语教材任务研究，上海外国语大学博士学位论文。
[38] 季 静，韩国秀（2010）语言经济原则在对外汉语语法教学中的运用，《文教资料》第11期。
[39] 贾志高（2005）有关任务型教学法的几个核心问题的探讨，《课程•教材•教法》第1期。
[40] 姜丽萍（2013）“任务–活动”型汉语课堂教学模式的构建，《语言教学与研究》第6期。
[41] 蒋显菊（1995）自然法——美国最新外语教学法，《重庆师专学报》（社会科学版）第3期。
[42] 康立新（2012）课堂环境下基于任务支持的语篇听力理解研究，上海外国语大学博士学位论文。
[43] 柯彼德（1991）汉语作为外语教学的语法体系急需修改的要点，《世界汉语教学》第2期。
[44] 孔燕平（2004）外语教学中交际式读写的运用，《外语与外语教学》第1期。
[45] 李临定（1986）《现代汉语句型》，北京：商务印书馆。
[46] 李 梅（2007）输入输出任务对伴随性词语习得的影响，华东师范大学硕士学位论文。
[47] 李 青，张晓慧（2006）任务型语言教学模式在商务汉语口语课教学中的运用，张西平，张晓慧，《国际汉语教学动态与研究》（第二辑），北京：外语教学与研究出版社。
[48] 李 泉（1997）第二语言教学中的功能及相关问题，《中国人民大学学报》第6期。

[49] 李　泉（2003）基于语体的对外汉语教学语法体系构建，《汉语学习》第3期。
[50] 李晓琪（2004）关于建立词汇－语法教学模式的思考，《语言教学与研究》第1期。
[51] 李晓琪（2005）《现代汉语虚词讲义》，北京：北京大学出版社。
[52] 李晓琪，章　欣（2010）新形势下对外汉语语法教学研究，《汉语学习》第1期。
[53] 李　颖（2013）任务型教学在高中英语词汇教学中的运用，天津师范大学硕士学位论文。
[54] 李　珠（1997）建立三维语法教学体系——初级阶段对外汉语语法教学研究的回顾与展望，《世界汉语教学》第2期。
[55] 刘海燕（2010）对外汉语语法教学的通俗性原则，《魅力中国》第14期。
[56] 刘　华（2008）面向对外汉语教学的话题聚类研究，《外语研究》第5期。
[57] 刘佳慧（2014）任务型教学在高职英语听说课中的应用研究，内蒙古师范大学硕士学位论文。
[58] 刘乐宁（2009）论教学法的适用性，加州中文教师工作坊主题演讲。
[59] 刘素君（2007）大学英语读写教程中的任务设置：调查与思考，广西师范大学硕士学位论文。
[60] 刘婷婷（2011）任务型教学法与网络自主学习在研究生听说教学中的应用研究，中国石油大学硕士学位论文。
[61] 刘月华，潘文娱，故　韡（1983）《实用现代汉语语法》，北京：外语教学与研究出版社。
[62] 刘　壮，戴雪梅，阎　彤，竺　燕（2007）任务式教学法给对外汉语教学的启示，《世界汉语教学》第2期。
[63] 卢福波（2002）对外汉语教学语法的体系与方法问题，《汉语学习》第2期。
[64] 卢福波（2008）语法教学的基本原则与操作方法，《语言教学与研究》第2期。
[65] 卢　利（2005）多元智能理论在中学任务型语言教学中的运用，广西师范大学硕士学位论文。
[66] 卢　易（2008）合作听写活动（dictogloss）在语法教学中的作用，《考试周刊》第8期。
[67] 鲁子问，张荣干（2005）《中小学英语真实任务教学理论与实践》，北京：中国电力出版社。
[68] 鹿士义，王二平（2010）汉语作为第二语言教学和评估任务的工作分析，《世界汉语教学》第1期。
[69] 吕必松（1990）《对外汉语教学发展概要》，北京：北京语言学院出版社。
[70] 吕必松（1995）对外汉语教学概论（讲义）（续十一），《世界汉语教学》第1期。
[71] 吕叔湘（1980）《现代汉语八百词》，北京：商务印书馆。
[72] 吕婷婷（2007）任务型教学法任务设计在对外汉语初级口语教学中的运用，北京语言大学硕士学位论文。
[73] 吕文华（1991）关于对外汉语教学的语法体系，《中国语文》第5期。
[74] 吕文华（1994）《对外汉语教学语法探索》，北京：语文出版社。
[75] 吕文华（2008）《对外汉语教学语法探索》（增订本），北京：北京语言大学出版社。

[76] 罗青松（2006）美国《21世纪外语学习标准》评析——兼谈《全美中小学中文学习目标》的作用与影响，《世界汉语教学》第1期。
[77] 马箭飞（2000）以“交际任务”为基础的汉语短期教学新模式，《世界汉语教学》第4期。
[78] 马箭飞（2002）任务式大纲与汉语交际任务，《语言教学与研究》第4期。
[79] 穆亚萍（2014）任务型教学法在高中英语语法教学中的应用，华中师范大学硕士学位论文。
[80] 欧洲理事会文化合作教育委员会（2008）《欧洲语言共同参考框架：学习、教学、评估》，刘骏，傅荣主译，北京：外语教学与研究出版社。
[81] 庞春红，郦晓宁（2010）泛在学习的多维透视，《河北大学学报》（哲学社会科学版）第5期。
[82] 彭莎莎（2012）汉语存现句任务型教学设计，山东大学硕士学位论文。
[83] 彭　莺（2009）结合任务的3P模式在对外汉语初级语法教学中的应用，复旦大学硕士学位论文。
[84] 彭增安，陈光磊（2006）《对外汉语课堂教学概论》，北京：世界图书出版公司。
[85] [瑞士]皮亚杰（Piaget, J.）（1981）《发生认识论原理》，王宪钿等译，北京：商务印书馆。
[86] 乔印伟（2001）汉语阅读教学任务及其量化分析，《世界汉语教学》第2期。
[87] 清华大学计算机语言学研究室（1995）《汉语句型频度表》，《语言研究》第1期。
[88] 史　凌（2013）任务型教学法在对外汉语初级汉语词汇教学中的运用，重庆大学硕士学位论文。
[89] 宋桂霞（2005）用任务型教学方法在小学里实施文化教学，山东师范大学硕士学位论文。
[90] 王　驰（2009）基于网络的任务型英语教学，吉林大学硕士学位论文。
[91] 王　还（1994）《对外汉语语法大纲》，北京：北京语言学院出版社。
[92] 魏晓红，李清源（2009）以任务为中心的研究性英语文化教学，《中国大学教学》第11期。
[93] 魏永红（2004）《任务型外语教学研究：认知心理学视角》，上海：华东师范大学出版社。
[94] 吴　慧（2012）基于任务型的汉语国际教育硕士培养模式探析，《内蒙古师范大学学报》（教育科学版）第3期。
[95] 吴旭东（1997）外语学习任务难易度确定原则，《现代外语》第3期。
[96] 吴勇毅（2005）从任务型语言教学反思对外汉语口语教材的编写，《国际汉语教学动态与研究》第3期。
[97] 吴勇毅（2006）从交际语言教学到任务型语言教学，齐沪扬，《对外汉语研究》（第二期），北京：商务印书馆。
[98] 吴中伟（2004）浅谈基于交际任务的教学法——兼论口语教学的新思路，《第七届国际汉语教学讨论会论文选》编辑委员会，《第七届国际汉语教学讨论会论文选》，北京：北京大学出版社。
[99] 吴中伟（2005）语言教学中的形式与意义的平衡——任务型教学法研究之二，赵金铭，《对外汉语教学的全方位探索——对外汉语研究学术讨论会论文集》，北京：商务印书馆。

[100] 吴中伟（2007）《怎样教语法——语法教学理论与实践》，上海：华东师范大学出版社。
[101] 吴中伟，郭 鹏（2009）《对外汉语任务型教学》，北京：北京大学出版社。
[102] 吴中伟（2013）“做中学”：教师培训的重要途径——以汉语教师培训中的“语法教学”专题为例，姜明宝，《汉语国际教育人才培养理论研究》，北京：北京语言大学出版社、中央广播电视大学音像出版社。
[103] 武 艳（2006）任务型教学在大学听说教学中的应用研究，中国海洋大学硕士学位论文。
[104] 夏纪梅，孔宪辉（1998）“难题教学法”与“任务教学法”的理论依据及其模式比较，《外语界》第4期。
[105] 邢福义（1992）《语法问题发掘集》，武汉：湖北教育出版社。
[106] 徐 越（2014）任务型教学在小学高年级英语听说中的应用，内蒙古师范大学硕士学位论文。
[107] 杨德峰（2001）初级汉语教材语法点确定、编排中存在的问题——兼议语法点确定、编排原则，《世界汉语教学》第2期。
[108] 杨维东，赵 娟（2011）基于建构主义理论的“任务型、互动式”教学模式研究——以非英语专业硕士研究生英语课堂为例，《外语教学》第5期。
[109] 姚 敏（2010）任务型教学法在对外汉语泛读教学中的运用探索，《中国成人教育》第8期。
[110] 姚宇赤（2006）运用任务型教学培养高中生跨文化交际能力，河北师范大学硕士学位论文。
[111] 叶蜚声，徐通锵（1997）《语言学纲要》，北京：北京大学出版社。
[112] 叶盼云，吴中伟（1999）《外国人学汉语难点释疑》，北京：北京语言文化大学出版社。
[113] 苑维超（2009）任务型教学法在英语视听说课中的应用实证研究，上海外国语大学硕士学位论文。
[114] 曾妙芬（2007）《推动专业化的AP中文教学——大学二年级中文教学成功模式之探讨与应用》（简体），北京：北京语言大学出版社。
[115] 张爱群（2013）结合任务法的汉语比较句教学设计，山东大学硕士学位论文。
[116] 张宝林（2006）《汉语教学参考语法》，北京：北京语言大学出版社。
[117] 张宝林（2008）对外汉语语法知识课教学的新模式，《语言教学与研究》第3期。
[118] 张 红（2014）韩国中学生能愿动词“能”的任务型教学设计——以韩国光州第五中学为例，辽宁大学硕士学位论文。
[119] 张金磊，王 颖，张宝辉（2012）翻转课堂教学模式研究，《远程教育杂志》第4期。
[120] 张 可（2008）任务型教学背景下的中学英语教师专业发展，西南大学硕士学位论文。
[121] 张旺熹，崔永华（1999）对外汉语教学语法问题研究的基本态势，陈章太，戴昭铭，佟乐泉，周洪波，《世纪之交的中国应用语言学研究》，北京：华语教学出版社。
[122] 张伟平（2007）对外汉语教材中初级阶段语法项目的选取和排序情况的考察，北京语言大学硕士学位论文。

[123] 张艳丽（2006）任务型写作模式下外语教师的再定位，《当代教育科学》第 14 期。

[124] 赵金铭（1994）教外国人汉语语法的一些原则问题，《语言教学与研究》第 2 期。

[125] 赵金铭（1996a）《桥梁：实用汉语中级教程》序，陈灼，《桥梁：实用汉语中级教程》，北京：北京语言文化大学出版社。

[126] 赵金铭（1996b）对外汉语语法教学的三个阶段及其教学主旨，《世界汉语教学》第 3 期。

[127] 赵金铭（2008）汉语作为第二语言教学：理念与模式，《世界汉语教学》第 1 期。

[128] 郑巧英（2008）基于任务型教学的初中英语跨文化意识培养，福建师范大学硕士学位论文。

[129] 中华人民共和国教育部（2001）《全日制义务教育英语课程标准（实验稿）》，http://www.pep.com.cn/xe/jszx/jxyj/kcjcyj/201008/t20100827_796980.htm。

[130] 周　健（2009）《汉语课堂教学技巧 325 例》，北京：商务印书馆。

[131] 周祖谟（1953）教非汉族学生学习汉语的一些问题，《中国语文》第 7 期。

[132] 朱静钰（2006）任务型教学在职校英语听说教学中的应用研究，华东师范大学硕士学位论文。

[133] 朱志平（2006）海外中小学汉语教材的任务，《国际汉语教学动态与研究》第 3 期。

[134] 邹　莹（2009）皮亚杰与维果斯基的建构主义比较，《外语学刊》第 5 期。

[135] Anderson, J. (1993) *Rules of the Mind*, Hillsdale, NJ: Lawrence Erlbaum.

[136] Anderson, J. (2000) *Learning and Memory: An Integrated Approach*, New York: John Wiley and Sons.

[137] Breen, M.P. (1987) Learner Contributions to Task Design, in C. Candlin & D. Murphy (eds.) *Language Learning Tasks*, Englewood Cliffs N.J: Prentice Hall International.

[138] Bybee, J.M. (1985) *Morphology: A Study of the Relation Between Meaning and Form* (*Typological Studies in Language 9*), Amsterdam: Benjamins.

[139] Bygate, M. , Skehan, P. & Swain, M (eds.). (2001) *Researching Pedagogic Tasks: Second Language Learning, Teaching and Testing*, New York: Longman.

[140] Celce-Murcia, M. (ed.). (1991) *Teaching English as a Second or Foreign Language*, New York: Newbury House.

[141] Crookes, G. (1986) Task Classification: A Cross-disciplinary Review, *Technical Report, No. 4*, Honolulu: Center for Second Language Classroom Research, Social Science Research Institute, University of Hawaii at Manoa.

[142] Ellis, N. (1994) Introduction: Implicit and Explicit Learning — An Overview. In N. Ellis (ed.), *Implicit and Explicit Learning of Language*, London: Academic Press.

[143] Ellis, R. (1988) The Role of Practice in Classroom Language Learning, *AILA Review*, 5.

[144] Ellis, R. (1994) *The Study of Second Language Acquisition*, Oxford: Oxford University Press.

[145] Ellis, R. (2003) *Task-based Language Learning and Teaching*, Oxford: Oxford University Press.

[146] Ellis, R. (2006) Current Issues in the Teaching of Grammar: An SLA Perspective, *TESOL QUARTERLY*, 40.

[147] Ellis, R. (2016) *Task-based Language Teaching Approach's Updated Ideas and TCSOL*〔《任务型教学法新理念与国际汉语教学》(英汉对照版)〕，北京：外语教学与研究出版社。

[148] Estaire, S. & Zanon, J. (1994) *Planning Classwork: A Task-based Approach*, Oxford: Heinemann.

[149] Evans, V. & Green, M. (2006) *Cognitive Linguistics: An Introduction*, Edinburgh: Edinburgh University Press.

[150] Farida, A. (2009) Developing Grammar Consciousness-raising through Task-based Language Teaching, The Third Biennial International Conference on Task-Based Language Teaching.

[151] Halliday, M.A.K. (1967) *Some Aspects of the Thematic Organization of the English Clause*, Santa Monica: The RAND Corporation.

[152] Halliday, M.A.K. (1973) *Explorations in the Functions of Language*, London: Edward Arnold.

[153] Halliday, M.A.K. (1985) Context of Situation, in M.A.K. Halliday & R. Hasan *Language, Context, and Text: Aspects of Language in a Socio-semiotic Perspective*, Geelong: Deakin University.

[154] Halliday, M.A.K. (2000) *An Introduction to Functional Grammar* (*Second edition*)〔《功能语法导论》(第二版)〕，北京：外语教学与研究出版社、爱德华·阿诺德出版社。

[155] Harley, B. & Swain, M. (1984) The Interlanguage of Immersion Students and its Implications for Second Language Teaching, in A. Davies, C. Criper & A. Howatt (ed.), *Interlanguage: Proceedings of the Seminar in Honour of Pit Corder*, Edinburgh: Edinburgh University Press.

[156] Higgs, T. & Clifford, R. (1982) The Push toward Communication, in T. Higgs (ed.), *Curriculum, Competence and the Foreign Language Teacher*, Skokie, Ill: National Textbook Company.

[157] Hopper, P. &Thompson, S.A. (1980) Transitivity in Grammar and Discourse, *Language*, 56.

[158] Howatt, A. (1984) *A History of English Language Teaching*, Oxford: Oxford University Press.

[159] Johnson, K. (1988) Mistake Correction, *ELT Journal*, 42.

[160] Johnson, K. (1996) *Language Teaching and Skill Learning*, Oxford, Cambridge, Mass: Blackwell.

[161] Krashen, S. (1982) *Principles and Practice in Second Language Acquisition*, Oxford: Pergamon.

[162] Lakoff, G. (1987) *Woman, Fire and Dangerous Things: What Categories Reveal about the Mind*, Chicago: The University of Chicago Press.

[163] Langacker, R.W. (1987) *Foundations of Cognitive Grammar* Vol I: *Theoretical Prerequisites*, Standford: Standford University Press.

[164] Langacker, R.W. (1991) *Foundations of Cognitive Grammar* Vol II: *Descriptive Application*, Standford: Standford University Press.

[165] Langacker, R.W. (1999) *Grammar and Conceptualization*, Berlin and New York: Mouton de Gruyter.

[166] Langacker, R.W. (2005) Construction Grammars: Cognitive, Radical, and Less So, in F. J. Ruiz de Mendoza Ibanez & M.S. Pena Cervel (eds.) *Cognitive Linguisitcs*: *Internal Dynamics and Interdisciplinary Interaction*, Berlin: Mouton de Gruyter.

[167] Long, M. (1983) Native Speaker/Non-native Speaker Conversation and the Negotiation of Comprehensible Input, *Applied Linguistics*, 4.

[168] Long, M. (1985) A Role for Instruction in Second Language Acquisition. In K. Hyltenstam & M. Piennemann (eds.) *Modeling and Assessing Second Language Acquisition*, London: Multilingual Matters.

[169] Long, M. (1989) Task, Group and Task-group Interaction, *University of Hawaii Working Papers in English as a Second Language*, 8.

[170] Loschky, L. & Bley-Vroman, P. (1993) Grammar and Task-based Methodology, in Crookes, G. & Gass, S. (eds.) *Tasks and Language Learning*: *Integrating Theory and Practice*, Clevedon, Avon: Multilingual Matters.

[171] Mathews, R.C. , Buss, R.R. , Stanley, W.B. , Blanchard-Fields, F. , Cho, J.R. & Druhan, B. (1989) Role of Implicit and Explicit Processes in Learning from Examples: A Synergistic Effect. *Journal of Experimental Psychology: Learning, Memory, and Cognition*, 15.

[172] Norris, J.M. , Brown, J.D. , Hudson, T. & Yoshioks, J. (1998) *Designing Second Language Performance Assessments*, Honolulu: Second Language Teaching and Curriculum Center, University of Hawaii Press.

[173] Nunan, D. (1988) *Syllabus Design*, Oxford: Oxford University Press.

[174] Nunan, D. (1989) *Designing Tasks for the Communicative Classroom*, Cambridge: Cambridge University Press.

[175] Nunan, D. (1991) Communicative Tasks and the Language Curriculum, *TESL Quarterly*, 25.

[176] Nunan, D. (2001) *Second Language Teaching and Learning* (《第二语言教与学》), 北京：外语教学与研究出版社、汤姆森学习出版社。

[177] Nunan, D. (2004) *Task-based Language Teaching*, Cambridge: Cambridge University Press.

[178] Nunan, D. (2007) *Practical English Language Teaching: Grammar* (《语法教学与研究》), 北京：高等教育出版社。

[179] Paul, T. (2007) Teacher- and Learner-led Discourse as Tools for L2 Grammatical Development in Task-based Spanish Instruction, The Second International Conference on Task-Based Language Teaching.

[180] Piaget, J. (1974) *To Understand Is to Invent*, New York: Viking Press.

[181] Pica, T. , Kanagy, R. & Falodun, J. (1993) Choosing and Using Communication Tasks for

Second Language Instruction, in G. Crooks & S. Gass (eds.) *Tasks and Language Learning: Integrating Theory and Practice*, Clevedon, Avon: Multilingual Matter.

[182] Prabhu, N.S. (1987) *Second Language Pedagogy*, Oxford: Oxford University Press.

[183] Reber, A.S. (1967) Implicit Learning of Artificial Grammar, *Journal of Verbal Learning and Verbal Behavior*, 6.

[184] Richards, J. , Platt, T. & Weber, H. (1985) *Longman Dictionary of Applied Linguistics*, London: Longman.

[185] Richards, J. & Rodgers, T. (1986) *Approaches and Methods in Language Teaching: A Description and Analysis*, New York: Cambridge University Press.

[186] Skehan, P. (1999) *A Cognitive Approach to Language Learning* (《语言学习认知法》), 上海：上海外语教育出版社。

[187] Swain, M. (1985) Communicative Competence: Some Roles of Comprehensible Input and Comprehensible Output in its Development, in S. Gass & C. Madden (eds.) *Input in Second Language Acquisition*, Rowley, Mass: Newbury House.

[188] Talmy, L. (1975) Figure and Ground in Complex Sentences, in C. Cathy, T. Henry, T. Graham, W. Kenneth & W. James (eds.) *Proceedings of the First Annual Meeting of the Berkeley Linguistics Society*, California: Berkeley Linguistics Society.

[189] Talmy, L. (2000a) *Toward a Cognitive Semantics, Volume I: Concept Structuring Systems*, Cambridge, Mass: MIT Press.

[190] Talmy, L. (2000b) *Toward a Cognitive Semantics, Volume II: Typology and Process in Concept Structuring*, Cambridge, Mass: MIT Press.

[191] Thornbury, S. (2003) *How to Teach Grammar* (《如何教语法》), 北京：世界知识出版社。

[192] Van Lier, L. (1996) *Interaction in the Language Curriculum: Awareness, Autonomy, and Authenticity*, London: Longman.

[193] Vygotsky, L.S. (1978) *Mind in Society: The Development of Higher Psychological Processes*, Cambridge, Mass: Harvard University Press.

[194] Vygotsky, L.S. (1986) *Thought and Language*, Cambridge, Mass: The MIT Press.

[195] Wajnryb, R. (1990) *Grammar Dictation*, Oxford: Oxford University Press.

[196] Wilkins, D.A. (1976) *Notional Syllabuses: A Taxonomy and Its Relevance to Foreign Language Curriculum Development*, London: Oxford University Press.

[197] Willis, J. (1996) *A Framework for Task-based Learning*, London: Longman.

[198] Willis, J. & Willis, D. (1996) *Challenge and Change in Language Teaching*, London: Heinemann.

[199] Zubeyde, S.G. (2005) Timing on "Focus on Form" in Task-Based Language Teaching, International Conference on Task-Based Language Teaching.

附录1　初级阶段语法项目的确定

为确定初级阶段语法项目的范围，本书对甲级语法大纲的129个语法项目进行了筛选，最终确立了79个语法项目。结果如下[①]：

一、词类

1.【甲002】方位名词

2.【甲004】名词重叠

3.【甲005】人称代词

4.【甲007】指示代词

5.【甲008】其他代词

6.【甲010】动词重叠

7.【甲011】助动词：能、会、要、想、可能、可以、愿意、应该、得

8.【甲013】形容词重叠

9.【甲016】概数：三四个、几十、两年多

10.【甲017】分数、百分数

11.【甲018】倍数、小数

12.【甲019】名量词

13.【甲020】名量词重叠

14.【甲022】否定副词：不、没（有）、别

15.【甲023】时间副词：正、刚、常、常常、已经、正在、总（是）、才（1）、就（1）

---

① 本附录中的内容摘自《汉语水平等级标准与语法等级大纲》（国家对外汉语教学领导小组办公室汉语水平考试部，北京：高等教育出版社，1996），为方便对照不同语法项目所属类别，类别及语法项目编号与该大纲相同。

16.【甲 024】范围副词：都（1）、只、一共

17.【甲 025】程度副词：很、太、更、最、十分、非常、多（么）

18.【甲 026】频率副词：又、再、还、也

19.【甲 027】介词——引出时间、处所、起点：当、在、从、离

20.【甲 028】介词——引出方向：向、往、朝

21.【甲 029】介词——引出对象：对、跟、和、比、为、给

22.【甲 030】介词——引出目的、原因：为、为了

23.【甲 031】介词——引出施事或受事：把、被、叫、让

24.【甲 032】介词——表示排除和加合：除了、……除了……以外

25.【甲 033】连词——连接词或词组：和、跟、或者、还是

26.【甲 035】结构助词：的（1）、地、得

27.【甲 036】动态助词：了、着、过、呢

28.【甲 037】语气助词：吗、呢、吧、啊、了

二、词组

29.【甲 047】“的”字词组

三、句子成分

30.【甲 057】形容词、形容词词组做谓语

31.【甲 058】名词、代词、数词或名词词组做谓语

32.【甲 059】主谓词组做谓语

33.【甲 065】双宾语

34.【甲 066】名词、代词、数词或名词词组做定语

35.【甲 072】名词、代词、数词或名词词组做状语

36.【甲 076】结果补语

37.【甲 077】趋向补语：来、去

38.【甲 078】趋向补语：动＋上（下、进、出、起、过、回）

39.【甲 079】复合趋向补语：动+上来（上去、下来、下去、进来、进去、出来、出去、回来、回去、过来、过去、起来）

40.【甲 080】程度补语

41.【甲 081】可能补语（肯定式、否定式）

42.【甲 082】时量补语

43.【甲 083】动量补语

五、几种特殊句型

44.【甲 090】"是"字句：表示等同；表示质料或特征；表示说明或归类；表示存在；表示领有

45.【甲 091】"有"字句：表示领有；表示包含、列举；表示存在；表示评价、到达；表示发生、出现

46.【甲 092】存现句：表示存在；表示出现；表示消失

47.【甲 093】连动句：表示动作的连续；表示动作的目的；表示动作的方式等；表示动作的结果；前一个动词为"有"或"没有"

48.【甲 094】兼语句：表使令意义的兼语句；表爱憎意义的兼语句；表称谓或认定意义的兼语句；前一个动词是"有""没有"的兼语句

49.【甲 095】"是……的"句

50.【甲 096】被动句：有标志的被动句；意义上的被动句

51.【甲 097】比较句："比"字句；跟（和 / 同……一样）；有（没有）……这么(那么)

52.【甲 098】"把"字句：主 + "把" + 宾 + 动 + "一 / 了" + 动；主 + "把" + 宾 + 动 + 补语（1）

六、提问的方法

53.【甲 099】用语气助词"吗"提问

54.【甲 100】用"好吗、行吗、可以吗"等提问

55.【甲 101】用语气助词“吧”提问

56.【甲 102】用疑问语调表示疑问

57.【甲 103】用疑问代词“谁、什么、哪儿、多少、几、怎么、怎么样”提问

58.【甲 104】用“疑问代词的问句＋呢”提问

59.【甲 105】用肯定形式与否定形式相叠提问

60.【甲 106】用“肯定形式＋没有”提问

61.【甲 107】用疑问副词“多”提问

62.【甲 108】用语气助词“呢”提问

63.【甲 109】用“(是)……还是……”提问

七、数的表示法

64.【甲 110】年、月、日、星期表示法

65.【甲 111】钟点表示法

66.【甲 112】钱数表示法

67.【甲 113】号码表示法（房间、汽车、电话等）

八、强调的方法

68.【甲 114】反问句

69.【甲 115】连……也（都）……

九、动作的态

70.【甲 117】变化态：将要发生变化，用语气助词“了”或“要……了”“就要……了”“快要……了”“快……了”

71.【甲 119】进行态：用“正”“正在”“在”“呢”“正（在）……呢”“在……呢”表示〔动 / 形＋呢，正（在）＋动 / 形＋（着）呢〕

十、复句

72.【甲 121】并列复句：无标记；一边……一边……；也……也……；又……

又……

73.【甲 122】承接复句：无标记；先……再……

74.【甲 123】递进复句：无标记；（不但）……而且……

75.【甲 124】因果复句：……（因此）……；因为……所以……；……只好……

76.【甲 125】选择复句：无标记；是……还是……

77.【甲 126】转折复句：无标记；……但是……；虽然……但是……；虽然……可是……

78.【甲 127】假设复句：……就……；要是……就……

79.【甲 129】紧缩复句：一……就……；……也……

附录 2　初级任务型语言教材中的任务

为了确定初级汉语教学中的常见任务，笔者统计了 10 部任务型第二语言教材，结果如下：

2.1 《体验汉语》初级系列教材中的任务

序号	任务	《基础教程》	《生活篇》	《留学篇》
1	见面问候	+	+	+
2	介绍姓名与国籍	+	+	+
3	询问并介绍家庭情况	+	+	+
4	询问日期	+	+	+
5	购买商品	+	+	+
6	问路与指路	+	+	+
7	点菜	+	+	+
8	看病	+	+	+
9	谈论天气	+	+	+
10	谈论爱好	+	+	+
11	谈论时间	+	+	
12	询问并说明住址	+		+
13	办理银行业务	+		+
14	乘坐交通工具	+		+
15	谈论汉语学习	+		+
16	请求帮助	+		+
17	打电话		+	+
18	去图书馆	+		
19	去邮局	+		
20	租房子	+		
21	理发	+		
22	考试	+		
23	上课	+		
24	谈论学习方法	+		
25	谈论学习生活	+		
26	谈论运动	+		
27	谈论电影	+		

（续表）

序号	任务	《基础教程》	《生活篇》	《留学篇》
28	请客	+		
29	做客	+		
30	邀请与婉拒别人邀请	+		
31	布置房间	+		
32	谈论计划	+		
33	订购机票	+		
34	游览名胜古迹	+		
35	拍照片	+		
36	丢东西	+		
37	表示道歉	+		
38	谈论中国生活	+		
39	谈论情绪	+		
40	健康建议	+		
41	生活习惯	+		
42	夸奖汉语水平	+		
43	送别祝福	+		
44	结账		+	
45	描述方位		+	
46	询问年龄		+	
47	询问职业		+	
48	家务活动		+	
49	为双方做介绍			+
50	讲价			+
51	上网			+
总计		42	17	19

2.2 中学汉语教材中的任务

序号	任务	《快乐汉语》	美国AP中文课程中学汉语系列教材
1	见面问候	+	+
2	介绍家庭成员	+	+
3	谈论宠物	+	+
4	介绍他人	+	+
5	介绍个人信息	+	+

（续表）

序号	任务	《快乐汉语》	美国 AP 中文课程 中学汉语系列教材
6	谈论个人经历	+	+
7	谈论爱好	+	+
8	描述房间布局	+	+
9	谈论饮食	+	+
10	谈论饮食喜好	+	+
11	谈论时间	+	+
12	谈论天气	+	+
13	谈论职业	+	+
14	谈论工作打算	+	+
15	谈论公共场所	+	+
16	乘坐交通工具	+	+
17	购买商品	+	+
18	谈论服装（颜色）	+	+
19	谈论课程	+	+
20	谈论汉语学习	+	+
21	谈论课外活动	+	+
22	健身	+	+
23	看病	+	+
24	介绍日常生活	+	+
25	谈论电视电影	+	+
26	谈论广告	+	+
27	谈论周末生活	+	+
28	谈论旅行	+	+
29	谈论节日	+	+
30	谈论城市概况与特色	+	+
31	说明家居用品	+	+
32	赠送礼物	+	+
33	网络沟通	+	+
34	谈论时事新闻	+	+
35	新闻采访	+	+
36	谈论音乐会	+	+
37	谈论中国传统艺术（京剧、诗歌、对联等）	+	+
38	介绍名字与国籍	+	
39	问住址	+	

（续表）

序号	任务	《快乐汉语》	美国 AP 中文课程中学汉语系列教材
40	说明生日	+	
41	问路与指路	+	
42	谈论价钱	+	
43	谈论某地的地理情况	+	
44	介绍学校（方位）		+
45	布置教室		+
46	谈论喜欢的餐馆		+
47	谈论食品营养成分		+
48	做客		+
49	客套礼仪（抱歉、婉拒等）		+
50	谈论我的预算（生活体验）		+
51	体检		+
52	谈论邻居、社区活动		+
53	谈论多语生活		+
54	谈论俱乐部		+
55	谈论远足、野营		+
56	谈论节日与饮食、习俗		+
57	电影广告比较		+
58	谈论中国概况		+
59	中美家庭关系比较		+
60	谈论人与自然		+
61	游览名胜古迹		+
62	描述故事		+
63	谈论中国城市化与传统		+
64	谈论未来生活		+
总计		43	58

2.3 初级任务型英语教材中的任务

序号	任务	《剑桥教程》	《朗文教程》	《英语（新目标）》
1	见面问候	+	+	+
2	自我介绍	+	+	+
3	描述外貌	+	+	+

（续表）

序号	任务	《剑桥教程》	《朗文教程》	《英语（新目标）》
4	谈论家庭成员	+	+	+
5	谈论爱好	+	+	+
6	谈论时间	+	+	+
7	谈论天气	+	+	+
8	谈论计划	+	+	+
9	点菜	+	+	+
10	介绍他人（朋友）	+	+	
11	描述某个城市或国家	+	+	
12	询问并描述服装	+	+	
13	乘坐交通工具	+	+	
14	描述日常习惯	+	+	
15	谈论（不）健康的食物	+	+	
16	购买商品	+	+	
17	打电话	+	+	
18	谈论旅行	+	+	
19	介绍个人信息	+		+
20	询问并说明房间布局	+		+
21	介绍日常生活	+		+
22	谈论饮食喜好	+		+
23	询问过去经历	+		+
24	谈论价格	+		+
25	讨论（不）喜欢的服装	+		+
26	确认领属关系	+		+
27	询问并说明工作信息	+		+
28	描述动物		+	+
29	问路与指路		+	+
30	询问并描述颜色	+		
31	描述物品（位置）	+		
32	描述必需的食物	+		
33	描述饮食习惯	+		
34	描述身体问题	+		
35	谈论常见药物	+		
36	询问并给出健康忠告	+		
37	谈论商场	+		

（续表）

序号	任务	《剑桥教程》	《朗文教程》	《英语（新目标）》
38	指示方向	+		
39	描述朋友家位置	+		
40	描述职场或学校	+		
41	询问生日	+		
42	邀请朋友	+		
43	接受或婉拒邀请	+		
44	对日程给予建议	+		
45	谈论（不）喜欢的节目	+		
46	谈论（不）喜欢的活动	+		
47	邀请或推辞参加活动	+		
48	描写家庭生活	+		
49	询问喜欢的运动	+		
50	询问并描写运动习惯	+		
51	谈论运动员	+		
52	描述日常工作日程	+		
53	对工作给予建议	+		
54	谈论（过去的）假期	+		
55	对过去经验给予建议	+		
56	询问并描写邻居	+		
57	描述某人的穿衣风格	+		
58	描述不寻常的活动	+		
59	询问并描述某个城市	+		
60	谈论距离	+		
61	阐述理由	+		
62	描写生活变化	+		
63	谈论未来计划	+		
64	结账		+	
65	谈论个人喜好		+	
66	谈论电视节目		+	
67	说明人生的不同阶段		+	
68	买火车票		+	
69	未来祝福		+	
70	进行对比		+	
71	看图说故事		+	

（续表）

序号	任务	《剑桥教程》	《朗文教程》	《英语（新目标）》
72	网页制作计划		+	
73	城市路标、设施		+	
74	课程申请		+	
75	谈论领属关系			+
76	确定他人身份			+
77	对活动给予建议			+
78	表示感谢			+
79	谈论喜欢的电影			+
80	说明最喜欢的课程			+
81	询问并说明别人住处			+
82	谈论正在做什么			+
83	谈论流行文化			+
84	谈论规则			+
总计		61	31	30

2.4 初级任务型法语教材中的任务

序号	任务	《走遍法国》	《你好！法语》
1	见面问候	+	+
2	自我介绍	+	+
3	介绍个人信息	+	+
4	介绍他人	+	+
5	确定某人身份	+	+
6	谈论时间	+	+
7	谈论日常工作	+	+
8	谈论爱好	+	+
9	表达愿望	+	+
10	谈论交通工具	+	+
11	介绍日常生活	+	+
12	询问价格	+	+
13	谈论计划	+（安排客户活动）	+
14	给予建议	+（推荐课程）	+
15	问路与指路	+	+
16	说明某项运动	+	+

（续表）

序号	任务	《走遍法国》	《你好！法语》
17	打电话	+	+
18	谈论未来	+	+
19	接待顾客	+	
20	询问付款方式	+	
21	表达赞美	+	
22	交流个人信息	+	
23	参加面试	+	
24	提醒别人	+	
25	询问原因	+	
26	机场接机	+	
27	参加培训	+	
28	点菜	+	
29	询问价格	+	
30	抱怨饭菜	+	
31	市场采购	+	
32	在楼内指路	+	
33	找车位	+	
34	选衣服	+	
35	照看孩子	+	
36	陪孩子上课	+	
37	讨价还价	+	
38	找到物品（名称、方位）		+
39	说明领属关系		+
40	指认颜色		+
41	描述公寓或房间		+
42	询问时间长度、频率		+
43	指明数量		+
44	说明需求		+
45	谈论过去		+
46	表达禁止		+
47	说明可能性		+
48	谈论周末或假期		+
49	谈论天气		+
50	描述外貌		+
51	谈论饮食习惯		+

（续表）

序号	任务	《走遍法国》	《你好！法语》
52	谈论节日		+
53	谈论旅行		+
54	表达同意 / 不同意		+
55	说明价值观点		+
56	说明意见		+
总计		37	37

附录3　被调查者详细情况

为调查本书确定的教学任务对于初级水平的汉语学习者是否典型，以及调查利用直观法确立的任务与甲级语法项目的对应关系是否合适，笔者调查了30位专业人士的意见。被试详细情况如下表所示：

序号	性别	身份	职称	单位	学历	专业
1	女	教师	副教授	北京大学对外汉语教育学院	博士	汉语言文字学
2	女	教师	副教授	北京大学对外汉语教育学院	博士	语言学及应用语言学
3	男	教师	副教授	北京大学对外汉语教育学院	硕士	语言学及应用语言学
4	女	教师	副教授	北京大学对外汉语教育学院	硕士	语言学及应用语言学
5	男	教师	副教授	北京语言大学汉语进修学院	硕士	语言学及应用语言学
6	女	教师	副教授	北京大学对外汉语教育学院	硕士	汉语言文字学
7	女	教师	讲师	东北师范大学留学生教育学院	博士	汉语言文字学
8	男	教师	讲师	北京大学对外汉语教育学院	硕士	语言学及应用语言学
9	男	教师	讲师	北京大学英语系	硕士	语言学及应用语言学
10	女	教师	讲师	首都师范大学国际文化学院	硕士	语言学及应用语言学
11	女	教师	讲师	北京语言大学汉语水平考试中心	硕士	语言学及应用语言学
12	女	教师	讲师	北京大学对外汉语教育学院	硕士	汉语言文字学
13	男	教师	讲师	北京大学对外汉语教育学院	硕士	汉语言文字学
14	女	教师	讲师	北京语言大学汉语进修学院	硕士	汉语言文字学
15	女	教师	讲师	陆拓快捷汉语全球教育培训中心	硕士	汉语言文字学
16	女	教师	讲师	中央广播电视大学出版社	硕士	汉语言文字学
17	女	教师	讲师	中央广播电视大学出版社	硕士	汉语言文字学
18	女	教师（兼职）		北京大学对外汉语教育学院	硕士	汉语言文字学
19	男	教师（兼职）		北京大学对外汉语教育学院	硕士	汉语言文字学
20	女	教师（兼职）		北京大学对外汉语教育学院	硕士	汉语言文字学
21	男	学生		北京大学对外汉语教育学院	在读博士	语言学及应用语言学

（续表）

序号	性别		职称	单位	学历	专业
22	男	学生		北京大学对外汉语教育学院	在读博士	语言学及应用语言学
23	男	学生		北京大学对外汉语教育学院	在读博士	语言学及应用语言学
24	女	学生		北京大学对外汉语教育学院	在读博士	语言学及应用语言学
25	女	学生		北京大学对外汉语教育学院	在读博士	语言学及应用语言学
26	女	学生		北京大学对外汉语教育学院	在读博士	语言学及应用语言学
27	女	学生		北京大学对外汉语教育学院	在读博士	语言学及应用语言学
28	女	学生		北京大学对外汉语教育学院	在读博士	语言学及应用语言学
29	女	学生		北京大学对外汉语教育学院	在读硕士	汉语言文字学
30	男	学生		北京大学对外汉语教育学院	在读硕士	汉语言文字学

附录 4　初级阶段任务与语法项目的关系

为了给初级语法项目选择合适的任务，笔者首先从任务的角度入手，运用直观法、定性法、定量法展开研究。

4.1　直观法研究结果

说明：“例句”一栏为语法项目的举例，仅供参考。

序号	任务	任务内容	语法项目	例句
1	见面问候	打招呼	**形容词、形容词词组做谓语**	你好！/您早！/早上好！
		介绍姓名	*用疑问代词“什么”提问*	你叫什么名字？
			用疑问语调表示提问	您贵姓？/您是……
			“是”字句	我是……
			人称代词	我叫……
		介绍国籍	**“是”字句**	你是哪国人？/我是美国人。
			用疑问代词“哪”提问	你是哪国人？
			用语气助词“吗”提问	你是美国人吗？
			用疑问语调表示提问	你是美国人？
			用语气助词“吧”提问	你是美国人吧？
			用肯定形式与否定形式相叠提问	你是不是美国人？
2	介绍个人信息		**人称代词**	你是美国人吗？
		介绍年龄	*用疑问代词“几”提问*	你几岁？
			用疑问副词“多”提问	你今年多大？/您多大年纪？
			语气助词：了	你几岁了？/您多大年纪了？
			名词、名词词组做谓语	我……岁。
		介绍专业/职业	*“是”字句*	你的专业是什么？/我的专业是……
			用疑问代词“什么、哪”提问	你现在做什么工作？/你是哪个系的？
			用语气助词“吗”提问	你是老师吗？/你是医生吗？
			用语气助词“吧”提问	你是医生吧？
			引出处所的介词“在”	我在……工作。

（续表）

序号	任务	任务内容	语法项目	例句
2	介绍个人信息	介绍联系方式	*用疑问代词“怎么、多少、哪儿、什么”提问*	怎么联系你？/ 你的电话是多少？/ 你住哪儿？/ 你的地址是什么？
			“是”字句	我的电话号码是……/ 我的地址是……
			电话号码表示法	1234567
		介绍家庭成员	**“有”字句**	你家有几口人？ / 我家有四口人。
			名量词	口 / 个
			名词、代词做定语	我爸爸 / 我妈妈 / 我姐姐
		互相介绍	“是”字句	这位是……
			用语气助词“呢”提问	你呢？
3	谈论宠物 / 动物	介绍宠物 / 动物	**名量词**	一只猫 / 一条狗……
			“有”字句	我有一只小猫。
			动态助词：了	我养了一只小狗。
		描述外貌	**“是”字句**	它是黄色的。/ 我的猫是黑色的。
			结构助词：的	我的猫 / 我的狗
			程度补语	长得……
			程度副词	很 / 非常 / 特别……
			形容词重叠	长长的 / 胖胖的
		介绍生活习性	时间副词	常常 / 总是……
			趋向补语	跑来跑去 / 跳上来 / 跳下去 / 跑进来……
4	描述人物	描述体貌特征	**程度副词**	他非常年轻。/ 她很漂亮。
			主谓词组做谓语	他个子很高。
			形容词重叠	她眼睛大大的。
			程度补语	她长得很漂亮。
		描述衣着	**动态助词“着”**	穿着一件蓝色（的）大衣。/ 戴着白帽子。
5	谈论爱好	询问并说明兴趣爱好	*“有”字句*	你有什么爱好？
			用疑问代词“什么、怎么样”提问	你喜欢什么运动？
			用语气助词“吗”提问	你喜欢游泳吗？
			用肯定形式与否定形式相叠提问	你喜欢不喜欢游泳？
			程度副词	我很 / 特别 / 最喜欢……
			程度补语	我篮球打得不错。

（续表）

序号	任务	任务内容	语法项目	例句
5	谈论爱好	询问并说明兴趣爱好	引出对象的介词：对	对……感兴趣
			除了……还……	除了篮球，我还喜欢……
			不但……而且……	我不但喜欢打篮球，而且还喜欢踢足球。
			否定副词：不	我不喜欢……
			连动句	我喜欢去公园散步。
6	谈论能力	询问并说明个人能力	用语气助词“吗”提问	你会打篮球吗？/你能游100米吗？
			用疑问代词“什么”提问	你能做什么？/你会干什么家务？
			助动词：会、能	我会说一点儿汉语。/我能游100米。
			否定副词：不	我不太会打篮球。/我不会说日语。
7	介绍日常生活	询问并介绍日常生活	**用疑问代词“什么”提问**	你平时都做什么？
			范围副词：都	每个周末，我都去酒吧。
			时间副词：常、常常、总(是)	我下午常常去图书馆。/周末我总是……
			名词重叠	我天天看电视。
			名词、名词词组做状语	我下午去图书馆。
			其他代词：每	我每天下午都去图书馆。
			钟点表示法	早上七点起床。
			一边……一边……	我一边看电视，一边吃饭。
8	谈论经历	询问并说明个人(学习/工作/旅行)经历	**语气助词：了**	你学经济几年了？/我工作三年了。
			引出处所的介词：在	你在哪儿工作？
			疑问代词：哪儿	你在哪儿工作？
			动态助词：过	你学过经济吗？/你去过北京吗？
			动态助词：了	我学了三年汉语。
			时量补语	我在……工作了三年了。
			时间副词：已经、曾经	我已经工作两年了。/我曾经学过汉语。
			否定副词：没	我没去过北京。
			连……也……	我连北京也没去过。

（续表）

序号	任务	任务内容	语法项目	例句
9	谈论汉语学习	介绍学习情况	用疑问副词“多”提问	你学汉语多长时间了？
			语气助词：了	你学汉语多长时间了？
			时量补语	我学汉语两年了。
			用肯定形式与否定形式相叠提问	学汉语难不难？
			用语气助词“吗”提问	说汉语难吗？
			转折复句	有点儿难，可是很有意思。
			因为……所以……	因为……，所以（我学习汉语）。
			引出原因的介词：为了	为了……，我开始学习汉语。
		课堂学习	**结果补语**	请打开书。/ 我听懂了。
			“把”字句	请把书打开。
			兼语句：请	请你再说一次。
			频率副词：再	我再写一次。
			动量补语	说一遍 / 写一次
			用语气助词“吗”提问	明白了吗？
			用“肯定形式＋没有”提问	明白了没有？
			可能补语	听不懂
			否定副词：不	我听不懂。
		评价汉语水平	**程度补语**	你汉语说得真好。/ 你汉语说得很流利。
			程度副词	真好 / 很流利
			名量词重叠	我的汉语一天天好起来。
10	描述房间布局	描述房屋格局	“有”字句（表存在）	我家不大，有一个客厅、一个厨房、一个卫生间和一间卧室。
			量词“个”“间”等	
			连词：和	
			频率副词：还	一个客厅、一个厨房，还有一个卧室。
		描述房间摆设	指示代词：这、那	这个房间是……/ 那个是……
			“有”字句（表存在）	我的房间有一张桌子、一把椅子。
			名量词	一张桌子 / 一把椅子 / 一张床
			存现句	桌上放着照片。
			方位名词	桌子在房间左边，床在桌子旁边。
			指示代词：这里、那里	桌子在这里。/ 那里有一张床。

（续表）

序号	任务	任务内容	语法项目	例句
11	问路与指路	问路	**用疑问代词“哪儿”提问**	……在哪儿？
			用疑问代词“怎么”提问	请问，去……怎么走？
			用语气助词“吗”提问	远吗？
			用疑问副词“多”提问	要走多长时间？
			用肯定形式与否定形式相叠提问	附近有没有银行？
			“有”字句	附近有邮局吗？
		指路	**引出方向的介词：往、向**	往前走。/（在前面路口）向右拐。
			引出处所的介词：在	在前面路口向右拐。
			方位名词	在前面。/ 在东边。
			时间副词：就	往前走 100 米就是。/ 邮局对面就是银行。
			承接复句：先……再……	先往前走，再向右拐。
12	购买商品	说明需求	**助动词：要、想**	我要一杯咖啡。/ 我想买一件衣服。
			名量词	一杯咖啡 / 一件衣服
			动词重叠	我能试试吗？ / 我再看看吧。
			动量补语	我试一下，行吗？
			用语气助词“吗”提问	可以试一下吗？
			用“行吗、可以吗”提问	我试一下，行吗？ / 可以吗？
			助动词：能、可以	可以试试吗？
			频率副词：再	再看看吧。
			用肯定形式与否定形式相叠提问	有没有大一点儿的？
			“的”字词组	有没有大一点儿的？
			程度补语	有没有大一点儿的？
		评价商品	**程度副词**	太长了。/ 太贵了。/ 很漂亮。/ 有点儿长。
13	结账	询价	**用疑问代词“多少、怎么”提问**	多少钱？ / 这件衣服怎么卖？
			钱数表示法	280 元。/ 三块六。
			名量词	件 / 个……
			范围副词：一共	一共多少钱？
		还价	*用语气助词“吗”提问*	能便宜一点儿吗？
			用“可以吗、行吗”等提问	便宜一点儿，可以吗 / 行吗？
			分数、百分数	便宜一半行吗？

（续表）

序号	任务	任务内容	语法项目	例句
13	结账	付款	**双宾语**	给你 100 块钱。/ 找您 32。
14	点菜	饭店点菜	动量补语	我们看一下儿菜单。
			用疑问代词“什么”提问	你想吃什么？
			用“（是）……还是……”提问	你喜欢吃……还是……
			否定副词：不	我不吃辣的。
			“的”字词组	我不吃辣的。
			频率副词：还、再	我还要一碗米饭。/ 再来一碗米饭。
		评价味道	程度副词	很好吃。/ 有点儿辣。
			并列复句：又……又……	又辣又香
15	看病	医生问诊	**用疑问代词“怎么、哪儿、什么”提问**	你哪儿不舒服？ / 你什么时候开始发烧？
			语气助词：了	你怎么了？
			用疑问副词“多”提问	你不舒服多长时间了？
		描述症状	**主谓词组做谓语**	我肚子疼。
			频率副词：也	我头疼，嗓子也疼。
			程度补语	肚子疼得厉害。
		医生建议	**助动词：应该、要**	你应该多喝水。/ 你要多休息。
16	寻求帮助	提出请求	*兼语句：请*	请（你）帮我……
			助动词：能、愿意、可以	能帮我……吗？
			用语气助词“吗”提问	你可以帮我……吗？
			用“行吗、好吗、可以吗”提问	帮我……，好吗 / 行吗 / 可以吗？
			“把”字句	请帮我把……拿来好吗？
		表示同意	语气助词：吧	你说吧。
			紧缩句	有事就说。
		婉拒	在 / 正 / 正在……呢	我正在……呢，不好意思。
17	谈论时间	询问并说明日期 / 时间	**用疑问代词“几、什么”提问**	今天几月几日？ / 今天星期几？ / 现在几点？ / 明天什么时候来？
			年、月、日、星期表示法	今天（是）星期三。
			钟点表示法	12 点半。/ 明天下午 3 点。
			名词、名词词组做谓语	今天 18 号。
			“是”字句	我的生日是 6 月 3 日。

（续表）

序号	任务	任务内容	语法项目	例句
18	谈论天气	询问并说明天气状况	**用疑问代词“怎么样”提问**	明天天气怎么样？
			助动词：可能	可能会下雨。
			比较句：“比”字句、没有	比今天暖和。/ 美国没有北京冷。
			时间副词：总（是）、常常	最近总下雨。/ 常常刮风。
			形容词、形容词词组做谓语	天气不错。/ 外面很冷。
			倍数、小数	明天 20.5 度。
19	谈论旅行计划	谈论计划	快……了	快要放假了，你打算做什么？
			用疑问代词“哪、什么、谁、怎么”提问	你想去哪儿？/ 你打算什么时候去？/ 你打算和谁去？/ 你打算怎么去？
			助动词：想、要、可能	我想放假。/ 周末要去旅行。/ 我可能去上海。
			连动句	我想坐飞机去……
			紧缩复句：一……就……	我一放假就去。
		提出建议	*用疑问代词“怎么样”提问*	去爬山，怎么样？
			语气助词：吧	假期我们一起去香港吧。
			用“好吗”提问	去颐和园，好吗？
20	乘坐交通工具	乘坐公共汽车 / 地铁	用疑问代词“几、什么、怎么、哪儿”提问	到……坐几路车？/ 去……坐什么车？/ 去……怎么坐车？/ 在哪儿下车 / 换车？
			汽车号码表示法	32 路 / 地铁 1 号线
			承接复句：先……再……	先坐……，再坐……
			连动句	坐地铁去动物园。
		乘坐出租车	**用疑问代词“什么、哪儿”提问**	您要去哪儿？/ 你去什么地方？
			助动词：要、想	我要去北京大学。
			动态助词、语气助词：了	北京大学到了。
			语气助词：吧	我在这儿下车吧。
			指示代词：这儿、那儿	在这儿下车。/ 那儿远吗？
			引出处所的介词：在	在这儿下车。

（续表）

<table>
<tr><th>序号</th><th>任务</th><th>任务内容</th><th>语法项目</th><th>例句</th></tr>
<tr><td rowspan="12">21</td><td rowspan="12">订购
机票 /
火车票</td><td rowspan="12">订购
机票 /
火车票</td><td>“有”字句</td><td>有……的票吗？</td></tr>
<tr><td>用肯定形式与否定形式相叠提问</td><td>请问，有没有……号去……的车票？</td></tr>
<tr><td>从……到……</td><td>从北京到上海的机票</td></tr>
<tr><td>助动词：要、想</td><td>我要订一张 29 号到上海的机票。</td></tr>
<tr><td>名量词</td><td>一张票</td></tr>
<tr><td>用“行吗、可以吗”提问</td><td>7 点的行吗？</td></tr>
<tr><td>“的”字词组</td><td>我要下午的。</td></tr>
<tr><td>用疑问代词提问</td><td>几点起飞？ / 什么时候开车？</td></tr>
<tr><td>用疑问副词“多”提问</td><td>飞多长时间？</td></tr>
<tr><td>概数</td><td>两个多小时。/ 八九个小时。</td></tr>
<tr><td>被动句</td><td>……号的票都卖完了。/ ……的票没有了。</td></tr>
<tr><td>结果补语</td><td>卖完了。</td></tr>
<tr><td rowspan="8">22</td><td rowspan="8">入住宾馆</td><td rowspan="8">办理
入住手续</td><td>“有”字句</td><td>有单人间吗？</td></tr>
<tr><td>用肯定形式与否定形式相叠提问</td><td>有没有单人间？</td></tr>
<tr><td>用语气助词“吗”提问</td><td>还有双人间吗？</td></tr>
<tr><td>频率副词：还</td><td>还有空房间吗？</td></tr>
<tr><td>助动词：要、想</td><td>我想要一个单人间。</td></tr>
<tr><td>用疑问代词“几”提问</td><td>您住几天？</td></tr>
<tr><td>引出时间的介词：从</td><td>三天，从星期一到星期三。</td></tr>
<tr><td>房间号码表示法</td><td>您的房间是 506。</td></tr>
<tr><td rowspan="7">23</td><td rowspan="7">打电话 /
电话留言</td><td rowspan="7">利用
电话交流</td><td>用疑问代词“谁、哪”提问</td><td>您是谁？ / 您是哪位？</td></tr>
<tr><td>用语气助词“吗”提问</td><td>是……吗？ / 请问，……在吗？</td></tr>
<tr><td>电话号码表示法</td><td>62752114</td></tr>
<tr><td>用“好吗、行吗、可以吗”提问</td><td>请转告……，好吗？</td></tr>
<tr><td>结果补语</td><td>你打错了。</td></tr>
<tr><td>兼语句</td><td rowspan="2">请他回来后给我电话。</td></tr>
<tr><td>连动句</td></tr>
</table>

（续表）

序号	任务	任务内容	语法项目	例句
24	请客/做客	提出邀请	兼语句	我想请你来我家吃饭。
			连动句	
			用疑问代词“怎么样、什么”提问	我想请你来我家吃饭，怎么样？/今天我请客，你想吃点儿什么？
			用肯定形式与否定形式相叠提问	咱们去……好不好/行不行？
			语气助词“吧”	明天我生日，你来我家吧。
			假设复句：要是……	要是你有空的话，来我家吧。
		接受邀请	助动词：愿意、可以	我愿意。/可以去。
			语气助词：啊	好啊。/可以啊。
			反问句	那怎么好意思呢？
		赠送礼物	**双宾语**	送你一本书。
		婉拒邀请	可能补语	不好意思，我去不了。
			转折复句：虽然……但是……	虽然我很想去，但是……
			频率副词：再	以后再说吧。
			语气助词：吧	
		说明理由	**因果复句：因为……所以……**、……只好……	因为……，所以我去不了。/我明天有事，只好下次再去了。

4.2 定性法研究结果

说明：“例句”一栏为语法项目的举例，仅供参考。

序号	任务	任务内容	语法项目	例句
1	见面问候	打招呼	**形容词、形容词词组做谓语**	你好！/您早！/早上好！
			人称代词	你/您
2	介绍个人信息	介绍姓名	*用疑问代词“什么”提问*	你叫什么名字？
			用疑问语调表示提问	您贵姓？/您是……
			“是”字句	我是……
			否定副词：不	我不姓……
			人称代词	我/你/您

（续表）

序号	任务	任务内容	语法项目	例句
2	介绍个人信息	介绍国籍	**“是”字句**	你是哪国人？/我是美国人。
			用疑问代词“哪”提问	你是哪国人？
			用语气助词“吗”提问	你是美国人吗？
			用疑问语调表示提问	你是美国人？
			用语气助词“吧”提问	你是美国人吧？
			用肯定形式与否定形式相叠提问	你是不是美国人？
			用“（是）……还是……”提问	你是美国人还是英国人？
			是……的	我是从美国来的。
			引出处所的介词“从”	我是从美国来的。
			人称代词	我/你/您
		介绍年龄	*用疑问代词“几”提问*	你几岁？
			用疑问副词“多”提问	你今年多大？/您多大年纪？
			语气助词：了	你几岁了？/您多大年纪了？
			名词、名词词组做谓语	我……岁。
			人称代词	我/你/您
		介绍专业/职业	**“是”字句**	你的专业是什么？/我的专业是……
			用疑问代词“什么、哪”提问	你现在做什么工作？/你是哪个系的？
			用语气助词“吗”提问	你是老师吗？/你是医生吗？
			用语气助词“吧”提问	你是医生吧？
			引出处所的介词“在”	我在……工作。
			人称代词	我/你/您
		介绍联系方式	*用疑问代词“怎么、多少、哪儿、什么”提问*	怎么联系你？/你的电话是多少？/你住哪儿？/你的地址是什么？
			用疑问语调表示提问	你的电话是？/你住在……
			“是”字句	我的电话号码是……/我的地址是……
			电话号码表示法	1234567
			人称代词	我/你/您

（续表）

序号	任务	任务内容	语法项目	例句
2	介绍个人信息	介绍家庭成员	**“有”字句**	你家有几口人？/我家有四口人。
			名量词	口/个
			用疑问代词“几、谁”提问	你家有几口人？/这个人是谁？
			否定副词：没	我没有哥哥。
			名词、代词做定语	我爸爸/我妈妈/我姐姐
			“是”字句	这是我哥哥。
			连词：和	爸爸和妈妈
			人称代词	我/你/您/他/她
		互相介绍	用语气助词“呢”提问	你呢？
			人称代词	我/你/您/他/她
			指示代词：这	这位是……
			“是”字句	这位是……/他是……
3	谈论宠物/动物	介绍宠物/动物	**名量词**	一只猫/一条狗……
			“有”字句	我有一只小猫。
			动态助词：了、过	我养了一只小狗。/我养过一只猫。
		描述外貌	**“是”字句**	它是黄色的。/我的猫是黑色的。
			结构助词：的	我的猫/我的狗
			“的”字词组	黄色的/长长的
			程度补语	长得……
			程度副词	很/非常/特别……
			形容词重叠	长长的/胖胖的
			形容词、形容词词组做谓语	它很漂亮。
			其他代词：它	它很漂亮。
		介绍生活习性	时间副词	常常/总是……
			趋向补语	跑来跑去/跳上来/跳下去/跑进来……
			其他代词：它	它很漂亮。
4	描述人物	描述体貌特征	**程度副词**	他非常年轻。/她很漂亮。
			主谓词组做谓语	他个子很高。
			名词、名词词组做谓语	她大眼睛、黄头发。
			形容词重叠	她眼睛大大的。
			程度补语	她长得很漂亮。
			并列复句：又……又……	她又漂亮又努力。
			人称代词	他/她

（续表）

序号	任务	任务内容	语法项目	例句
4	描述人物	描述衣着	**动态助词“着”**	穿着一件蓝色（的）大衣。/ 戴着白帽子。
			结构助词：的	红色的帽子
			人称代词	他 / 她
5	谈论爱好	询问并说明兴趣爱好	**“有”字句**	你有什么爱好？
			用疑问代词“什么、怎么样”提问	你喜欢什么运动？
			用语气助词“吗”提问	你喜欢游泳吗？
			用肯定形式与否定形式相叠提问	你喜欢不喜欢游泳？
			用语气助词“吧”提问	你喜欢游泳吧？
			程度副词	我很 / 特别 / 最喜欢……
			程度补语	我篮球打得不错。
			引出对象的介词：对	对……感兴趣
			除了……还……	除了篮球，我还喜欢……
			不但……而且……	我不但喜欢打篮球，而且还喜欢踢足球。
			否定副词：不	我不喜欢……
			时间副词	我常常……
6	谈论能力	询问并说明个人能力	*用语气助词“吗”提问*	你会打篮球吗？ / 你能游 100 米吗？
			用疑问代词“什么、怎么样”提问	你能做什么？/你家务做得怎么样？
			用肯定形式与否定形式相叠提问	你会不会……
			用语气助词“吧”提问	你会打篮球吧？
			助动词：会、能	我会说一点儿汉语。/ 我能游 100 米。
			否定副词：不	我不太会打篮球。/ 我不会说日语。
			强调：连……也……	连家务也不会。
7	介绍日常生活	询问并介绍日常生活	**用疑问代词“什么”提问**	你平时都做什么？
			范围副词：都	每个周末，我都去酒吧。
			时间副词：常、常常、总（是）	我下午常常去图书馆。/ 周末我总是……

（续表）

序号	任务	任务内容	语法项目	例句
7	介绍日常生活	询问并介绍日常生活	名词重叠	我天天看电视。
			紧缩句：一……就……	我一下课就去锻炼。
			名词、名词词组做状语	我下午去图书馆。
			其他代词：每	我每天下午都去图书馆。
			钟点表示法	早上七点起床。
			一边……一边……	我一边看电视，一边吃饭。
8	谈论经历	询问并说明个人（学习/工作/旅行）经历	*用疑问代词“几、哪儿”提问*	你学经济几年了？/ 你在哪儿工作？
			用疑问副词“多”提问	你来中国多长时间了？
			引出处所的介词：在	你在哪儿工作？
			用肯定形式与否定形式相叠提问	你去没去过……
			动态助词：了、过	我学了三年汉语。/ 我在中国工作过。
			语气助词：了	我工作三年了。
			时量补语	我在……工作了三年了。
			动量补语	北京我去过三次。
			时间副词：已经、曾经	我已经工作两年了。/ 我曾经学过汉语。
			否定副词：没	我没去过北京。
9	谈论汉语学习	介绍学习情况	用疑问副词“多”提问	你学汉语多长时间了？
			语气助词：了	你学汉语多长时间了？
			时量补语	我学汉语两年了。
			用肯定形式与否定形式相叠提问	学汉语难不难？
			用语气助词“吗”提问	说汉语难吗？
			转折复句	有点儿难，可是很有意思。
			因为……所以……	因为……，所以（我学习汉语）。
			引出原因的介词：为了	为了……，我开始学习汉语。
		课堂学习	**结果补语**	请打开书。/ 我听懂了。
			“把”字句	请把书打开。
			兼语句：请	请你再说一次。
			频率副词：再	我再写一次。
			动量补语	说一遍 / 写一次

（续表）

序号	任务	任务内容	语法项目	例句
9	谈论汉语学习	课堂学习	*用语气助词“吗”提问*	明白了吗？
			用“肯定形式＋没有”提问	明白了没有？
			可能补语	听不懂
			否定副词：不、没	我听不懂。/ 我没听懂。
			动态助词：了	明白了。/ 听懂了。
		评价汉语水平	*程度补语*	你汉语说得真好。/ 你汉语说得很流利。
			程度副词	真好 / 很流利
10	描述房间布局	描述房屋格局	**“有”字句（表存在）**	我家不大，有一个客厅、一个厨房、一个卫生间和一间卧室。
			量词“个、间”等	
			连词：和	
			频率副词：还	一个客厅、一个厨房，还有一个卧室。
			指示代词：这、那、这儿、那儿	这儿是客厅。/ 那个房间是卧室。
		描述房间摆设	“有”字句（表存在）	我的房间有一张桌子、一把椅子。
			名量词	一张桌子 / 一把椅子 / 一张床
			存现句	桌上放着照片。
			方位名词	桌子在房间左边，床在桌子旁边。
			引出处所的介词：在	桌子在房间左边，床在桌子旁边。
			否定副词：没	房间里没有电视。
11	问路与指路	问路	**用疑问代词“哪儿”提问**	汉语教室在哪儿？
			引出处所的介词：在	在哪儿？
			用语气助词“呢”提问	办公室呢？
			用疑问代词“怎么”提问	请问，去……怎么走？
			用语气助词“吗”提问	远吗？
			用疑问副词“多”提问	要走多长时间？
			用肯定形式与否定形式相叠提问	附近有没有银行？
			“有”字句	附近有邮局吗？
		指路	**引出方向的介词：往**	往前走。/（在前面路口）往右拐。
			引出处所的介词：在、从	在路口向右拐。/ 从这儿往东。
			方位名词	在前面。/ 在东边。
			时间副词：就	往前走 100 米就是。/ 邮局对面就是银行。
			承接复句：先……再……	先往前走，再向右拐。

（续表）

序号	任务	任务内容	语法项目	例句
12	购买商品	说明需求	**助动词：要、想**	我要一杯咖啡。/ 我想买一件衣服。
			名量词	一杯咖啡 / 一件衣服
			指示代词：这、那	这件大衣怎么样？
			动词重叠	我能试试吗？ / 我再看看吧。
			动量补语	我试一下，行吗？
			用语气助词“吗”提问	可以试一下吗？
			用“行吗、可以吗”提问	我试一下，行吗？ / 可以吗？
			助动词：能、可以	可以试试吗？
			频率副词：再	再看看吧。
			用肯定形式与否定形式相叠提问	有没有大一点儿的？
			“的”字词组	有没有大一点儿的？
			程度补语	大一点儿
			“有”字句	有黑色的吗？
			“把”字句	把那件黑色的拿来，可以吗？
			趋向补语	拿过来
		评价商品	程度副词	太长了。/ 太贵了。/ 很漂亮。/ 有点儿长。
			“比”字句	这件比那件好看。
13	结账	询价	**用疑问代词“多少、怎么”提问**	多少钱？ / 这件衣服怎么卖？
			钱数表示法	280 元。/ 三块六。
			名量词	件 / 个……
			范围副词：一共	一共多少钱？
		还价	*用语气助词“吗”提问*	能便宜一点儿吗？
			用语气助词“吧”提问	便宜一点儿吧？
			用“可以吗、行吗”等提问	便宜一点儿，可以吗 / 行吗？
			用肯定形式与否定形式相叠提问	能不能便宜一点儿？
			助动词：能	能便宜一点儿吗？
		付款	用“（是）……还是……”提问	用现金还是刷卡？
			助动词：能、可以	能。/ 可以刷卡吗？
			用语气助词“吗”提问	能刷卡吗？
			双宾语	给你 100 块钱。/ 找您 32。

（续表）

序号	任务	任务内容	语法项目	例句
14	点菜	饭店点菜	**助动词：想、要**	你想吃什么？/我要喝啤酒。
			用疑问代词“什么”提问	你想吃什么？
			用语气助词“吗”提问	你吃……吗？
			用“（是）……还是……”提问	你喜欢吃……还是……
			动量补语	我们看一下儿菜单。
			名量词	碗/盘/瓶/个/条……
			“有”字句	你有什么特色菜？
			否定副词：不	我不吃辣的。
			“的”字词组	我不吃辣的。
			频率副词：还、再	我还要一碗米饭。/再来一碗米饭。
			语气助词：吧	来个麻婆豆腐吧。
		评价味道	程度副词	很好吃。/有点儿辣。
			并列复句：又……又……	又辣又香
15	看病	医生问诊	**用疑问代词“怎么、哪儿、什么”提问**	你哪儿不舒服？/你什么时候开始发烧？
			语气助词：了	你怎么了？
			用疑问副词“多”提问	你不舒服多长时间了？
		描述症状	**主谓词组做谓语**	我肚子疼。
			频率副词：也	我头疼，嗓子也疼。
			程度补语	肚子疼得厉害。
			程度副词	嗓子很疼。
		医生建议	**助动词：应该、要**	你应该多喝水。/你要多休息。
			数词、数词词组做谓语	一天三次，一次两片。
16	寻求帮助	提出请求	**兼语句：请**	请（你）帮我……
			助动词：能、愿意、可以	能帮我……吗？
			用语气助词“吗”提问	你可以帮我……吗？
			用“行吗、好吗、可以吗”提问	帮我……，好吗/行吗/可以吗？
			用肯定形式与否定形式相叠提问	能不能帮我……
			“把”字句	请帮我把……拿来好吗？
		表示同意	语气助词“吧”	你说吧。
			紧缩句	有事就说。
		婉拒	在/正/正在……呢	我正在……呢，不好意思。

（续表）

序号	任务	任务内容	语法项目	例句
17	谈论时间	询问并说明日期/时间	**用疑问代词“几、什么”提问**	今天几月几日？/今天星期几？/现在几点？/明天什么时候来？
			年、月、日、星期表示法	今天（是）星期三。
			钟点表示法	12点半。/明天下午3点。
			名词、名词词组做谓语	今天18号。
			语气助词：了	几点了？
			“是”字句	我的生日是6月3日。/今天是星期五。
18	谈论天气	询问并说明天气状况	*用疑问代词“怎么样”提问*	明天天气怎么样？
			用语气助词“吗”提问	明天下雨吗？
			助动词：可能	可能会下雨。
			比较句：“比”字句、没有	比今天暖和。/美国没有北京冷。
			时间副词：总（是）、常常	最近总下雨。/常常刮风。
			形容词、形容词词组做谓语	天气不错。/外面很冷。
			否定副词：不、没	明天不下雨。/昨天没刮风。
			程度副词	很热。/有点儿冷。
			主谓词组做谓语	明天天气很好。
			“是”字句	明天是晴天。
			“有”字句	有风吗？/有雨吗？
19	谈论旅行计划	谈论计划	快……了	快要放假了，你打算做什么？
			用疑问代词“哪、什么、谁、怎么”提问	你想去哪儿？/你打算什么时候去？/你打算和谁去？/你打算怎么去？
			助动词：想、要、可能	我想放假。/周末要去旅行。/我可能去上海。
			连动句	我想坐飞机去……
			紧缩复句：一……就……	我一放假就去。
			承接复句：先……再……	先去上海，再去香港。
		提出建议	*用疑问代词“怎么样”提问*	去爬山，怎么样？
			语气助词：吧	假期我们一起去香港吧。
			用“好吗”提问	去颐和园，好吗？
			假设复句：要是……就……	要是明天下雪，咱们就不去了。

（续表）

序号	任务	任务内容	语法项目	例句
20	乘坐交通工具	乘坐公共汽车 / 地铁	**用疑问代词“几、什么、怎么、哪儿”提问**	到……坐几路车？ / 去……坐什么车？ / 去……怎么坐车？ / 在哪儿下车 / 换车？
			汽车号码表示法	32 路 / 地铁 1 号线
			引出处所的介词：在、从	在……上车。/ 从这儿到动物园。
			承接复句：先……再……	先坐……，再坐……
			连动句	坐地铁去动物园。
		乘坐出租车	**用疑问代词“什么、哪儿”提问**	您要去哪儿？ / 你去什么地方？
			用疑问副词“多”提问	去银行大概多长时间？
			助动词：要、想	我要去北京大学。
			用肯定形式与否定形式相叠提问	去……远不远？
			否定副词：不	不远。
			动态助词、语气助词：了	北京大学到了。
			语气助词：吧	我在这儿下车吧。
			引出处所的介词：在	在这儿下车。
			指示代词：这儿、那儿	在这儿下车。/ 去那儿远不远？
			结果补语	请拿好您的东西。
			动量补语	请停一下。/ 请等一下。
21	订购机票 / 火车票	订购机票 / 火车票	“有”字句	有……的票吗？
			用语气助词“吗”提问	有……的票吗？
			用疑问代词“什么、几、哪”提问	您要什么时候的？ / 你要几张？ / 您要哪天的？
			用肯定形式与否定形式相叠提问	请问，有没有……号去……的车票？
			助动词：要、想	我要订一张 29 号到上海的机票。
			名量词	一张票
			用“行吗、可以吗”提问	7 点的行吗？
			“的”字词组	我要下午的。
			用疑问副词“多”提问	飞多长时间？
			钟点表示法	下午 7 点的。/ 我要明天下午 5 点的。
			年、月、日、星期表示法	下个星期二的。

（续表）

序号	任务	任务内容	语法项目	例句
21	订购机票/火车票	订购机票/火车票	概数	两个多小时。/ 八九个小时。
			被动句	……号的票都卖完了。/ ……的票没有了。
			结果补语	卖完了。
			否定副词：没	没有了。
			动态助词、语气助词：了	没有了。/ 卖完了。
22	入住宾馆	办理入住手续	**“有”字句**	有单人间吗？
			用肯定形式与否定形式相叠提问	有没有单人间？
			用语气助词“吗”提问	还有双人间吗？
			助动词：要、想	我想要一个单人间。
			频率副词：还	还有空房间吗？
			用疑问代词“几”提问	您住几天？
			引出时间的介词：从	三天，从星期一到星期三。
			房间号码表示法	您的房间是 506。
23	打电话/电话留言	利用电话交流	*用疑问代词“谁、哪”提问*	您是谁？/ 您是哪位？
			用语气助词“吗”提问	是……吗？/ 请问，……在吗？
			否定副词：不	我不是……。/ 他不在。
			电话号码表示法	62752114
			“是”字句	我的电话号码是……
			用“好吗、行吗、可以吗”提问	请转告……，好吗？
			结果补语	你打错了。
			动态助词、语气助词：了	打错了。
			动量补语	请找一下……
			兼语句	请他回来后给我电话。
			连动句	请他回来后给我打电话。
24	请客/做客	提出邀请	兼语句	我想请你来我家吃饭。
			连动句	
			用疑问代词“怎么样、什么”提问	我想请你来我家吃饭，怎么样？/ 今天我请客，你想吃点儿什么？
			用肯定形式与否定形式相叠提问	咱们去……，好不好 / 行不行？
			语气助词“吧”	明天我生日，你来我家吧。
			假设复句：要是……	要是你有空的话，来我家吧。

（续表）

序号	任务	任务内容	语法项目	例句
24	请客 / 做客	接受邀请	助动词：愿意、可以	我愿意。/ 可以去。
			语气助词：啊	好啊。/ 可以啊。
			程度副词	太好了！ / 很乐意！
			反问句	那怎么好意思呢？
		赠送礼物	**双宾语**	送你一本书。
			“是”字句	这是送你的礼物。
		婉拒邀请	可能补语	不好意思，我去不了。
			转折复句：虽然……但是……	虽然我很想去，但是……
			频率副词：再	以后再说吧。
			语气助词：吧	
			否定副词：不	不行。/ 去不了。
		说明理由	**因果复句：因为……所以……、……只好……**	因为……，所以我去不了。/ 我明天有事，只好下次再去了。

4.3 定量法研究结果

说明：1. 定量法研究的范围为在 6 部（含）以上教材中共现的任务（6 个）。

2.“例句”一栏为语法项目的举例，仅供参考。

序号	任务	任务内容	语法项目	例句
1	介绍个人信息	介绍家庭成员	**“有”字句**	你家有几口人？ / 我家有四口人。
			名量词	口 / 个
			人称代词	我 / 你 / 您 / 他 / 她
			用疑问代词“几、谁”提问	你家有几口人？ / 这个人是谁？
			否定副词：没	我没有哥哥。
			名词、代词做定语	我爸爸 / 我妈妈 / 我姐姐
			“是”字句	这是我哥哥。
			连词：和	爸爸和妈妈
11	问路与指路	问路	**用疑问代词“哪儿、怎么”提问**	汉语教室在哪儿？/ 去银行怎么走？
			用语气助词“吗”提问	远吗？
			用肯定形式与否定形式相叠提问	附近有没有银行？

（续表）

序号	任务	任务内容	语法项目	例句
11	问路与指路	问路	“有”字句	附近有邮局吗？
			引出处所的介词：在	在哪儿？
		指路	**引出方向的介词：往**	往前走。（在前面路口）往右拐。
			方位名词	在前面。/ 在东边。
			引出处所的介词：在、从	在路口向右拐。/ 从这儿往东。
			时间副词：就	往前走 100 米就是。/ 邮局对面就是银行。
			承接复句：先……再……	先往前走，再向右拐。
14	点菜	饭店点菜	**助动词：想、要**	你想吃什么？/ 我要喝啤酒。
			名量词	碗 / 盘 / 瓶 / 个 / 条……
			用疑问代词“什么”提问	你想吃什么？
			用语气助词“吗”提问	你吃……吗？
			用“（是）……还是……”提问	你喜欢吃……还是……
			“有”字句	你有什么特色菜？
			否定副词：不	我不吃辣的。
			“的”字词组	我不吃辣的。
			频率副词：还、再	我还要一碗米饭。/ 再来一碗米饭。
			语气助词：吧	来个麻婆豆腐吧。
		评价味道	程度副词	很好吃。/ 有点儿辣。
			并列复句	又辣又香
17	谈论时间	询问并说明日期/时间	**用疑问代词“几、什么”提问**	今天几月几日？/ 今天星期几？/ 现在几点？/ 明天什么时候来？
			年、月、日、星期表示法	今天（是）星期三。
			钟点表示法	12 点半。/ 明天下午 3 点。
			名词、名词词组做谓语	今天 18 号。
			“是”字句	我的生日是 6 月 3 日。/ 今天是星期五。
18	谈论天气	询问并说明天气状况	*用疑问代词“怎么样”提问*	明天天气怎么样？
			用语气助词“吗”提问	明天下雨吗？
			形容词、形容词词组做谓语	天气不错。/ 外面很冷。
			比较句：“比”字句、没有	比今天暖和。/ 美国没有北京冷。
			时间副词：总（是）、常常	最近总下雨。/ 常常刮风。

（续表）

序号	任务	任务内容	语法项目	例句
18	谈论天气	询问并说明天气状况	否定副词：不、没	明天不下雨。/ 昨天没刮风。
			程度副词	很热。/ 有点儿冷。
			主谓词组做谓语	明天天气很好。
			“是”字句	明天是晴天。
			“有”字句	有风吗？/ 有雨吗？
21	订购机票 / 火车票	订购机票 / 火车票	**用疑问代词“什么、几、哪”提问**	您要什么时候的？/ 你要几张？/ 您要哪天的？
			助动词：要、想	我要订一张 29 号到上海的机票。
			名量词	一张票
			“的”字词组	我要下午的。
			钟点表示法	下午 7 点的。/ 我要明天下午 5 点的。
			“有”字句	有……的票吗？
			用语气助词“吗”提问	有……的票吗？
			用肯定形式与否定形式相叠提问	请问，有没有……号去……的车票？
			用“行吗、可以吗”提问	7 点的行吗？
			用疑问副词“多”提问	飞多长时间？
			年、月、日、星期表示法	下个星期二的
			概数	两个多小时。/ 八九个小时。
			被动句	……号的票都卖完了。/ ……的票没有了。
			结果补语	卖完了。
			否定副词：没	没有了。
			动态助词、语气助词：了	没有了。/ 卖完了。

附录 5　初级阶段任务与甲级语法项目的对应关系

序号	任务	任务内容	建议情景	必用语法项目	常用语法项目
1	见面问候	打招呼	在公共场所碰面	**形容词、形容词词组做谓语；人称代词**	
2	介绍个人信息	介绍姓名	认识朋友、求职应聘	**“是”字句；人称代词**；*用疑问代词“什么”提问；用疑问语调表示提问*	否定副词：不
		介绍国籍	认识朋友、求职应聘	**“是”字句；人称代词**；*用疑问代词“哪”提问；用语气助词“吗”提问；用疑问语调表示提问；用语气助词“吧”提问；用肯定否定形式相叠提问；用“(是)……还是……”提问*	是……的；引出处所的介词：从
		介绍年龄	认识朋友、求职应聘	**名词、名词词组做谓语；人称代词**；*用疑问代词“几”提问；用疑问副词“多”提问*	语气助词：了
		介绍专业／职业	认识朋友、求职应聘	**“是”字句；人称代词**；*用疑问代词“什么、哪”提问；用语气助词“吗”提问；用语气助词“吧”提问*	引出处所的介词：在
		介绍联系方式	认识朋友、求职应聘	**“是”字句；人称代词**；*用疑问代词“怎么、多少、哪儿、什么”提问；用疑问语调表示提问*	电话号码表示法
		介绍家庭成员	认识朋友	**“有”字句；名量词；人称代词**	用疑问代词“几、谁”提问；否定副词：没、不；名词、代词做定语；“是”字句；连词：和
		互相介绍	认识朋友	**“是”字句**；*人称代词；指示代词*	用语气助词“呢”提问

（续表）

序号	任务	任务内容	建议情景	必用语法项目	常用语法项目
3	谈论宠物 / 动物	介绍宠物 / 动物	介绍照片、日常闲聊	**名量词**；*“有”字句；动态助词：了、过*	
		描述外貌	介绍照片、日常闲聊	**“是”字句**；*程度补语；程度副词；形容词重叠*	结构助词：的；“的”字词组；形容词、形容词词组做谓语；其他代词：它
		介绍生活习性	介绍照片、日常闲聊		时间副词；趋向补语；其他代词：它
4	描述人物	描述体貌特征	介绍照片	**程度副词；主谓词组做谓语**	名词、名词词组做谓语；形容词重叠；程度补语；又……又……；人称代词
		描述衣着	介绍照片	动态助词：着	结构助词：的；人称代词
5	谈论爱好	询问并说明兴趣爱好	日常闲聊、求职应聘	**“有”字句**；*用疑问代词“什么、怎么样”提问；用语气助词“吗”提问；用肯定否定形式相叠提问；用语气助词“吧”提问*	程度副词；程度补语；引出对象的介词：对；除了……还……；不但……而且……；否定副词：不；时间副词
6	谈论能力	询问并说明个人能力	求职应聘	**助动词：会、能**；*用语气助词“吗”提问；用疑问代词“什么、怎么样”提问；用肯定否定形式相叠提问；用语气助词“吧”提问*	否定副词：不；强调：连……也……
7	介绍日常生活	询问并介绍日常生活	日常闲聊	**用疑问代词“什么”提问**；*范围副词：都；时间副词：常、常常、总（是）*	名词重叠；紧缩句：一……就……；并列复句：一边……一边……；名词、名词词组做状语；其他代词：每；钟点表示法
8	谈论经历	询问并说明个人（学习 / 工作 / 旅行）经历	求职应聘	**动态助词：了、过；语气助词：了**；*时量补语；动量补语；用疑问代词“几、哪儿”提问；用疑问副词“多”提问；用肯定否定形式相叠提问*	引出处所的介词：在；时间副词：已经、曾经；否定副词：没

（续表）

序号	任务	任务内容	建议情景	必用语法项目	常用语法项目
9	谈论汉语学习	介绍学习情况	汉语课堂	**语气助词：了；时量补语**	用疑问副词“多”提问；用肯定与否定形式相叠提问；用语气助词“吗”提问；转折复句；因为……所以……；引出原因的介词：为了
		课堂学习	汉语课堂	**结果补语；动量补语；可能补语；***用语气助词“吗”提问；用“肯定形式＋没有”提问*	“把”字句；兼语句：请；频率副词：再；否定副词：不、没；动态助词：了
		评价汉语水平	汉语课堂	*程度补语；程度副词*	
10	描述房间布局	描述房屋格局	介绍照片	**“有”字句（表存在），名量词**	连词：和；频率副词：还；指示代词：这、那、这儿、那儿
		描述房间摆设	介绍照片	**名量词；方位名词**	“有”字句（表存在）；存现句；引出处所的介词：在；否定副词：没
11	问路与指路	问路	街道、商场等公共场所	**用疑问代词“怎么、哪儿”等提问**	用语气助词“吗”提问；用肯定否定形式相叠提问；“有”字句；引出处所的介词：在
		指路	街道、商场等公共场所	**引出方向的介词：往；方位名词**	引出处所的介词：在、从；时间副词：就；承接复句：先……再……
12	购买商品	说明需求	商场、市场	**助动词：要、想；名量词；***动词重叠；动量补语；用语气助词“吗”提问；用“行吗、可以吗”提问；助动词：能、可以*	指示代词：这、那；频率副词：再；用肯定与否定形式相叠提问；“的”字词组；程度补语、“有”字句；“把”字句；趋向补语
		评价商品	商场、市场		程度副词；“比”字句

（续表）

序号	任务	任务内容	建议情景	必用语法项目	常用语法项目
13	结账	询价	商场、市场	**用疑问代词“多少、怎么”提问；钱数表示法**	名量词；范围副词：一共
		还价	商场、市场	*用语气助词“吗”提问；用语气助词“吧”提问；用“可以吗、行吗”等提问；用肯定与否定形式相叠提问*	助动词：能
		付款	商场、市场、超市	**双宾语**	用“（是）……还是……”提问；助动词：能、可以；用语气助词“吗”提问
14	点菜	饭店点菜	饭店	**助动词：想、要；名量词；***用疑问代词“什么”提问；用语气助词“吗”提问*	用“（是）……还是……”提问；“有”字句；否定副词：不；“的”字词组；频率副词：还、再；语气助词：吧
		评价味道	饭店		程度副词；并列复句：又……又……
15	看病	医生问诊	医院	**用疑问代词“怎么、哪儿、什么”提问**	语气助词：了；用疑问副词“多”提问
		描述症状	医院	**主谓词组做谓语；***程度补语；程度副词*	频率副词：也
		医生建议	医院	**助动词：应该、要**	数词、数词词组做谓语
16	寻求帮助	提出请求	同学、朋友、邻里之间	**兼语句：请；***助动词：能、愿意、可以；用语气助词“吗”提问；用“行吗、好吗、可以吗”提问；用肯定否定形式相叠提问*	“把”字句
		表示同意	同学、朋友、邻里之间		语气助词“吧”；紧缩句
		婉拒	同学、朋友、邻里之间		在 / 正 / 正在……呢
17	谈论时间	询问并说明日期 / 时间	日常闲聊	**用疑问代词“几、什么”提问；年、月、日、星期表示法；钟点表示法；名词、名词词组做谓语；“是”字句**	

（续表）

序号	任务	任务内容	建议情景	必用语法项目	常用语法项目
18	谈论天气	询问并说明天气状况	日常闲聊	*用疑问代词“怎么样”提问；用语气助词“吗”提问*；**形容词、形容词词组做谓语**	比较句：“比”字句、没有；时间副词：总（是）、常常；否定副词：不、没；程度副词；主谓词组做谓语；“是”字句；“有”字句
19	谈论旅行计划	谈论计划	日常闲聊	**用疑问代词“哪、什么、谁、怎么”提问；助动词：想、要、可能**	快……了；连动句；紧缩复句：一……就……；承接复句：先……再……
		提出建议	日常闲聊	*用疑问代词“怎么样”提问；语气助词：吧；用“好吗”提问*	假设复句：要是……就……
20	乘坐交通工具	乘坐公共汽车／地铁	交通出行	**用疑问代词“几、什么、怎么、哪儿”提问；汽车号码表示法**	引出处所的介词：在、从；承接复句：先……再……；连动句
		乘坐出租车	交通出行	**用疑问代词“什么、哪儿”提问；助动词：要、想**	用疑问副词“多”提问；用肯定否定形式相叠提问；否定副词：不；动态助词、语气助词：了；语气助词：吧；引出处所的介词：在；指示代词：这儿、那儿；结果补语；动量补语
21	订购机票／火车票	订购机票／火车票	售票处、订票点	**用疑问代词“什么、几、哪”提问；助动词：要、想；名量词；“的”字词组；钟点表示法**	“有”字句；用语气助词“吗”提问；用肯定与否定形式相叠提问；用“行吗、可以吗”提问；用疑问副词“多”提问；年、月、日、星期表示法；概数；被动句；结果补语；否定副词：没；动态助词、语气助词：了

（续表）

序号	任务	任务内容	建议情景	必用语法项目	常用语法项目
22	入住宾馆	办理入住手续	宾馆酒店	**“有”字句；助动词：要、想；房间号码表示法；** *用肯定与否定形式相叠提问；用语气助词“吗”提问*	频率副词：还；用疑问代词“几”提问；引出时间的介词：从
23	打电话/电话留言	利用电话交流	日常沟通、业务联系	**电话号码表示法；** *用疑问代词“谁、哪”提问；用语气助词“吗”提问*	否定副词：不；“是”字句；用“好吗、行吗、可以吗”提问；结果补语；动态助词、语气助词：了；动量补语；兼语句；连动句
24	请客/做客	提出邀请	生日、节日聚会	*用疑问代词“怎么样、什么”提问；用肯定与否定形式相叠提问；语气助词：吧*	兼语句；连动句；假设复句：要是……
		接受邀请	生日、节日聚会		助动词：愿意、可以；语气助词：啊；程度副词；反问句
		赠送礼物	生日、节日聚会	**双宾语**	“是”字句
		婉拒邀请	生日、节日聚会		可能补语；转折复句：虽然……但是……；频率副词：再；语气助词：吧；否定副词：不
		说明理由	生日、节日聚会	**因果复句：因为……所以……、……只好……**	

附录 6　初级语法项目的任务选择

序号	语法项目	典型任务	常见任务
1	【甲 002】方位名词	描述房间布局（房间摆设①）、问路与指路（指路）	
2	【甲 004】名词重叠		介绍日常生活
3	【甲 005】人称代词	见面问候、介绍个人信息	描述人物
4	【甲 007】指示代词	介绍个人信息（互相介绍）	描述房间布局（描述房屋格局）、购买商品（说明需求）、乘坐交通工具（乘坐出租车）
5	【甲 008】其他代词		谈论动物 / 宠物、介绍日常生活
6	【甲 010】动词重叠	购买商品（说明需求）	
7	【甲 011】助动词	谈论能力、购买商品（说明需求）、点菜（饭店点菜）、看病（医生建议）、寻求帮助（提出请求）、谈论旅行计划（谈论计划）、乘坐交通工具（乘坐出租车）、订购机票 / 火车票、入住宾馆	结账（还价、付款）、请客 / 做客（接受邀请）
8	【甲 013】形容词重叠	谈论宠物 / 动物（描述外貌）	描述人物（描述体貌特征）
9	【甲 016】概数：三四个、几十、两年多		订购机票 / 火车票
10	【甲 017】分数、百分数		
11	【甲 018】倍数、小数		
12	【甲 019】名量词	介绍个人信息（介绍家庭成员）、谈论宠物 / 动物（介绍宠物 / 动物）、描述房间布局、购买商品（说明需求）、点菜（饭店点菜）、订购机票 / 火车票	结账（询价）

① 括号内的内容为表 5-9 中对应的任务内容，下同。

（续表）

序号	语法项目	典型任务	常见任务
13	【甲 020】名量词重叠		
14	【甲 022】否定副词		介绍个人信息（介绍姓名、介绍家庭成员）、谈论爱好、谈论能力、谈论经历、谈论汉语学习（课堂学习）、描述房间布局（描述房间摆设）点菜（饭店点菜）、谈论天气、乘坐交通工具（乘坐出租车）、订购机票 / 火车票、打电话 / 电话留言、请客 / 做客（婉拒邀请）
15	【甲 023】时间副词	介绍日常生活	谈论宠物 / 动物（介绍生活习性）、谈论爱好、谈论经历、问路与指路（指路）、谈论天气
16	【甲 024】范围副词	都：介绍日常生活	一共：结账（询价）
17	【甲 025】程度副词	介绍宠物 / 动物（描述外貌）、描述人物（描述体貌特征）、谈论汉语学习（评价汉语水平）、看病（描述症状）	谈论爱好、购买商品（评价商品）、点菜（评价味道）、谈论天气、请客 / 做客（接受邀请）
18	【甲 026】频率副词		谈论汉语学习（课堂学习）、描述房间布局（描述房屋格局）、购买商品（说明需求）、点菜（饭店点菜）、看病（描述症状）、入住宾馆、请客 / 做客（婉拒邀请）
19	【甲 027】介词：引出时间、处所、起点		介绍个人信息（介绍国籍、介绍专业 / 职业）、描述房间布局（描述房间摆设）、谈论经历、问路与指路、乘坐交通工具、入住宾馆
20	【甲 028】介词：引出方向	问路与指路（指路）	
21	【甲 029】介词：引出对象		谈论爱好

（续表）

序号	语法项目	典型任务	常见任务
22	【甲 030】介词：引出目的、原因		谈论汉语学习（介绍学习情况）
23	【甲 031】介词：引出施事或受事		谈论汉语学习（课堂学习）、购买商品（说明需求）、寻求帮助（提出请求）
24	【甲 032】介词：表示排除和加合		谈论爱好
25	【甲 033】连词：连接词或词组		介绍个人信息（介绍家庭成员）、描述房间布局（描述房屋格局）
26	【甲 035】结构助词		的：谈论宠物 / 动物（描述外貌）、描述人物（描述衣着）、得：详见程度补语、可能补语
27	【甲 036】动态助词	了：谈论宠物 / 动物（介绍宠物 / 动物）、谈论经历 着：描述人物（描述衣着） 过：谈论宠物 / 动物（介绍宠物 / 动物）、谈论经历	了：谈论汉语学习（课堂学习）、乘坐交通工具（乘坐出租车）、订购机票 / 火车票、打电话 / 电话留言
28	【甲 037】语气助词	了：谈论经历、谈论汉语学习（介绍学习情况） 吧：谈论旅行计划（提出建议）、请客 / 做客（提出邀请）	了：介绍个人信息（介绍年龄）、看病（医生问诊）、乘坐公共交通工具（乘坐出租车）、订购机票 / 火车票、打电话 / 电话留言 吧：点菜（饭店点菜）、寻求帮助（表示同意）、乘坐公共交通工具（乘坐出租车）、请客 / 做客（婉拒邀请） 啊：请客 / 做客（接受邀请）
29	【甲 047】“的”字词组	订购机票 / 火车票	谈论宠物 / 动物（描述外貌）、购买商品（说明需求）、点菜（饭店点菜）

（续表）

序号	语法项目	典型任务	常见任务
30	【甲 057】形容词、形容词词组做谓语	见面问候、谈论天气	谈论宠物 / 动物（描述外貌）
31	【甲 058】名词、代词、数词或名词词组做谓语	介绍个人信息（介绍年龄）、谈论时间	描述人物（描述体貌特征）、看病（医生建议）
32	【甲 059】主谓词组做谓语	描述人物（描述体貌特征）、看病（描述症状）	谈论天气
33	【甲 065】双宾语	结账（付款）、请客 / 做客（赠送礼物）	
34	【甲 066】名词、代词、数词或名词词组做定语		介绍个人信息（介绍家庭成员）
35	【甲 072】名词、代词、数词或名词词组做状语		介绍日常生活
36	【甲 076】结果补语	谈论汉语学习（课堂学习）	乘坐交通工具（乘坐出租车）、订购机票 / 火车票、打电话 / 电话留言
37	【甲 077】趋向补语：来、去		谈论宠物 / 动物（介绍生活习性）、购买商品（说明需求）
38	【甲 078】趋向补语：动 + 上（下、进、出、起、过、回）		谈论宠物 / 动物（介绍生活习性）
39	【甲 079】复合趋向补语		谈论宠物 / 动物（介绍生活习性）、购买商品（说明需求）
40	【甲 080】程度补语	谈论宠物 / 动物（描述外貌）、谈论汉语学习（评价汉语水平）、看病（描述症状）	描述人物（描述体貌特征）、谈论爱好、购买商品（说明需求）

（续表）

序号	语法项目	典型任务	常见任务
41	【甲 081】可能补语	谈论汉语学习（课堂学习）	请客 / 做客（婉拒邀请）
42	【甲 082】时量补语	谈论经历、谈论汉语学习（介绍学习情况）	
43	【甲 083】动量补语	谈论经历、谈论汉语学习（课堂学习）、购买商品（说明需求）	乘坐交通工具（乘坐出租车）、打电话 / 电话留言
44	【甲 090】“是”字句	介绍个人信息（介绍姓名、介绍国籍、介绍专业 / 职业、介绍联系方式、互相介绍）、谈论宠物 / 动物（描述外貌）、谈论时间	介绍个人信息（介绍家庭成员）、谈论天气、打电话 / 电话留言、请客 / 做客（赠送礼物）
45	【甲 091】“有”字句	介绍个人信息（介绍家庭成员）、谈论宠物 / 动物（介绍宠物 / 动物）、谈论爱好、描述房间布局（描述房屋格局）、入住宾馆	描述房间布局（描述房间摆设）、问路与指路（问路）、购买商品（说明需求）、点菜（饭店点菜）、谈论天气、订购机票 / 火车票
46	【甲 092】存现句		描述房间布局（描述房间摆设）
47	【甲 093】连动句		谈论旅行计划（谈论计划）、乘坐交通工具（乘坐公共汽车 / 地铁）、打电话 / 电话留言、请客 / 做客（提出邀请）
48	【甲 094】兼语句	寻求帮助（提出请求）	谈论汉语学习（课堂学习）、打电话 / 电话留言、请客 / 做客（提出邀请）
49	【甲 095】“是……的”句		介绍个人信息（介绍国籍）
50	【甲 096】被动句		订购机票 / 火车票
51	【甲 097】比较句		购买商品（评价商品）、谈论天气
52	【甲 098】“把”字句		谈论汉语学习（课堂学习）、购买商品（说明需求）、寻求帮助（提出请求）

（续表）

序号	语法项目	典型任务	常见任务
53	【甲 099】用语气助词“吗”提问	介绍个人信息（介绍国籍、介绍专业 / 职业）、谈论爱好、谈论能力、谈论汉语学习（课堂学习）、购买商品（说明需求）、结账（还价）、点菜（饭店点菜）、寻求帮助（提出请求）、谈论天气、入住宾馆、打电话 / 电话留言	谈论汉语学习（介绍学习情况）、问路与指路（问路）、结账（付款）、订购机票 / 火车票
54	【甲 100】用“好吗、行吗、可以吗”等提问	购买商品（说明需求）、结账（还价）、寻求帮助（提出请求）、谈论旅行计划（提出建议）	订购机票 / 火车票、打电话 / 电话留言
55	【甲 101】用语气助词“吧”提问	介绍个人信息（介绍国籍、介绍专业 / 职业）、谈论爱好、谈论能力、结账（还价）	
56	【甲 102】用疑问语调表示提问	介绍个人信息（介绍姓名、介绍国籍、介绍联系方式）	
57	【甲 103】用疑问代词“谁、什么、哪儿、多少、几、怎么、怎么样”提问	介绍个人信息（介绍姓名、介绍国籍、介绍年龄、介绍专业 / 职业、介绍联系方式）、谈论爱好、谈论能力、介绍日常生活、谈论经历、问路与指路（问路）、结账（询价）、点菜（饭店点菜）、看病（医生问诊）、谈论时间、谈论天气、谈论旅行计划、乘坐交通工具、订购机票 / 火车票、打电话 / 电话留言、请客 / 做客（提出邀请）	介绍个人信息（介绍家庭成员）、入住宾馆

（续表）

序号	语法项目	典型任务	常见任务
58	【甲 104】用“疑问代词的问句＋呢”提问[①]	介绍个人信息（介绍姓名、介绍国籍、介绍年龄、介绍专业／职业、介绍联系方式）、谈论爱好、谈论能力、介绍日常生活、谈论经历、问路与指路（问路）、结账（询价）、点菜（饭店点菜）、看病（医生问诊）、谈论时间、谈论天气、谈论旅行计划、乘坐交通工具、订购机票／火车票、打电话／电话留言、请客／做客（提出邀请）	介绍个人信息（介绍家庭成员）、入住宾馆
59	【甲 105】用肯定形式与否定形式相叠提问	介绍个人信息（介绍国籍）、谈论爱好、谈论能力、谈论经历、结账（还价）、寻求帮助（提出请求）、入住宾馆、请客／做客（提出邀请）	谈论汉语学习（介绍学习情况）、问路与指路（问路）、购买商品（说明需求）、乘坐交通工具（乘坐出租车）、订购机票／火车票
60	【甲 106】用“肯定形式＋没有”提问	谈论汉语学习（课堂学习）	
61	【甲 107】用疑问副词“多”提问	介绍个人信息（介绍年龄）、谈论经历	谈论汉语学习（介绍学习情况）、看病（医生问诊）、乘坐交通工具（乘坐出租车）、订购机票／火车票
62	【甲 108】用语气助词“呢”提问		介绍个人信息（互相介绍）
63	【甲 109】用“（是）……还是……”提问	介绍个人信息（介绍国籍）	结账（付款）、点菜（饭店点菜）
64	【甲 110】年、月、日、星期表示法	谈论时间	订购机票／火车票

① 用“疑问代词的问句＋呢”提问，在功能上与“用疑问代词提问”相同，二者的区别只是前者的语气更为舒缓（李晓琪，2005）。因此笔者预测，“用疑问代词的问句＋呢”提问的使用情况与“用疑问代词提问”相同。

（续表）

序号	语法项目	典型任务	常见任务
65	【甲 111】钟点表示法	谈论时间、订购机票 / 火车票	介绍日常生活
66	【甲 112】钱数表示法	结账（询价）	
67	【甲 113】号码表示法	乘坐交通工具（乘坐公共汽车 / 地铁）、入住宾馆、打电话 / 电话留言	介绍个人信息（介绍联系方式）
68	【甲 114】反问句		请客 / 做客（接受邀请）
69	【甲 115】连……也（都）……		谈论能力
70	【甲 117】变化态：将要发生变化		谈论旅行计划（谈论计划）
71	【甲 119】进行态		寻求帮助（婉拒）
72	【甲 121】并列复句		描述人物（描述体貌特征）、介绍日常生活、点菜（评价味道）
73	【甲 122】承接复句		问路与指路（指路）、谈论旅行计划（谈论计划）、乘坐交通工具（乘坐公共汽车 / 地铁）
74	【甲 123】递进复句		谈论爱好
75	【甲 124】因果复句	请客 / 做客（说明理由）	谈论汉语学习（介绍学习情况）
76	【甲 125】选择复句	介绍个人信息（国籍）	结账（付款）、点菜（饭店点菜）
77	【甲 126】转折复句		谈论汉语学习（介绍学习情况）、请客 / 做客（婉拒邀请）
78	【甲 127】假设复句		谈论旅行计划（提出建议）、请客/做客（提出邀请）
79	【甲 129】紧缩复句		介绍日常生活、寻求帮助（表示同意）、谈论旅行计划（谈论计划）

附录7 本书所涉及的教材①

序号	作者	教材名称	出版时间	出版社
1	北京大学外国留学生中国语文专修班编著	《汉语教科书》(上册)	1958	时代出版社
2	北京语言学院编著	《汉语课本》(第一册)	1977	商务印书馆
3	曹贤文、陈源编著	《汉语新闻在线阅读教程》	2006	北京大学出版社
4	陈作宏、田艳编著	《体验汉语·留学篇》(50~70课时)	2005	高等教育出版社
5	姜丽萍主编，魏新红、董政、姜丽萍编著	《体验汉语·基础教程》(上、下)	2006	高等教育出版社
6	李晓琪主编，蔡云凌编著	《新丝路初级速成商务汉语》(I)	2009	北京大学出版社
7	李晓琪主编，蔡云凌编著	《新丝路初级速成商务汉语》(II)	2010	北京大学出版社
8	李晓琪主编，林欢编著	《新丝路商务汉语写作教程》	2009	北京大学出版社
9	李晓琪主编，章欣编著	《新丝路初级商务汉语综合教程》(I)	2017	北京大学出版社
10	李晓琪、戴桂芙、郭振华编著	《新汉语教程》(I、II)	1995	北京大学出版社
11	李晓琪主编，刘晓雨编著	《初中中文》(1)	2010	人民教育出版社
12	李晓琪主编，黄立、钱旭菁编著	《高中中文》(1)	2011	人民教育出版社
13	李晓琪、罗青松、刘晓雨、王淑红、宣雅编著	《快乐汉语》(第一册、第二册、第三册)	2003	人民教育出版社
14	李晓琪主编，任雪梅、徐晶凝编著	《博雅汉语·初级起步篇》(I)	2004	北京大学出版社
15	李晓琪主编，任雪梅、徐晶凝编著	《博雅汉语·初级起步篇》(II)	2005	北京大学出版社
16	刘川平主编，王松岩、刘川平编著	《目标汉语·基础篇》(1)	2010	北京大学出版社

① 教材按主编或编者音序排列，同一套教材列在一起。同一套教材的不同分册，信息完全相同的未分列，信息有差异的分列。主编和编者相同的同一套教材的不同分册，出版时间不同的，按出版时间先后顺序排列。编者信息不详的《基础汉语》(上、下)我们列在了最后。

（续表）

序号	作者	教材名称	出版时间	出版社
17	刘川平主编，王松岩编著	《目标汉语·基础篇》(2)	2010	北京大学出版社
18	刘川平主编，郑桂芬、杨洁编著	《目标汉语·基础篇》(3)	2010	北京大学出版社
19	[美]刘美如（Meiru Liu）编著	《BBC 初级实用商务汉语》	2006	北京大学出版社
20	刘珣、邓恩明、刘社会编著	《实用汉语课本》(Ⅰ、Ⅱ)	1981	商务印书馆
21	刘珣主编，张凯、刘社会、陈曦、左珊丹、施家炜、刘珣编著	《新实用汉语课本》(1、2、3)	2002	北京语言大学出版社
22	邱质朴编著	《说什么和怎么说？》	1977	商务印书馆
23	任友梅（Ning, C. Y.）、孟德儒（Montanaro, J. S.）编著	《环球汉语》(Encounters: Chinese Language and Culture)(第1册)	2010	Yale University Press
24	荣继华编著	《发展汉语·初级综合》(第二版)(I)	2011	北京语言大学出版社
25	田艳、陈作宏编著	《体验汉语·留学篇》(40~50课时)	2005	高等教育出版社
26	王海燕主编，冀和平、[法]Guy Capelle、[法]Robert Menand 编著	《你好！法语》(Le nouveau taxi)(1)	2012	外语教学与研究出版社
27	王海燕主编，刘海静、[法]Robert Menand、[法]Anne-Marie Johnson 编著	《你好！法语》(Le nouveau taxi)(2)	2013	外语教学与研究出版社
28	吴中伟、高顺全、陶炼主编	《拾级汉语》①	2006—2013	北京语言大学出版社
29	吴中伟主编，吴中伟、吴叔平、高顺全、吴金利编著	《当代中文》(1、2)	2005	北京大学出版社
30	肖奚强、朱敏主编	《汉语初级强化教程·综合课本》(I、II)	2008	北京大学出版社
31	杨寄洲主编，邱军副主编，杨寄洲、邱军、朱庆明编著	《汉语教程》(第一册 上、下)	1999	北京语言大学出版社
32	张黎主编，聂学慧编著	《商务汉语入门·日常交际篇》	2005	北京大学出版社

① 此部教材包含分册较多，我们此处未一一列出。

（续表）

序号	作者	教材名称	出版时间	出版社
33	张晓慧总主编，李明、丁安琪主编，李明、李立、马晓冬编著	《经理人汉语·生活篇》(上、下)	2009	外语教学与研究出版社
34	中国课程教材研究所、中国英语课程教材研究开发中心、美国汤姆森学习出版集团合编	《英语（新目标）》(Go for it!)（七年级上、下册，八年级上、下册，九年级）	2006	人民教育出版社
35	周健主编，周健、蒋利平编著	《基础华语》(第一册)	2005	北京大学出版社
36	朱晓星、岳建玲、吕宇红、褚佩如编著	《体验汉语·生活篇》(40~50课时)	2006	高等教育出版社
37	[法] Guy Capelle、Noelle Gidon 编著	《走遍法国》(Reflets)(1 上、下)	2006	外语教学与研究出版社
38	John C. Jamieson.、Lin Tao 编著	《功夫》(一)	2002	中文大学出版社
39	Jack C. Richards、Jonathan Hull、Susan Proctor 编著	《剑桥国际英语教程》(Interchange Third Edition)(第 3 版)(1)	2007	外语教学与研究出版社、剑桥大学出版社
40	Jack C. Richards 编著	《剑桥国际英语教程》(Interchange Third Edition)(第 3 版)(入门级)	2007	外语教学与研究出版社、剑桥大学出版社
41	[英] Sarah Cunningham、Chris Redston、Peter Moor 编著	《朗文当代英语教程》(Cutting Edge)(1)	2007	外语教学与研究出版社、朗文出版社
42	[英] Sarah Cunningham、Peter Moor、Frances Eales 编著	《朗文当代英语教程》(Cutting Edge)(2)	2007	外语教学与研究出版社、朗文出版社
43		《基础汉语》(上)	1971	商务印书馆
44		《基础汉语》(下)	1972	商务印书馆

后　记

这本书的底稿是我 2011 年通过答辩的博士论文《基于任务的汉语作为第二语言语法教学研究——初级阶段对外汉语语法教学的任务选择》。书稿补充了 2011 年之后任务型语言教学研究热点的介绍与分析，增加了对任务与语法项目关系的进一步梳理与概括，并谈及了一点儿任务与语法项目的匹配研究对多媒体网络教学，特别是近年来逐渐兴起的翻转课堂的影响。我们希望能在力所能及的范围内，借鉴任务型语言教学的理念，为汉语作为第二语言语法教学研究提供一个新的视角。当然，书中定有疏漏与不当之处，恳请各位同行批评指正。

从博士论文的写作到此书的最后定稿，我得到了很多人的帮助与支持。

首先，感谢我的导师李晓琪教授。因缘际会，从硕士开始有幸成为李老师的学生，到今天已有十余年。一路的指点迷津、一路的谆谆教诲、一路的鞭策鼓励，李老师为我开启的，不仅仅是学术殿堂的大门，更是人生道路的方向。忘不了，遇到困难与挫折时，李老师睿智、冷静地分析，给困惑无助的我出谋划策；忘不了，从论文的选题到具体的写作，每每思路不清、头绪纷繁的时候，李老师总能为我拨云见日，给纠结游离的我厘清重点、明确走向；忘不了，无论是开题报告、预答辩报告，还是论文成稿，每一份文稿中那些密密麻麻的批注，从论文框架的调整，到某个具体词语的使用，无一不渗透着李老师的细致与严谨。耳濡目染了十多年，我真切地感受着李老师的治学、体验着李老师的智慧、领悟着李老师的为人。做李老师的学生，是我的福气。从她那里得到的熏陶与教益，是我一生珍贵的财富。

博士论文开题、预答辩和答辩过程中，我有幸得到了许多知名学者的指教。感谢赵金铭教授、李泉教授、陈绂教授、王若江教授、张英教授、杨德峰教授、李红印教授、赵杨教授给予我的耐心指导。老师们循循善诱的教诲、高屋建瓴的建议、切实中肯的意见，不断拓宽着我的思路与视野，不断引领着论文的深入与完善，让在研究道路上摸索的我受益良多。

感谢参与本书调查的老师与同学，我深知你们工作、学习的任务繁重，甚至有些还在遥远的大洋彼岸，所以，当收到一份份及时、高效的反馈，当品读一条条建设性的意见时，我更加体会到那份难得的情谊。没有你们的鼎力支持，本书难以卒篇。

书中部分内容曾在一些学术研讨会上宣读，或在一些专业刊物发表，得到许多同行专家的指教，在此深表谢意。

此书出版之际，我还要特别感谢中国人民大学“统筹支持一流大学和一流学科建设”经费的支持。同时，衷心感谢中国人民大学对外汉语教学中心主任李禄兴副教授对我科研工作的提携与支持。衷心感谢李泉教授对我的关心、鼓励与指导，以及对本书出版的大力帮助。

感谢北京语言大学出版社编辑解竹博士为本书的编辑、出版所付出的辛劳。

最后，我要感谢我的家人，你们的悉心呵护，你们的全力支持，你们无微不至的关爱与照顾，温暖着我在学术的道路上不断前行。